U0518217

低碳约束下的中国农业生产率研究

——基于空间计量的视角

Research on Agricultural Productivity in China under Low Carbon
Emission Constraints: From the Perspective of Spatial Econometrics

吴义根 著

中国财经出版传媒集团

经济科学出版社
Economic Science Press

图书在版编目（CIP）数据

低碳约束下的中国农业生产率研究：基于空间计量
的视角/吴义根著. —北京：经济科学出版社，2019.9
ISBN 978 – 7 – 5218 – 0977 – 0

Ⅰ.①低…　Ⅱ.①吴…　Ⅲ.①节能 – 农业生产 – 劳动
生产率 – 研究 – 中国　Ⅳ.①F323.5

中国版本图书馆 CIP 数据核字（2019）第 210946 号

责任编辑：杜　鹏　凌　健
责任校对：杨　海
责任印制：邱　天

低碳约束下的中国农业生产率研究
——基于空间计量的视角
吴义根　著

经济科学出版社出版、发行　新华书店经销
社址：北京市海淀区阜成路甲 28 号　邮编：100142
总编部电话：010 – 88191217　发行部电话：010 – 88191522
网址：www. esp. com. cn
电子邮件：esp@ esp. com. cn
天猫网店：经济科学出版社旗舰店
网址：http://jjkxcbs. tmall. com
固安华明印业有限公司印装
710 × 1000　16 开　14.5 印张　250000 字
2019 年 9 月第 1 版　2019 年 9 月第 1 次印刷
ISBN 978 – 7 – 5218 – 0977 – 0　定价：69.00 元
（图书出现印装问题，本社负责调换。电话：010 – 88191510）
（版权所有　侵权必究　打击盗版　举报热线：010 – 88191661
QQ：2242791300　营销中心电话：010 – 88191537
电子邮箱：dbts@ esp. com. cn）

安徽省高等教育振兴计划新专业建设项目（批准号：2013zytz079）

教育部人文社会科学研究基金青年项目（批准号：16YJCZH117）

安徽省社科规划一般项目（批准号：AHSK2018D95）

序 一

吴义根在其博士论文基础上进一步完善的研究专著就要付梓了，这是又一个来自学生的好消息。说真的，一生能够有机会与"二三子""切磋琢磨"，绝对是可遇不可求的大快事。其过程也许并非一帆风顺，也许还会遇到意想不到的艰难险阻，但结局一定是"心旷神怡，宠辱皆忘，把酒临风，其喜洋洋者矣"；结果必定是"长风破浪会有时，直挂云帆济沧海"。说白了，能够与"二三子"一起登高望远，准确地说，能够借此机会站得更高、看得更远，真是"幸何如哉"；能够在与"二三子"相处的过程中，发现"群季俊秀，皆为惠连"，更是足慰平生的天赐良机。因此，当吴博士邀我作序时，自是欣然应允，奋然命笔。

与本书作者见面之初，就留下了非常深刻的印象。文如其人，本人极其周正俊朗，其才赋也明显以严谨厚重为基调，较为过硬的计量功底就是表现之一。结合其以前学术生涯的积累，以及在中国农业大学经济管理学院得到的正规训练、各种熏陶和全面提高，当他决定选择一个偏重计量分析的题目进行研究时，我当即认定这是一个正确的选择，是一个符合他自身资源禀赋和比较优势的理性选择。

更值得一提的是，在当初博士论文选题和开题时，作者还特别注重学术研究的"求新"意识，奉行"求新"宗旨。他曾讲到，学术研究就是要力求像牛顿那样"站在巨人的肩膀上"——不仅要充分汲取前人的养分，更要比前人看得更高、走得更远，哪怕只是更高一寸、更进一步；哪怕最后依然做不到，但至少要敢于这样想。言犹在耳，令人感佩。我直到今天还印象深刻的是，研究农业生产率（TFP），特别是在考虑碳排放甚至考虑减少碳排放的视角下研究农业生产率，当时研究得还不是很充分。多数论者关注的重点还是农业生产率，而把农业生产率和碳排放——减少碳排放这两个问题结合在一起进行研究的，尚不多见。甚至"在低碳约束的条件下，中国低碳农业生产率处于什么水平？"这样的问题都没有得到解答。而显然，农业的碳排放虽然少于工业但外部性巨大，并且解决农业碳排放问题带来的效应也肯定巨大。在大力倡导科学发展的新时代，自然应该对这一新问题高度关注深入研究。另一个具有新意的地方是空间计量方法的运用。作为计量经济学的一个分支，空间计量经济学近年发展很快，但在作者博士论文选题开题时，本领域的应用成果并没有达到"山花烂漫"的程度。而作者所研究的对象、选取的研究数据中又存在着明显的空间自相关和空间不均匀性等现象，因此势必要走上这条相对"寂寞"的空间计量方法应用之路，一条挑战和求新都"显著"存在的新征途。

一路走来，可谓是披荆斩棘、步步为营。但主旋律是"天道酬勤""功到自然成"。好消息很快就来了，与论文有关的学术论文很快就在《经济地理》上得以发表。记得他当时兴奋地说，一颗"七上八下"的心终于落下来了。我又何尝不是如此，高兴之余，更觉得好像是叩开了漫漫长路上的第一道关隘，还具有从"门外汉"晋升到"初入门径"者的"战略意义"，不仅确认了道路选择的正确性，对如期完成任务的自信心也大为提振。事实也是如此。之后的相关学术论文的发表，就如同雨后春笋一般，作者的姓名也不断见诸各种权威的学术期刊。值得一提的是，所有论文都是他自己选刊投稿，都是严格按照审稿程序公平竞争并胜出，没有也没能假借任何外力。为"硬气"的作者、为"有公心、带慧眼"的刊物击节赞叹之余，也欣慰地看到，通过一次次地与高手"煮酒""论剑"，他在本领域的研究又进一步达到了更高的层次，得到了学术界一定程度的认可。这是他一步一个脚印奋勇攀登的结果，也是学术研究环境不断向好带来的"福利"。与此同时，在相关竞争性课题的申请中，他也时有斩获，从另一角度印证了他的进步和进步的速度。

作为作者的主打品牌——博士学位毕业论文的主要成果，当然是值得重点推介的。概括来讲，形成了有价值的结论主要包括以下四个方面。

一、计算、描绘了中国农业碳排放的整体图谱和变化态势。一些有价值的计量结果是：（1）中国农业碳排放省域间的异质性明显，存在空间依赖性。前八位排放量占全国总量的48.23%，后八位占全国的5.93%；形成西部最高、中部次之、东部最低的分布格局。（2）农业碳排放总量的波动趋势为"波动上升—快速下降—缓慢上升"，其中农用物资投入占比逐渐增大。农业碳排放强度在"平稳—波动起伏—平稳"的轨迹中，呈现下降趋势。（3）集聚效应方面，从莫兰散点图和相关数据可以看出，低—低型集聚区域在扩大，整体趋势向好，但集聚效应非常有限。

这是全书分析的基础，也是对从事碳排放相关研究者的基础性贡献。

二、在考虑碳约束和无碳约束两种条件下，分别计算了农业 TFP 的差异，以及其阶段性变化和空间相关性。形成的一系列有价值的结论包括：（1）中国农业技术效率年平均值为 0.562，总体呈现下降的趋势，东部地区的农业技术效率明显高于中、西部地区，东中西三大俱乐部差异在扩大。（2）考虑碳排放约束的农业 TFP 与无碳排放约束的传统农业 TFP 差额整体呈现先降后升的趋势，其间波动较大，碳约束的农业 TFP 从 2012 年开始反超无碳约束的传统 TFP。碳约束下东部地区农业 TFP 提升较多，中、西部地区整体略有提升，幅度不大。（3）中国省域间低碳农业 TFP 存在明显的差异，呈现出"东部—西部—中部"递减的趋势。（4）中国低碳农业 TFP 年均增长率为 4.31%，农业技术进步年均贡献了 6.85%。（5）农业技术效率和低碳农业 TFP 增长率存在空间相关性，但两者之间空间关联效应波动较大，未能协同发展。这其中有一些结论可能属于开启性的，特别是对考虑碳约束和无碳约束条件下农业 TFP 的差异的计量分析，既可信地揭示差异，又为政策措施的制定提供了准确的参考数据。

三、计量分析了农业技术效率的空间收敛趋势。得出的结论包括：全国以及东中西三大俱乐部均存在条件 β 收敛。不存在全局性的共同收敛趋势，但区域内部存在随机收敛俱乐部。中国区域内部农业技术效率状态转移受区域背景的影响。

四、研究了影响低碳农业生产率的重要因素，特别是地理空间因素。得出空间溢出效应明显，三大俱乐部的影响因素存在差异等重要结论。

可以看出，以上每一项结果的得出，都是与海量的数据运算、艰深繁复的计量工作分不开的；都需要敢于尝试、不畏试错、成功必达的信念和毅力做支撑……因此，每一项结果的价值都是沉甸甸地隐藏在字里行间的。所以，我相信，这些结论对于学术研究和政策咨询的价值和贡献，将会随着时间的推移而越发显著，肯定会得到越来越多的关注、重视、发掘和应用。这部著作的学术和应用价值，也定会与日俱增。

此外，本书在具体方法运用上有新意的地方也不少。例如，采用固定效应的 SFA-Malmquist 模型，对原有的农业生产率估算以及分解方法进行拓展，形成了新的农业生产率分析框架。运用验证性分析方法（confirtimative analysis，CA）检验了全局以及俱乐部随机收敛性，运用加权空间马尔科夫链分析了低碳农业生产率长期演进趋势和动态变化，同时在 β 收敛和影响因素分析中加入了空间地理因素。由于测算中考虑了个体异质性，因而得出了新的低碳农业生产率。在此基础上，利用空间杜宾模型（spatial dubin model，SDM）考虑了空间溢出效应，结论中就包含了空间交互效应的大小。这些都是方法改良带来的立竿见影的效果。

当然，探索性研究不可能一蹴而就，一个阶段性的研究也不可能臻于完美。本书也难免存在着个别可推敲的地方和一定程度的数据局限性。

因此，希望作者在以后的研究中，在关注全局的同时适当聚焦研究范围，收集更多一手的调研数据，开展更有针对性、更深入的微观研究，在本领域做出更多更好的建树。

冯开文
2019 年 5 月 26 日于中国农业大学

序 二

长期以来，中国的农业碳排放量一直居高不下。党的十九大报告指出要形成节约资源和保护环境的空间格局、产业结构、生产方式、生活方式。由此，推动农业资源由粗放型使用向节约型转变，以低碳节能作为农业发展方式转变的战略取向。虽然中国农业碳排放量要少于工业等其他部门，但农业"碳减排"的正外部性亦不容小觑。一方面，农业"碳减排"潜力巨大；另一方面，农业"碳减排"意味着高效利用农用物资和广泛采用农业废弃物处置的低碳技术。因此，极有必要从低碳约束的视角重新审视和评价中国现有农业生产率水平。问题随之而来：在低碳约束的条件下，中国低碳农业生产率处于什么水平？其变化轨迹以及未来发展趋势如何？省域间低碳农业生产率空间分布特征是什么？其空间差异是否存在收敛性？导致中国低碳农业生产率差异的关键因素又是什么？本书基于"低碳约束"和"空间计量"的视角，对上述问题进行了相关有益探索，试图回答这些问题。

一、本书篇章结构

本书历时两年完成，共 8 章。第 1 章向读者说明了写作背景、研究意义、研究目标、研究内容、研究方法和技术路线；第 2 章主要对已有文献进行了梳理并对文献进行了评论，提出了本书的分析框架；第 3 章主要测算了农业碳排放的相关数据为下一步农业生产率测算提供数据基础，同时也分析了中国农业碳排放的时空分布格局；第 4 章首先测算了农业生产率，回答了碳约束与无碳约束对农业生产率的影响，重点分析了农业生产率的空间分布特征以及区域差异；第 5 章是在第 4 章基础上回答了农业生产率的空间相关的经济学机理，然后实证分析了农业生产率的空间相关性以及农业技术效率和农业全要素生产率的空间关联效应；第 6 章是在第 4、第 5 章基础上，回答了农业生产率区域差异是否会收敛以及未来演变趋势怎样；第 7 章探讨了造成农业生产率差异的影响因素是什么，在不同俱乐部关键的影响因素差异又是什么；第 8 章基于研究结论提出了相关政策建议。

二、本书的主要结论

1. 中国农业碳排放呈现出阶段性特征，波动幅度大，且省域间的异质性明显，存在空间依赖性。第一，在整个样本区间内，中国农业碳排放总量的波动趋势呈现出"波动上升—快速下降—缓慢上升"的演变特征，其内部结构中农用物资投入占农业碳排放比例逐渐增大。农业碳排放强度呈现下降趋势，表现出"平稳—波动起伏—平稳"的运动轨迹，其增速波动幅度大。第二，农业碳排放量排在前八位的地区排放量均在 1300 万吨之上，碳排放总量占全国总量的 48.23%；排在后八位地区的排放量基本都在 200 万吨以下，碳排放总量占全国的 5.93%，形成西部最高、中部次之、东部最低的分布格局。第三，从莫兰散点图和相关数据可以看出，低—低型集聚区域在扩大，整体趋势向好，但集聚效应非常有限。

2. 控制个体异质性后的农业技术效率高于传统 SFA 估计的结果，考虑碳约束的农业 TFP 与无碳约束的农业 TFP 差额先降后升，农业 TFP 增长属于靠前沿技术进步的"单轮"驱动模式，有明显的阶段性且空间差异较大。第一，从农业技术非效率项中剥离地区个体效应之后，中国农业技术效率年平均值为 0.562，高于传统的 SFA 模型估计值。其总体呈现下降的趋势，东部地区的农业技术效率明显高于中、西部地区，三大俱乐部差异扩大。第二，考虑碳排放约束的农业 TFP 与无约束的传统农业 TFP 差额整体呈现先降后升的趋势，其间波动较大，碳约束的农业 TFP 从 2012 年开始反超无碳约束的传统 TFP。碳约束下东部地区农业 TFP 提升较多，中、西部地区整体略有提升，幅度不大。第三，中国省域间低碳农业 TFP 存在明显的差异，呈现出"东部—西部—中部"递减的趋势，分布格局明朗。中国低碳农业 TFP 年均增长率为 4.31%，其中，农业技术进步年均贡献了 6.85%，是低碳农业 TFP 增长的主要驱动力。第四，低碳农业 TFP 增长与中国农业发展阶段基本吻合，在样本周期内，中国低碳农业 TFP 增长经历了三大阶段：下降停滞阶段、恢复增长阶段和快速增长阶段。第五，农业技术效率和低碳农业 TFP 增长率存在空间相关性，两者之间空间关联效应波动较大，未能协同发展。

3. 全国以及三大俱乐部均存在条件 β 收敛；不存在全局性的共同收敛趋势，但区域内部存在随机收敛俱乐部；中国区域内部农业技术效率状态转移受区域背景的影响。第一，各省份的农业生产率朝着自身均衡稳态水平不断趋近，但区域内追赶效应的速度存在差异。第二，由 CA 分析的结论可知，并不存在全局性的共同收敛趋势，但东中西部均存在稳定的随机收敛俱乐部。第三，通过核密度曲线发现，低碳约束下的农业技术效率整体呈现出收敛之势，但下滑明显。低碳农业 TFP 增长的集聚趋势进一步加强，向高值集聚的趋势较为明显。第四，各省份的农业技术效率状态转移的概率较小，存在"俱乐部收敛"的现象。中国农业技术效率演变受到区域条件的影响，样本中低水平农业生产率的省份更容易积聚，由此形成的"落后型俱乐部"有扩大的趋势。

4. 地理空间因素是影响低碳农业生产率的一个重要因素，空间溢出效应明显，三大俱乐部的影响因素存在差异。第一，随着农业市场体系建设日渐完善，农业生产要素的空间流动性逐渐增强，邻近地区低碳农业生产率的空间依赖性越来越强。第二，现阶段的农村居民人均收入对农业生产率的直接影响处于倒"U"型的右半段，而总效应处于倒"U"型的左半段。第三，农村财政政策的实施会造成本省和邻近省低碳农业生产率下降；农村价格政策对本省低碳农业生产率的正向影响不显著，而对邻省农业生产率有显著的正向影响；农业开放度提升和种植业比重加大在导致本省低碳农业生产率下降的同时促进了邻近省份农业生产率的提升。第四，影响低碳农业生产率的各因素在全国和三大俱乐部之间有着不同的显著性和作用大小。

三、本书特色

1. 主题明确，视角独特。习近平总书记强调"绿水青山就是金山银山"，绿色发展是当今社会的必然趋势，围绕这一主题，本书以农业生产率为研究对象，从低碳约束和空间计量视角展开研究，为农业的绿色发展探索新路径。另外，本书的研究方法也较为独特，始终将空间计量手段融入每一个研究环节，力求模型更加稳健、结论更可靠，为读者提供了新颖的视角。但本书未能将空间计量手段发挥到极致，仍存在进一步拓展的空间。

2. 内容全面，逻辑自洽。根据经济增长的丹尼森法可知，农业可持续增长的唯一源泉是农业全要素生产率增长，本书为了实现这一目标，设计了较为合理的分析框架。从基本理论→影响机制→实证检验→政策建议，提供了较为全面的研究内容，能够确保研究的整体性。

3. 来源实际，拓展性强。本书研究主题来源于现实需要，研究内容具有较强拓展性，如深入研究微观农户行为变化对农业生产率的影响、农业经济政策的效应评价等；研究方法也可进一步拓展延伸，例如，在测算农业生产率时要考虑空间交互性、空间随机前沿方法的使用等。

由于作者水平有限，难免会存在疏漏和不完善之处，还请读者予以谅解并不吝赐教，相关建议和意见发送至邮箱：wuyg08@cau.edu.cn。

吴义根

2019 年 6 月 8 日于池州市平天湖畔

目　　录

第1章

引　言

1.1　选题背景与研究意义

1.1.1　选题背景

党的十六大以来，"三农"问题一直是全党工作的核心，2004～2018年，党中央连续15年发布以"三农"为主题的中央一号文件，并出台了相关的强农惠农富农政策。这些政策的实施，极大地激励了农民群众的积极性，改善了农村的面貌。如图1-1所示，就农村居民人均纯收入来说，由2003年的2622元上升到2016年的12363元，农民收入连续13年保持较快增长。2009年以来，农民收入的增幅已连续7年高于城镇居民。就粮食产量来说，中国粮食产量由2003年的43069.53万吨增加到2015年的66060.27万吨，连续12年保持增长。2016年略有下降，2017年总量达66160.72万吨，比2016年增加0.2%。[①] 这在中国乃至全世界的历史上都是非常罕见的。正因为如此，中国用占全球不到7%的耕地，养活了全球20%以上的人口，农业经济在快速发展的同时，也面临巨大挑战。[②]

第一，粗放型农业增长以消耗资源、破坏环境为代价。全球变暖以及能源枯竭等重大问题受到了国际社会的广泛关注。据联合国政府间气候变化委员会第四次评估报告研究，在过去的一百年里，地球表面温度平均升高了0.74度，海平面升高了0.17米（Jeff Schahczenski，2009）。全球生态系统的破坏带来了

[①]　资料来源于中华人民共和国国家统计局的国家数据（http://data.stats.gov.cn/）。

[②]　陈文胜. 论大国农业转型 [M]. 北京：社会科学文献出版社，2014。

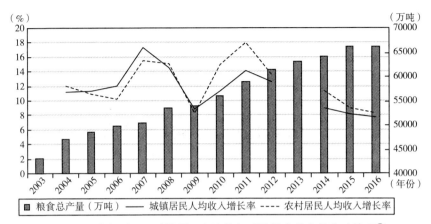

图 1 - 1　农村居民、城镇居民人均收入以及粮食总产量变动情况①

资料来源：根据国家数据库的原始数据整理得出农村居民、城镇居民人均收入的增长率绘制而成。

极端天气、干旱、洪涝灾害等许多恶劣的自然灾害，这些灾害的发生一部分源于自然原因，但更为重要的是人类生产、生活导致的碳排放量增加引发的全球变暖。碳排放的主导部门是第二、第三产业，尤其现代工业发展是气候变暖的罪魁祸首，但西方模式的现代农业责任不可推卸，一是对石油资源的高度依赖，二是农业温室气体的排放。据联合国政府间气候变化委员会（IPCC）研究，全球温室气体排放来自农业生产活动的比例达 13.5%（Norse，2012），而中国农业碳排放占全球的比例达到了 16%～17%（赵文晋等，2010；田云等，2013），明显高于全球平均水平。究其原因，一是中国农业现代化进程速度加快，农业机械的使用度明显提高和农用物资的大量投入都导致了农业温室气体排放量的增加。就化肥施用总量来说，中国大约占全球总量的三成，发达国家的农药强度（单位面积施用量）仅为中国的一半，但中国化肥和农药的利用率很低，比发达国家低一半左右。农膜残留率大约40%，总量达到 50 万吨左右（姜长云，2012）。二是羊、牛等牲畜的饲养量增加、农地利用方式的变化、农业废弃物的处置（如焚烧秸秆）等都造成了农业碳排放量的增加。由此可见，农业是重要的碳排放行业，每年产生了大量的温室气体。

　　第二，粗放农业发展方式面临越来越紧的资源约束。一方面，中国人均农业资源贫乏，远低于全世界的平均值，农业资源的均值水平正在持续下降。例

────────────────

　　① 从 2013 年起，国家统计局开展了城乡一体化住户收支与生活状况调查，与 2013 年前的分城镇住户和农村住户调查的调查范围、调查方法、指标口径有所不同。因此，在计算增长率时，考虑到统计口径变化，没有计算 2013 年的增长率，折线图出现中断。

如，2008 年四种关键的农业资源状况为：人均可耕地面积占全球平均值的
40%、人均森林面积占全球平均值的 26%、人均国土面积占全球平均值的
36%、人均淡水资源占全球平均值的 33%（何传启，2012）。随着工业化和城
镇化的加速发展，资源的竞争也在农业和工业中日趋激烈。另一方面，中国的
农产品因低水平的农业生产率失去竞争力。例如，2008 年中国部分农作物的
单产水平很高，与发达国家相差无几，但农业生产率的水平很低，就均值而
言，不到全世界的一半，仅为美国的 1%（何传启，2012）。虽然中国粮食产
量实现了 12 年连增的佳绩，但农产品的进口量占农产品总量的比重却在逐年
上升，从 2011 年的 10% 到 2015 年的 17.3%。其中，大豆的进口量占全球大
豆出口总量的比重由 57% 上升到 64%。据预测，到 2050 年全球对谷物的需求
将新增 6.8 亿吨，中国对谷物需求将增加到 7.8 亿吨（陈锡文，2012）。因此，
资源的匮乏以及未来农产品需求将逐步增大农业资源负载量。

　　作为一个负责任的农业大国，中国在 2009 年提出了自己的行动计划：到
2020 年中国二氧化碳的排放强度（单位 GDP 排放量）比 2005 年下降四到五
成，以此来约束中国中长期经济社会发展规划。作为世界农业大国，大国责任
迫切要求推动由农业资源的粗放型使用向节约型转变，以低碳作为农业发展方
式转变的战略取向。党的十九大要求继续推进生态文明建设，形成节约资源和
保护环境的空间格局、产业结构、生产方式、生活方式。虽然农业碳排放量要
少于其他部门，但农业碳排放的正外部性不容小觑。一方面，中国农业"碳
减排"潜力巨大；另一方面，农业"碳减排"的背后意味着高效利用农用物
资（如化肥、农药等）和广泛采用农业废弃物处置的低碳技术，这对农业可
持续发展意义重大。丹尼森从新古典经济增长理论出发，把经济增长的源泉来
自要素投入和全要素生产率，通过扩张投入要素的数量来发展农业的模式难以
为继，提高农业全要素生产率才是唯一途径。要转变农业经济发展方式，必须
要改变传统的粗放增长理念，将资源和环境作为衡量农业经济增长绩效的重要
指标。因此，从低碳约束[①]的视角重新认识中国的农业生产率显得尤为必要，

_____

　　① 低碳内涵是指在满足社会需要的基本前提下，通过科技、政策、管理等措施并举，实现农用物
资的投入降低、碳排放减少、面源污染得到控制的目的，提高农用物资的转化利用率和农业经济效益
（许广月，2010；赵其国，2011）。本书认为低碳约束是在充分利用低碳技术、政策以及管理措施，实
现农业产出增长、降低农用物资投入、减少农业碳排放，进而实现集经济功能、生态功能与社会功能
于一体的农业生产方式。

而且非常急迫。那么，中国农业碳排放总体趋势、结构变化以及各省的空间分布特征如何？在低碳约束的条件下，中国农业生产率处于什么水平、时空分布规律怎样？其增长的源泉来自哪里？低碳约束下的省域间农业生产率是否存在空间相关性？其空间差异是否存在收敛性？低碳约束下导致中国农业生产率差异的关键因素是什么？这些问题的解决有助于在低碳约束下准确把握中国农业生产率时空分布规律、增长的源泉、识别空间差异收敛的俱乐部，为减少农业生产率的区域差异，利用关键的影响因素推动农业的区域协调发展，为中国低碳农业发展奠定坚实的基础。

1.1.2 研究意义

第一，就研究背景来说，低碳约束背景是农村生态文明建设的内在要求。这一背景符合党的十九大对生态文明建设的要求，低碳约束的核心是资源的低消耗和环境的低污染。这利于实现资源节约、环境友好与农业经济协调发展，有利于提升农业竞争力，占领未来农业发展的制高点，提升"碳"博弈的国际地位。

第二，就研究内容来说，在低碳约束下将相关理论与实证相结合来研究农业生产率。从低碳约束切入对农业生产率的研究，将反映资源环境约束的农业碳排放和地理空间要素纳入农业生产率的分析框架，详细了解农业生产率的水平、时空分布规律和空间相关性，然后检验了中国农业生产率的空间收敛性，把握中国农业生产率的关键影响因素。提供低碳约束视角下的理论方法和分析框架，试图拓展理论应用的范围，完善和补充相关问题的研究方法，具有理论上的借鉴意义。期望以此分析框架来准确地评估中国农业增长的绩效，确保农业部门实现绿色发展，最终满足党的十九大报告提出的坚持节约资源和保护环境的这一国策的现实需要和内在要求。

第三，就研究方法来说，利用固定效应的随机前沿模型（SFA）测算农业生产率，考虑不可观测的空间单元的个体效应对测算的影响，测算的结果更符合现实；利用探索性空间数据分析方法（ESDA）把握中国低碳农业生产率的时空分异特征、空间相关性，考察了空间单元各种因素交互性对空间分布的影响，更易准确把握空间特征；将空间地理因素纳入空间计量模型，分析了中国农业生产率的空间收敛性和各影响因素的空间溢出效应，更为合理地把握关键因素。利用考虑空间地理因素的空间杜宾模型有利于把握空间交互影响，得出的结论更贴近现实，是对已有研究方法的补充。

第四，就研究作用来说，能提高对低碳农业生产率水平的宏观认识水平，为决策提供必要的理论依据。由于已有研究在测算农业生产率时未能考虑个体效应，很难准确了解时空特征、空间差异等，不利于科学决策。本书在低碳约束下，利用固定效应的随机前沿模型测算了低碳农业生产率，明确了时空分布规律及增长的源泉、空间相关性及其动态演变特征、背后影响农业生产率的驱动机制与构建的制约因素。尤为重要的是，通过进一步研究可以明晰对农业生产率的宏观认知，为政府前瞻性政策的制定提供客观的理论支持，有助于科学决策。

1.2 概念界定及经济增长的收敛性理论

1.2.1 概念界定

目前，对低碳农业的研究集中在概念（罗吉文，2010）、发展的困境（马晓旭，2011）、路径选择（赵其国，2009；郑恒，2011；肖大伟，2011；赵金龙，2012）等，对低碳农业生产率的概念界定的研究很鲜见。本书所使用的低碳农业生产率概念，利用全要素生产率的思想，在低碳约束下探索中国农业生产率的动态演变规律。也就是说利用数理统计的方法对农业生产的水平进行测度与比较。在实际的研究中，为了体现与传统农业的差别，彰显低碳的特性，在投入与产出的指标选择上予以考虑。一般文献提出选择农林牧渔总产值或增加值作为产出指标，随着低碳观念的加强，很多学者开始研究环境规制背景下的农业生产率，这种情况下除了合意产出外，还要选择农业面源污染或者碳排放作为负产出。因此，在当前资源节约与环境友好的时代背景下，本书利用农业碳排放来反映资源环境约束，用农业碳排放作为负产出纳入测算指标体系，农业碳排放的核算范围具体见第 3 章的详细说明。

1.2.2 经济增长的收敛性理论

收敛性是在一个封闭的经济环境下，在一个有效经济范围内，不同国家、地区或家庭的人均产出、人均收入等指标的增速与其初始的水平值呈现负相关，体现出落后的经济单元追赶发达经济单元的过程（刘强，2001；Islam，2003）。新古典增长理论和内生增长理论是收敛性理论的研究两大依据。以索罗和斯旺（Solow，1956；Swan，1956）为代表的新古典增长时期，学界就已经关注生产率的收敛性问题，其中各国以及地区经济增长的差异以及动态演变趋势是学界的一个热点问题，采用的方法就是收敛性（趋同）。依据新古典增长理论，在边际报酬递减存在的背景下，与发达国家相比，低收入国家的经济增速表现更为突出，导致低水平国家的经济发展水平不断接近发达国家，最终所有国家可能会趋同。而内生增长理论认为知识和人力资本是经济长期增长的源泉，突出资本累积在经济增长中的作用。与高收入国家相比，资本累积量在低收入水平国家表现非常弱，高收入水平国家的资本累积则非常突出，低收入水平国家和高收入水平国家之间不可能出现收敛（Romer，1986；Lucas，1988）。鉴于两种收敛理论的分歧，许多学者利用经验和实证对分歧展开了检验，开始集中在人均收入和人均国内生产总值（Baumol，1986；Barro，1991；Islam，1995）等方面。

新古典增长理论则把经济增长中技术进步当成外生的，资本的边际报酬是递减的，收入低的国家经济增长速度比较快，经济发展会趋同，最终处于稳定状态。但是，现实研究中却未出现新古典增长理论所描述的经济发展的趋同状态。内生增长理论是在新古典增长理论与现实矛盾中催生的，不再强调技术外生，进一步放松了该假定，认为其是内生变量，且科研创新投入、区域人力资本等直接影响技术进步。知识外溢、分工合作和经验的积累不断增强，不可能出现呈现递减的资本边际报酬。因此，知识、物质和人力资本积累越多，该地区经济发展速度越快，区域差异不会呈现趋同趋势，彻底否定了新古典收敛理论。但内生增长理论认为区域之间的差异能否缩小并出现趋同现象的关键是技术和知识外溢是否有合适的路径。

因收敛理论存在分歧，促使很多学者进行了实证检验，也因此出现了很多的收敛检验方法。主要有绝对收敛、条件收敛、俱乐部收敛、随机收敛以及增长分布动态分析，其中前三个是建立在新古典经济增长理论基础上的，一般称为新古典收敛方法（赵雷等，2007），具体如下。

（1）新古典收敛方法。新古典收敛方法是建立在新古典经济学理论之上的，主要包括：第一，绝对收敛是检验不同省份的人均 GDP 或是生产率等之间差距是否随时间推移而缩小，主要有 σ 收敛和绝对 β 收敛。σ 收敛是指不同省份间的人均 GDP 或生产率的水平差异（一般用标准差来衡量）随时间的推移而不断下降。如果 $\sigma_t > \sigma_{t+T}$ 则表明所观察的省份间存在 σ 收敛。绝对 β 收敛是指不同省份间的人均 GDP 或是生产率等经济指标的增速与其初始水平值呈现负相关。第二，条件收敛是指考查不同省份的资源禀赋差异后，落后省份与发达省份的差异不一定会减小，但会逐渐形成自己的均衡水平，达到自身稳态水平，而最终趋于收敛。其检验方法为条件 β 收敛，但条件 β 收敛的最终结果并不意味着不同经济单元的经济指标会趋同。β 收敛认为不同的经济单元随时间推移均趋于稳态，各省份 β 绝对收敛趋于相同的稳态水平，与此不同的是，β 条件收敛得到的稳态值是不同的，各省份的资源禀赋差异决定了稳定值是有差异的。总之，条件收敛的稳态值因不同经济单元的条件不同而不同，经济单元之间的差异将会持久存在。第三，俱乐部收敛是指经济发展水平相当、初始发展条件极为类似的经济单元，其人均 GDP 或生产率等经济指标收敛于稳态水平（Barro & Sala-I-Martin，1991）。俱乐部收敛的检验主要采用全样本加虚拟变量或者直接使用俱乐部独立样本，检验方法一样。

（2）随机收敛。新古典收敛方法是基于横截面回归的方法，这种方法的优点是简洁，但后续研究频频指出其各种不足。主要包括：第一，通过截面回归得出的经济单元人均产出增长率与经济指标的初始值的系数的符号情况决定了经济单元是否收敛。一些经济单元的经济增长本身可能是发散的，可能因为资本边际报酬递减等因素的存在，使得这些经济单元可能表现出经济增长率与经济指标的初始值呈现负相关，检验的结果与现实相悖。第二，横截面回归的原假设和备择假设[①]之间显然存在第三种可能的情况。因此，邹薇等（2007）基于时间序列视角提出了随机收敛的概念。在长期，只要经济单元之间的差距能够保持稳定的随机过程，则经济单元存在随机收敛（邵军，2008）。本章采用面板单位根的方法，来识别某一特定经济单元（全国以及东中西部）是否存在经济收敛的现象，而且也会检验局部收敛可能性。

（3）增长分布动态分析。以丹尼·T. 奎（Quah）为代表的很多学者对 σ 收敛、β 收敛以及随机收敛提出了质疑。一是横截面回归检验了变量平均情

---

① 原假设和备择假设是所有经济单元（国家或地区）要么以相同的速率趋同，要么就是所有经济单元都发散。

况，但并不能反映截面变量的动态分布规律。二是面板数据更好地描绘了单个经济单元，但仍不能展示其变量的动态分布特征，而且在有限样本条件下，估计结果可能有偏（王亮等，2010）。为了克服种种缺陷，丹尼·T.奎（1993，1996）建立了增长分布动态法。这种方法是将整个经济系统中依据经济变量水平进行划分后，然后根据各类经济单元的概率分布的动态演变检验收敛性。从某种程度上来说，直接研究变量的动态分布，迎合了收敛性的初衷，而且成功绕开了新古典增长理论"门户之争"（徐现祥等，2004）。

1.2.3 东、中、西部划分说明

为了更顺利地开展本研究，依据中国国家统计局的划分标准，将所有样本分为东中西三大俱乐部，由于数据的可得性，这里未能将中国台湾、香港和澳门特别行政区纳入三大俱乐部。其中，东部地区一共有11个省份，中部地区一共有8个省份，西部地区一共有12个省份①。

1.3 研究目标与研究内容

1.3.1 研究目标

在全面推进绿色发展的背景下，将低碳和地理空间因素引入传统的农业生产率分析框架，从低碳约束和空间计量视角，系统性地分析中国农业生产率问题，测定中国省域的低碳农业生产率水平以及增长源泉，探索中国低碳农业生产率的时间和空间上的差异性，判断中国农业生产率区域的差异是否会收敛，识别中国收敛的俱乐部，确定中国低碳农业生产率的关键影响因素，为制定农业经济可持续发展的公共政策提供坚实的理论依据。研究的具体目标如下。

（1）基于空间计量的视角，在绿色发展的时代背景下，测算低碳约束下的中国农业生产率的静态和动态水平，探索时空演变规律以及增长的源泉。

---

① 东部地区包括北京、天津、河北、辽宁、江苏、浙江、上海、福建、山东、广东、海南；中部地区包括山西、吉林、黑龙江、安徽、江西、河南、湖北、湖南；西部地区包括内蒙古、广西、重庆、四川、贵州、云南、西藏、陕西、甘肃、青海、宁夏、新疆。

（2）分析中国低碳农业生产率省域间的空间相关性，通过空间关联分析各省份及其邻近地区农业生产率的集聚效应和空间扩散效应。

（3）从时间和空间维度探究中国地区间农业生产率空间差异及其动态演变趋势，分析中国农业生产率的收敛性，针对低碳农业生产率的动态演变趋势制定差异化的政策。

（4）探索影响中国低碳农业生产率的关键因素，分析区域内各因素产生的空间交互影响，各因素对农业生产率影响的直接效应和间接效应，以构建合理的公共政策促进农业生产率的提高。

1.3.2 研究内容

本书旨在低碳约束下，基于空间计量视角重新评价中国低碳农业生产率水平。在此基础上，了解中国农业生产率的时空分布特征，把握区域低碳农业生产率差异的收敛情况以及动态演进趋势，探索低碳农业生产率发展的关键影响因素，推动农业的绿色发展。结合上述设定的目标，具体研究内容如下。

（1）通过文献回顾，构建低碳背景下的低碳农业生产率分析框架。从变量类型、研究方法、模型选择以及数据处理等方面梳理农业生产率测算的相关研究。试图减少对农业生产率测算的影响，为后续测算研究提供理论支撑，构建合适的低碳农业生产率分析框架。

（2）基于固定效应的随机前沿模型，评价低碳约束下的中国农业生产率水平。在低碳农业的背景下，利用农业碳排放来表达资源约束和环境友好的理念，引入固定效应的随机前沿模型来测算农业生产率。一方面，由于不同的生产单元的经济发展水平不同，技术水平也存在差异，不同的生产单元的生产前沿面应该不一样。在模型设定中来考虑了个体的异质性，并将个体异质性和市场非效率分开，采用王泓仁等（Wang & Ho, 2010）的方法进行估计，克服技术无效率的过高估计，降低模型估计结果偏误。在 CRS 下对农业生产率进行分解，根据对农业生产率的分解结果，探讨不同区域农业生产率无效率的来源，了解农业生产率增长的内部动力，为制定农业绿色发展的措施提供可靠依据。另一方面，利用测算出的农业技术效率以及农业 TFP 增长率，详细讨论了农业生产率的时空分布特征，掌握农业生产率空间分布规律，为农业发展的科学决策做好铺垫。

（3）结合农业生产率的时空分布特征，讨论农业生产率的空间关联性。首先讨论了农业生产率空间相关性传导的经济学机制，然后利用探索性空间数据分析方法，通过莫兰指数和相关数据讨论了农业技术效率、农业 TFP 增长的全局以及局部的空间相关性，并且讨论了两者之间的空间互相关。

（4）中国农业生产率的收敛性分析。在知晓低碳农业生产率存在空间差异的基础上，首先，利用新古典收敛方法对中国低碳农业生产率进行检验，包括 σ 检验、利用空间杜宾模型估计的 β 检验；其次，采用面板单位根、验证性分析方法（CA）以及单变量单位根检验的方法对中国农业生产率是否存在随机收敛进行检验；最后，利用核密度函数从连续状态变化分析了低碳农业生产率的整体动态分布规律，运用马尔科夫链以及加权的空间马尔科夫链的分析方法从离散状态变化的角度详细分析了低碳农业生产率的状态转移趋向以及收敛俱乐部动态变化趋向。

（5）用空间计量模型识别影响中国低碳农业生产率的关键因素。在绿色发展的背景下，首先，在梳理文献的基础上构建了理论框架；其次，以理论分析为基础，充分考虑空间单元之间的农业生产要素流动的现实；最后，利用空间杜宾模型捕捉农业生产率空间交互效应，分析各因素背后的作用机理、路径、程度以及方向，从而为中国在农业协调发展提供参考依据。

1.4 研究方法与技术路线

1.4.1 研究方法

（1）固定效应 SFA-Malmquist 模型。借助王泓仁等（2010）构建的固定效应的随机前沿面板数据模型，解决忽视个体异质性给农业生产率测算带来影响的问题，基本形式为：

$$\ln Y_{it} = \ln f(X_{it}; \boldsymbol{\beta}) + \varepsilon_{it}, \quad \varepsilon_{it} = \alpha_i + v_{it} - \mu_{it} \tag{1-1}$$

其中，$i = 1, 2, \cdots, N$；$t = 1, 2, \cdots, T$；Y_{it} 表示生产单元 i 在 t 期内实际观测到的产出；X_{it} 表示投入向量，$\boldsymbol{\beta}$ 为投入向量的对应系数；$f(\cdot)$ 为生产前沿函数，α_i 表示生产单元的个体效应，v_{it} 为随机误差项，假设 $v_{it} \sim N(0, \sigma_v^2)$，

μ_{it} 为技术无效率项，$\mu_{it} \geq 0$。考虑其他外生影响因素对农业技术效应的影响，进一步假设：

$$\mu_{it} = h_{it}\mu_i^*, \ h_{it} = f(z_{it}\boldsymbol{\delta}), \ \mu_i^* \sim N^+ (\mu, \sigma_\mu^2) \qquad (1-2)$$

其中，z_{it} 表示影响农业技术效率的影响因素向量，作为控制变量；μ_i^* 服从在 μ 处截断的非负正态分布，当 $\mu = 0$ 时，μ_i^* 服从非负的半正态分布。利用王泓仁等（2010）提出组内均值变换法进行估计。在此基础上，根据式（1-3）计算农业全要素生产率，具体详见本书第 4 章的分析。

$$TFP_i^{t,t+1} = TPCH_i^{t,t+1} \times TECH_i^{t,t+1} \qquad (1-3)$$

（2）空间经济计量模型。某个空间经济单元上经济地理现象或某一属性值与其邻近地区空间经济单元是相关的（Anselin，1988）。在技术扩散过程中，空间外部性扮演着重要的角色，如果忽视这种空间依赖性，模型设定可能存在偏误，从而导致模型估计结果失去科学性，以此为依据的政策建议可能误导现实（吴玉鸣，2006）。空间杜宾模型是讨论空间回归的起点，本书从面板空间杜宾模型出发，其估计方程为：

$$Y_t = \rho W Y_t + \alpha_t \iota_N + X_t \beta + W X_t \theta + \varepsilon \qquad (1-4)$$

其中，Y_t 为因变量向量，X_t 为解释变量向量，W 为空间权矩阵，α_t 为常数项参数，ι_N 为参数项向量，β、θ 为待估计的参数，ε 为残差项；ρ 为空间自回归系数，反映了邻近省份的农业生产率的空间溢出效应；$X_t\beta$ 为区域内解释变量对被解释变量的影响；$\rho W Y_t$ 为空间滞后项，反映邻近区域被解释变量对区域被解释变量的影响；$W X_t \theta$ 反映了邻近区域解释变量对区域被解释变量的空间影响。空间杜宾模型主要用在第 6 章的 β 收敛性分析和第 7 章低碳农业生产率的影响因素分析。具体详见这两章说明。

（3）收敛性研究方法。通过低碳农业生产率的收敛性分析，有助于探索其区域差异动态演变趋势以及收敛俱乐部，推进低碳农业的发展。本书所用的收敛性分析方法有新古典收敛方法、随机收敛和增长动态分布。

新古典收敛方法包括收敛性研究方法 σ 收敛和 β 收敛，前者采用低碳农业生产率标准差和变异系数来衡量，后者采用空间计量模型回归的方法。

随机收敛检验方法采用卡里诺和米尔斯（Carlino & Mills，1996）提出的收敛检验框架。具体评定标准依据式（1-5）中的参数 β_n 是否为 0 来确定。

$$\Delta(y_{n,t} - \bar{y}_t) = \delta_n + \beta_n(y_{n,t-1} - \bar{y}_{t-1}) + \frac{1}{N}\sum_{k=1}^{p}\varphi_{n,k}\Delta(y_{n,t-k} - \bar{y}_{t-k}) + \mu_{n,t}$$

$$(1-5)$$

其中，n、t 分别是 $n=1$，2，$\cdots$，N；$t=1$，2，$\cdots$，T；β_n 表示地区效应，当 $\beta_n<0$ 时，$(y_{n,t+k} - \bar{y}_{t+k})$ 为平稳序列，农业生产率差距 $(y_{n,t} - \bar{y}_t)$ 是个平稳的随机过程，农业生产率存在随机性趋同；反之，如果 $\beta_n = 0$，则 $(y_{n,t} - \bar{y}_t)$ 是非平稳序列，外部冲击效应会不断累积，农业生产率呈现随机发散趋势。在进行实证分析时，利用验证性分析方法探索了全局性随机收敛和俱乐部随机收敛。

核密度函数估计模型和马尔科夫链法从两个不同方面分析了低碳农业生产率的增长动态分布。前者是将农业生产率序列作为连续状态处理，通过核密度估计量来刻画农业生产率整体分布形态以及演变趋势；后者将序列作为离散状态处理，主要分析农业生产率分布内部区域各省份相对位置的动态演变及其发生概率，通过概率阐释农业生产率的长期演进趋势。

俱乐部收敛贯穿于整个分析中，详细的收敛性检验方法详见本书第6章。

（4）文献研究法。从农业生产率测算之前的投入和产出变量类型以及测算方法，测算中的模型选择以及数据处理，测算后的结果等方面梳理已有的研究，试图理清农业生产率发展演变的脉络，为建立资源环境约束背景下低碳农业生产率分析框架提供一种思路。

1.4.2　技术路线

通过对上述研究内容、研究方法以及研究目标的梳理，在低碳约束的背景下，从空间计量的视角切入，对中国低碳约束下的农业生产率总量增长及其源泉、时空差异、收敛性和影响因素进行了全面探索。遵循上述框架，本书的研究技术路线如图1-2所示。

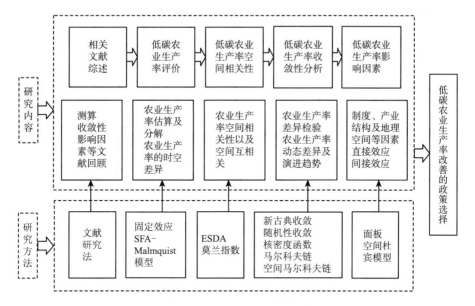

图 1 - 2　本书的技术路线

1.5　可能的创新点

1.5.1　研究视角上有新的拓展

本书结合当前绿色发展的时代背景，在低碳约束条件下，基于空间计量的视角讨论了低碳农业生产率的空间分异特征、空间差异的收敛性以及影响低碳农业生产率的关键因素，从低碳约束和空间计量两个视角对农业生产率研究进行了拓展，补充了现有文献的研究视角。

1.5.2　方法上有一定的改进

本书基于生产前沿面方法，在此基础上，考虑空间经济单元的个体异质性，采用固定效应的 SFA-Malmquist 模型对原有的农业生产率估算以及分解方法进行拓展，形成了新的农业生产率分析框架。运用验证性分析方法（CA）解决了全局随机收敛和俱乐部随机收敛的检验，运用加权空间马尔科夫链分析低碳农业生产率长期演进趋势和动态变化，考虑空间地理因素的空间杜宾模型分析 β 收敛，同时也分析了影响低碳农业生产率的关键因素，这些方法的运用使本书结论更贴近现实，使政府的决策更加科学化。

1.5.3 结论上有一定的新意

第一，由于测算农业生产率使用了一些新的元素，如考虑了绿色发展的时代背景、采用考虑空间单元异质性的固定效应 SFA-Malmquist 模型，测算的农业生产率应该更加合理，为后续的研究提供了新的数据。而且生产率的分解结果也不同，可能会发现导致农业生产率差异的新内在原因。通过求偏微分办法，利用平均溢出效应来反映各因素影响农业生产率的程度大小，结论中会呈现出空间交互影响的大小，可能得出比已有文献更贴近现实的结论。第二，随机收敛的分析中运用 CA 分析方法，得出的全局性随机收敛和俱乐部随机收敛结论更加具体；增长动态分析中运用空间马尔科夫链以及加权的空间马尔科夫链详细地了解区域内部省份状态转移的概率以及俱乐部的形成，在考虑周围背景的条件下，研究区域内部省份低碳农业生产率转移状态的趋向和俱乐部变动情况。新的方法使得收敛性分析的结论更加细致和准确，为科学制定差异化政策提供坚实的基础。

第 2 章

文献综述与分析框架

2.1 关于生产率的概念及历史演进

生产率是指人力、物力、财力等各种资源的利用效率，反映了资源配置、技术水平以及劳动力对生产活动的影响。从宏观层面来看，应该是一个国家的总产出与取得该产出的各种资源要素总投入之比。目前学界所提到的生产率一般是指全要素生产率（TFP），其以生产理论为基础，计算依赖于生产函数，而生产函数是在维持生产技术不变的情况下，探讨生产中各种生产要素的投入数量与其最大产出量之间的关系。

早在古希腊时代，柏拉图的劳动分工理论中就涉及了生产率研究，欧洲文艺复兴时期的蒙克来田、配第和布阿吉尔贝尔也讨论过生产率的问题。魁奈（Quesnay，1766）提出了生产率这一概念，讨论了生产率对国家经济发展的作用，他提出的劳动生产率仅用于农业生产领域，是一种狭义的生产率概念。斯密（Adam Smith，1776）摒弃了魁奈的生产观，将"生产率"的概念扩展至整个生产领域。萨伊（Sai，1803）则认为资本、劳动和土地是生产的三要素，产出与劳动投入之比是劳动生产率，产出相对于资本的大小是资本生产率。庞巴维克（Eugen Bohm-Bawerk，1884）提出"迂回生产"的概念以及资本的物质生产率，但没有给出度量方式。

"二战"前衡量的生产率是一种单要素生产率，主要集中于劳动生产率方面，随着柯布道格拉斯（C-D）生产理论的提出，学术界对生产率的研究也有了重大突破。由于劳动生产率是一种单要素生产率，不能较好地反映生产率变化，在这种情况下，丁伯根（Tinbergen，1942）将时间要素纳入生产框架，将产出看作资本、劳动和时间的函数，提出全要素生产率来反映生产活动中生产率的变化。斯蒂格勒（Stigler，1947）以制造业为例，测算了全要素生产率。戴维斯（Davis，1954）被誉为全要素生产率的"鼻祖"，进一步明确了全要素生产率的内涵，投入要素不仅有资本、劳动和时间，还应该包括用于生产活动的所有材料，但未考虑教育、研发等因素。索罗（Solow，1957）基于道格拉斯（Douglas）和丁伯根等的研究，将技术进步纳入生产框架，提出了总量生产函数和增长方程的规模不变特性，定量衡量了产出增长率、投入增长率和技术进步率三者之间关系。法雷尔（Farrell，1957）采用不同的索洛余值法分析了农业生产效率，提出了被誉为 DEA 原型的生产效率测算方法，将"非预设函数"替代"预设生产函数"估计生产效率，利用数学规划的方法求出效率值。肯德里克（Kendrick，1961）指出生产率是产出和投入之比，生产率的高低反映了人们脱贫能力的大小。产出与单一投入要素之比是部分生产率（如劳动生产率），不能全面衡量生产率变化。全要素生产率真正的计算方法是将产出总量与参与生产活动的所有要素投入相比，这样才能全面衡量生产率的变化。丹尼森（Denison，1962）基于肯德里克的全要素生产率概念，进一步发展了"索洛余值"的测算方法，详细划分了生产投入要素，并将全要素生产率进行了分解，资源配置效率和规模效率体现在要素投入当中，技术进步用余值表示，成为一种核算生产率增长的全新方法。

部分学者把索洛余值测算的残差作为全要素生产率，这引起了争论，乔根森和格鲁里特（Jorgenson & Grilliches，1967）在索洛余值法的基础上创建了扩张的索罗模型，把全要素生产率当作一种计算误差。扩展的索罗模型考虑了其他要素在生产率中的贡献，与现实较为吻合，具有非常重要的意义。乔根森（Jorgenson，1988）采用更为灵活的超越对数函数，扩充了非角度、具有相加结构的方向性距离函数，在 TFP 的基础理论和测算方法上做出了重大贡献。钱伯斯等（Chambers et al.，1996）提出了具有相加结构的生产率测度方法——卢恩伯格生产率指标（Luenberger productivity indicator），并且在 1998 年定义了从 t 期到 t + 1 期的卢恩伯格生产率指数。还有一些较有影响力，例如，对于农业全要素生产率的提高在美国农业产出增长中重要性的论证（Grilliches，1957）；运用全要素生产率框架揭示跨期差异的研究（Prescott，1998）。此外，一些学者也从理论和实证的角度论证了农业生产率的增长问题，明确了全要素生产率的作用，并为发达国家以及发展中国家提升农业生产率提供了路径选择（Easterly & Levinne，2001；Ruttan，2002；Kogel，2005；Helpman，2007；Restuccia et al.，2009）。

"东亚奇迹"问题被提出来以后（Krugman，1999），TFP 受到国内学者的热捧。很多学者为中国经济增长的可持续辩护，提出了核算框架的缺陷（易纲和樊纲，2003；林毅夫和任若恩，2007；郑海涛和任若恩，2009，2010）。在此基础上，国内研究涵盖了所有领域（如工业、服务业等），且研究方法（如增长核算、指数法、前沿法等）也较为完善，充分体现了 TFP 增长的重要性（郑玉歆等，1995，1999，2007；刘小玄等，1998；林毅夫，1992，2007；郭庆旺等，2005；涂正革，2005，2011；王志刚，2006；王争等，2008；胡鞍钢，2008；郑京海和胡鞍钢等，2015）。

2.2 国内外研究现状

2.2.1 关于农业碳排放测算的研究

韦斯特等（West et al.，2002）对农业碳排放进行了较为细致的研究，认为碳源主要来自农业投入，包括五类：化肥、农用石灰、农药、农业灌溉和种子培育。约翰逊等（Johnson et al.，2007）认为碳源主要来自畜禽肠道发酵、粪便管理、水稻生长、农业废弃物的任意处置和生物燃烧。在文献关于碳源论述的基础上，美国环保局利用层次分析法计算了 2008 年农业生产过程中碳排放量，结果表明，大约有 1/2 来自农地生产活动，有 1/3 来自畜禽肠道发酵，累计 CO_2 排放量达 4.275 亿吨。弗列舒威尔等（Vleeshouwers et al.，2002）考虑气候、土壤等因素，建立了农地土壤碳转移的计量模型，并将其广泛应用于实践。拉尔（Lal，2004）发现农场的不同耕种方式是农业碳排放存在差异的直接和间接原因，伍默等（Woomer et al.，2004）认为土地利用方式的改变也是导致农业碳排放增加的一个因素。鲁宾等（Ruben et al.，2006）通过大量实验发现，不同土地利用方式的碳排放水平也存在较大差异。塔斯曼（Tasman，2009）通过比较美国、新西兰、加拿大以及欧盟的农业碳排放量，发现农业排放量存在较大差异，究其原因是土地利用方式的不同。

国内关于农业碳排放的研究起步相对较晚，主要聚焦于某一特定视角来开展研究。李长生等（2003）利用地球化学生物过程模型（DNDC）测算了农田温室气体排放，分析了土壤、农作物品种等多种因素对农业土壤释放碳的影响。李国志等（2010）根据九类能源消费量测算了中国农业能源碳排放量，分别是煤炭、汽油、柴油、天然气、煤油、燃料油、原油、电力和焦炭。曲福田等（2011）从农用地利用方式变化阐述了土地利用变化对碳排放量的影响，利用方式包括农用地向非农用地转换、农用地内部土地利用以及非农用地内部土地利用。田云等（2011）和李俊杰（2012）分别将涉及土地利用方式的碳源分为六类，包括化肥、农药、农膜、农用柴油、翻耕、农业灌溉，在界定这六类碳源的基础上，测算了土地利用方式的改变对碳排放的影响。田云等（2011）基于投入角度对湖北省的农业碳排放进行了测算，选择的碳源包括化肥、农药、农膜与农用柴油。李波等（2012）在此基础上增加了农业灌溉和翻耕，并测算了全国的农业碳排放量。高标等（2014）在测算吉林省农业碳排放时增加了电力。胡向东等（2010）测算了 2000~2007 年中国畜禽温室气体排放，其中畜禽产品包括奶牛、肉牛、马、驴、骡、骆驼、猪、羊等牲畜；蛋鸡、肉鸡、鸭、鹅等禽类。陈苏等（2016）从两个粪便管理和肠道发酵两个维度，考虑了生猪、牛、马、驴、骡、骆驼、羊、兔和家禽等九类碳源，测算了其碳排放量。

随着研究的不断深入，学界不再局限于某一生产部门，开始基于大农业范畴来研究碳排放问题。研究已经涵盖农业生产的各个部门，主要以种植业和畜牧业为主，测算其温室气体的排放量并对其进行分析。董红敏等（2008）较早对农业碳排放进行了较为全面的研究，主要从农业活动设计的各个方面进行了测算，包括水稻种植、畜禽养殖的方方面面，但未细化具体的碳排放指标。谭秋成（2011）进行了更为细致的研究，从水稻种植、稻田农用物资投入、畜禽养殖和土壤管理四个方面进行了测算，指标较为全面，但文中未列出具体的碳排放系数。闵继胜等（2012）从种植业和畜牧业两个维度测算不同地区、不同种类水稻的碳排放系数。其中，种植业从水稻种植和土壤两个方面展开考察，畜牧业从肠道发酵和粪便管理两个方面进行测算，包含的畜禽品种较为全面，计算结果更为准确、科学，但农用物资投入中的农药、农膜以及农用柴油未能纳入碳源。田云等（2012）从农地利用、水稻种植、牲畜养殖三个维度选择了 16 个碳源，测算了全国 31 个省区市的农业碳排放，指标较为全面，但水稻种植的碳排放系数未能考虑到省域的差异。程琳琳等（2016）从农用物资、水稻生长和畜禽养殖三个纬度测算了中国省域的碳排放。吴贤荣等（2017）从农用物资、农业能源消耗、畜禽养殖和水稻种植四个维度进行了测算。

2.2.2 关于农业生产率测算的研究

在低碳约束的背景下，理论上说，目前仅能通过改善农业生产率来提升农业综合生产能力，那么如何客观地测算中国的农业生产率显得尤为重要，且有很强的现实意义。为了客观、准确地测算中国的农业生产率，国内外学者从不同的视角，利用不同方法对其进行了探索。

2.2.2.1 关于传统农业生产率的研究

第一，关于农业生产率测算的指标以及数据采集。首先，关于农业生产率测算指标的计量。对于投入和产出指标的计量采用现价计算农业生产率的投入和产出指标、不变价格计算农业生产率的投入和产出指标。少量文献采用当期价格来计量投入和产出指标值（倪冰莉等，2010），大多数文献采用不变价格计算投入和产出指标。另外，对于基期的选择也有差异，早期的文献一般选择1952年的不变价格来核算投入和产出（Tang，1980；Wiens，1982；Hayami，1985；Wong，1986；冯海发，1993；Wen，1993）。后续文献常用的基期有1978年（李谷成和周瑞明，2009；王钰和陈宏伟等，2010）、1980年（McMillan et al.，1989；Lin，1992；Mao & Koo，1997；Lambert & parker，1998；刁怀宏等，2003）、1990年和2000年（Tong et al.，2009；郑循刚等，2010）。选择基期价格作为计量标准，有利于消除价格因素带来的消极影响。其次，关于农业生产率测算数据的采集。从数据类型来看，目前测算农业生产率的数据主要有时间序列数据、截面数据和面板数据。从投入要素数据来看，不同学者对投入要素的理解存在差别。有些学者认为投入要素为土地、中间要素和劳动力（Lin，1992；Wen，1993；Xin & Qin，2011），也有些学者认为投入要素为劳动、土地、化肥、机械、有机肥（Fan，1997；Hou et al.，匡远凤，2012），还有一些对于投入要素更为宽泛的理解（李谷成，2009；王兵等，2010；韩海彬等和郭萍等，2013），汪言在等（2017）还将年均气温和降水量作为投入变量纳入农业生产率的测算中。从产出要素的数据来看，合意产出的指标一般选择农业 GDP，也有学者使用单位耕地的农业总产值（石慧等，2008；史常亮等，2016）或农业增加值（周瑞明，2009；付明辉等，2016）。

第二，关于测算农业生产率的方法。农业生产率的测算方法发展迅速，早期学者运用代数指数法对中国农业生产率进行了分析（Wiens，1982；Hayami et al. , 1985；Wong, 1986；Wu, 1995），也有学者使用索洛余值法计算了中国农业生产率（McMillan et al. , 1989；Lambert & parker, 1998；Tong et al. , 刁怀宏等, 2003；赵洪斌, 2004；赵芝俊等, 2006），这两种方法可以归为增长会计法，此为第一类。第二类运用 DEA-Malmquist 指数分析了中国农业生产率变化，这种方法的优势是处理多投入、多产出变量，并且方便对农业生产率进行分解，便于了解农业生产率内部增长动力。DEA 是由数据直接驱动，利用原始数据构造前沿面，不需要预设函数形式，且 DEA 是一种数学线性规划的方法，不具备统计学特征。目前研究通过拔靴法（bootstrap）纠偏技术提高了 DEA 的准确性，但应用尚不广泛（Simar et al. , 1998, 2000）。DEA-Malmquist 在实证的分析中得到了广泛的应用，也得出了极为相似的结论（Fan, S. G. , 1997；孟令杰等, 2001；Fan & Zhang, 顾海等, 2002；江激宇等, 2005；陈卫平和李静, 2006；Chen et al. , 2008；Tong et al. , 李谷成和全炯振, 2009；王钰, 2010；Hou et al. , 2012）。第三类运用随机前沿分析法（SFA）。根据是否需要预先设定生产函数的具体形式分为参数法、非参数法。根据生产前沿面是否受随机因素的影响，分为随机性前沿面方法和确定性前沿面方法。运用生产前沿法是研究中国农业生产率变化的一种重要方法（Lin, 1992；Wen, 1993；Xu, 1999；Tong et al. , 2009；全炯振和赵芝俊, 2009；郑循刚等, 2010；余康, 2011）。在农业领域里，随机前沿的应用前景应该比 DEA 更广阔，因为随机前沿更加吻合农业生产的本质特征（范丽霞等, 2012），如自然风险等，但应用却相对有限。综上，在 TFP 测度方法中，不存在"完美无缺"或"绝对最佳"的工具。

第三，关于农业生产率的测算结果。以中国 1981～1995 年农业 TFP 的估计结果为例，其年均增长率存在较大的差异（潘丹等, 2012），如测算的结果为：-1.48%（Xu, 1999）、2.97%（顾海等, 2002）、2.41%（Wu et al. , 2001）、6.11%（Fan et al. , 2002）、2.33%（曾先峰等, 2008）、2.8%（李谷成, 2009）。很多学者指出，文献结果存在差异的原因来自三个方面：不同的估计方法（参数方法或是非参数方法）、投入产出的数据选择（官方发布中国或地区的统计数据、调研数据）等以及生产函数设定的差异（张军等, 2003；李静等, 2006；全炯振, 2009）。潘丹（2012）通过对国内外 1982～2011 年 46 篇重要文献采用 Meta 回归分析，得出如下结论：DEA 测算的结果和代数指数法无显著差异，索洛余值法的结果偏高一点，而 SFA 测算结果更高一点；时间序列数据测算的农业 TFP 会低于面板数据；原始投入数据越多，农业生产率就越低，每增加一个投入指标，农业生产率会相应降低 0.497%。

2.2.2.2 关于环境规制下的农业生产率研究

上述研究系统讨论了农业生产率的相关问题，为深入了解农业发展与资源节约之间的关系奠定了厚实的基础。但这些研究未能将环境因素纳入农业生产率的分析框架中，这与当前绿色发展的背景不吻合，忽视环境带来的损失、单纯追求农业经济增长将会扭曲农业发展的绩效。因此，很多学者开始将环境规制因素纳入传统农业生产率的研究框架中，开始研究环境规制下的农业生产率。

第一，关于不同环境规制变量下的农业生产率。一是将农业面源污染作为环境规制变量。很多学者分析了环境规制下的中国农业生产率变化，环境规制变量为农业面源污染，农业面源污染的核算方法是采用单元调查法，结果发现忽略环境因素会高估农业生产率，考虑环境因素后各省的排名发生了一些变化，并且地区间的差异比较明显（杨俊等，2011；李谷成等，2011；韩海彬等，2013；潘丹，2014；梁俊等，2015；唐德祥等，2016；郭海红等，2018）。部分学者将农业生产过程中氮磷流失作为环境约束变量，测算农业绿色全要素生产率指数变化，并与传统农业生产率进行了比较，发现两者之间的差异很小，但考虑环境要素的农业技术效率下降趋势和技术进步的增长趋势都有所减缓（王奇等，2012；崔晓等，2014）。二是将农业碳排放作为环境规制变量。学术界根据联合国政府间气候变化委员会的系列报告及气候变化的现实，认为将碳作为环境规制变量非常合适，在学术界的认可度逐渐上升，并且做了很多相关研究。钱丽等（2013）探索了碳约束下的农业生产率，发现在样本周期内，碳约束下的农业生产率有所上升但仍处于较低水平，制约其发展的最关键因素是纯技术效率。吴贤荣等（2014）分区域讨论了碳约束下的农业生产率，发现东中西部地区的碳排放约束下农业生产率的贡献差异较大，东部地区是技术进步驱动型，且农业生产率处于不断改善阶段，而中西部则是技术效率驱动型，并且波动幅度较大。田云等（2017）考察了碳约束下农业生产率的变动情况，1993 年以来，中国低碳农业生产率增速整体偏慢，增长源泉为农业前沿技术进步。葛鹏飞等（2018）将农业碳排放作为非期望产出测算了农业生产率，中国绿色 TFP 年均增长 1.56%，在区域之间的差异较为明显，呈现东中西部地区的增长率逐渐下降，在粮食主产区、主销区和平衡区也呈现类似特征。

第二，关于农业生产率测算时环境规制变量的处理。很多学者选择包含投入要素、期望产出和非期望产出的全要素生产框架，评价环境规制对生产率的影响。基于 DEA 模型一般采用两种处理方式，一是将非期望产出作为投入要素（Haynes et al.，1998；Lee et al.，2002；Hailu et al.，2001；Korhonen & Luptacik，2004），这样处理满足非期望产出越少越好，但与生产过程不相符，遭遇了很多学者的批评；二是将非期望产出进行转换，将"越少越好"的非期望产出转变为"越多越好"的新变量，将其纳入 DEA 模型中（Scheel，2001；Seiford & Zhu，2002；Hua et al.，2007；李谷成和杨俊等，2011；李谷成和潘丹，2014），但这种转换后的非期望产出与期望产出一样，可以在没有成本付出的情况下减少，显然这不够合理。基于随机前沿模型一般将环境规制变量作为投入要素纳入超越对数函数中，然后利用随机前沿模型来进行估计（Koop，1998；Ramanathan，2005；Lu et al.，2006；陈诗一，2009；杜克锐等，2011；匡远凤等，2012；谌莹等，2016）。使用随机前沿模型估计必须要考虑内生性和异质性，省际的异质性包括可观测的异质性和不可观测的异质性。

2.2.3 关于农业生产率的收敛性研究

2.2.3.1 国外关于农业生产率收敛的研究

农业生产率的提高是农业经济增长的重要源泉之一，国外学者对农业生产率的收敛性研究非常丰富。伯纳德和琼斯（Bernard & Jones，1996）利用新古典增长理论框架检验了欧盟 14 国的农业生产率收敛性，发现其农业部门的生产率均存在绝对收敛，且通过了显著性检验，其收敛速度为 6.5%。麦康和赫夫曼（McCunn & Huffman，2000）检验了美国 42 个州农业生产率的收敛性，发现存在条件 β 收敛，其收敛速度为 10.1%，而农业科研投资力度和农民的教育水平为推动收敛的关键因素。萨特尔等（Thirtle et al.，2003）利用 1981~1996 年博茨瓦纳的数据检验了农业生产率差异的收敛性。发现其农业生产率的 σ 收敛、绝对 β 收敛和随机收敛均不存在。麦克莱恩等（McErlean et al.，2003）发现中国在 1985~1992 年期间农业生产率是发散的，而在 1992~2000 年期间是收敛的，收敛速度是 3.1%。雷兹蒂斯（Rezitis，2005）检验了 9 个欧洲国家生产率的随机收敛性，发现在样本周期内存在收敛，在考虑固定效应和时间效应后结论仍然成立且结果非常稳健。拉赫曼（Rahman，

2007）分析了 1964～1992 年孟加拉国农业生产率的收敛性，发现其农业生产率存在 σ 收敛、绝对 β 收敛和随机收敛。阿列克谢迪斯（Alexiadis，2010）利用欧盟 26 国的样本数据验证其农业生产率的收敛性，发现其农业生产率存在显著的俱乐部收敛，绝对 β 收敛不明显。雷兹蒂斯（2010）检验了美国和 9 个欧洲国家的农业生产率的收敛性，发现在 1983～1993 年期间存在显著的绝对收敛，在整个样本周期内仅存在显著绝对 β 收敛，而 σ 收敛不显著。刘等（Liu et al.，2011）检验了美国 48 个州农业生产率的敛散性，发现其农业生产率 σ 收敛不显著，但 β 收敛显著，且技术水平、政策偏好和地区制度并未影响其收敛趋势。巴拉特等（Baráth L et al.，2017）利用 2004～2013 年欧盟 24 国奶业的面板数据，验证了奶业的全要素生产率的收敛性，结果显示：没有明显证据表明落后地区正在以更快的速度追赶生产率高的地区而呈现出收敛的趋势。塞彻拉等（Cechura et al.，2017）利用 2004～2011 年欧盟 24 国的面板数据检验了农业生产率的收敛性，并回答了技术进步等其他因素是如何影响农业生产率收敛性的问题。

2.2.3.2　国内关于农业生产率收敛的研究

国外对农业生产率的研究起步较早，成果也较为丰富，而国内对农业生产率差异及其收敛性的研究相对较晚。胡华江（2002）利用农业综合生产率计算了中国 1995～1998 年的农业生产率，发现中国省域的农业生产率差异较大，且这种差距呈现出扩大之势。究其原因是科技生产力差异急剧扩大导致农业生产率的区域差异，而劳动、资本和土地等要素生产率也是不容忽视的因素。韩晓燕等（2005）利用 1985～2002 年面板数据，运用新古典收敛理论检验了全国以及东中西部地区农业生产率的收敛性。发现样本期间 1985～1991 年内农业生产率不存在收敛，但 1992～2002 年期间存在条件 β 收敛，收敛的速度为 1.91%。影响农业生产率收敛性的关键因素为农业和农村的市场化程度，短期内可以通过改善农村教育状况和提高耕地灌溉率来提升农业生产率。赵蕾、王怀明（2007）利用中国 1981～2003 年省级面板数据计算了中国农业生产率，利用新古典理论检验了中国省际农业生产率的收敛性，发现中国省域的农业生产率不存在 σ 收敛，但存在 β 收敛，其绝对收敛速度为 3.2%，条件收敛速度为 5.2%，且农业技术进步有助于加速农业生产率的收敛。赵蕾等（2007）利用面板单位根检验农业生产率的收敛性，在控制时间效应、个体效应和序列相关等因素后，中国农业生产率仍存在较稳健的条件 β 收敛。石慧等（2008）

利用参数和非参数相结合方法,测算了全国 29 个省的农业生产率,并进行了收敛性检验。发现中国农业生产率 σ 收敛不显著,但有显著的绝对 β 收敛。在中国东、中、西三大俱乐部中,仅仅东部地区农业生产率的差异逐渐缩小,出现了收敛的趋势。中、西部地区农业生产率的差异不存在无条件缩小的趋势,中部地区虽有缩小,但这种趋势不明显。曾先峰等(2008)检验了中国 28 个省份的农业生产率的收敛性,发现中国农业生产率无论是整体还是分区域都存在 σ 收敛,但不同地区在不同期间内的收敛性存在差异,农业生产率增长的关键因素是农业技术进步。李谷成(2009)对 1978~2005 年中国农业生产率进行了 σ 收敛和 β 收敛检验。发现样本期间内中国农业生产率 σ 收敛和绝对 β 收敛性均不显著,但有显著的条件 β 收敛,认为通过政策措施引导有可能实现 TFP 增长的绝对收敛。曾国平等(2011)对 1978~2007 年中国农业生产率收敛性进行了检验。发现全国以及东、中、西三大俱乐部均不存在 σ 收敛,但全国以及中、西两大俱乐部有显著的 β 收敛,东部地区 β 收敛不显著。潘丹等(2013)测算了 1998~2009 年中国农业生产率,并运用马尔科夫链分析了农业生产率的收敛性。发现考虑环境污染的农业生产率并没有收敛迹象,而是形成了低生产率至高生产率的四个集聚点,没有稳定的分布矩阵,各地区农业生产率差异的趋势基本稳定。韩海彬等(2013)在环境约束条件下测算了 1993~2010 年中国 29 个省的农业全要素生产率,并验证了其收敛性。发现约束的农业全要素生产率 σ 收敛和绝对 β 收敛是显著的,但 σ 收敛趋势不稳定。尹朝静等(2014)运用核密度和马尔科夫链分析了农业全要素生产率增长的动态演进情况。发现各省农业全要素生产率的差异显著,低水平至高水平之间大致可以分为四个俱乐部,极化现象明显,趋同很难实现。史常亮等(2016)采用面板单位根检验方法检验了中国农业全要素生产率的收敛性。发现样本期间内中国农业全要素生产率增长的区域差异较大,不存在随机收敛。

2.2.4 关于农业生产率的影响因素研究

2.2.4.1 关于制度安排和政策环境对农业生产率影响的研究

中国在 1952 年推行了合作化运动,1952~1978 年农业生产率下降了大约 25%。而在 20 世纪 80 年代初期实行了家庭联产承包责任制,农业生产率得到了大幅提高,1978~1984 年中国农业生产率增长约 55%,其中 78% 来自家庭联产承包责任制的实施,但这一时期农业技术效率的贡献要高于农业技术进步，家庭联产承包责任制对农村经济制度演变和农村经济增长作用较为明显（Mcmillan et al., 1989；Fan, 1991；Lin, 1992；Wen, 1993；Kalirajan et al., 1996）。另外，中国农产品第一次政策性提价的作用也较为明显（McMillan, 1989；Lin, 1992），但这也同样表明这种制度激励效应往往是一次性的（Lin, 1992）。中国农业生产率的快速增长得益于中国农村改革和市场化的经济改革，但在不同的阶段和不同的区域农业生产率增长存在较大的差异（Lambert & Parker, 1998）。后来学者在格里利谢斯（Griliches）生产函数框架下，继续推动对农村经济制度演变的延伸研究，黄少安等（2005）探讨了中国改革开放前的土地产权制度变迁对农业生产率的影响，发现土地产权制度不同，土地的产出也不一样，充分说明了土地产权制度对农业生产率增长的重要作用。乔榛等（2006）从理论与经验两个层面论证了制度变迁是中国农业增长的决定性因素。还有学者利用省际面板数据，采用计量模型分析了农村经济制度演变、区域差异与农业增长之间的关系（杨正林、郑晶和温思美，2007；温思美和郑晶，2008；李谷成，2009）。

2.2.4.2 关于其他因素对农业生产率影响的研究

在没有大规模农业投入增加的情况下，通过人力资本投资和市场化改革也可以促进中国农业生产率的增长（Huang & kalirajan, 1997）。此外，学者们也认为农业R&D、基础设施投入、农业信贷、农户经营规模是影响中国农业生产率增长的重要因素（Sen, 1966；Fan & Pardey, 1997；王红林等，2002；李谷成，2006；Saikia, 2014）。有学者研究了农业公共投资与农业生产率之间的关系，发现其对农业技术效率有促进作用，农业R&D投入与水利设备投入可以显著提高农业生产率，但教育对农业生产率增长的影响不明显（汪小勤、姜涛和米建伟等，2009；张淑辉等，2013）。也有学者考察财政支农、城市化水平、对外开放度、出口等因素对农业生产率增长差异的影响（时悦和赵铁丰，2009；方福前和张艳丽，2010；郑云，2011）。还有学者从人力资本、技术扩散、农户家庭禀赋的视角讨论了相关因素对农业生产率的影响（白菊红、孔祥智和方松海等，2004；李谷成等，2008；李谷成，2010）。另外，部分学者认为农村劳动力老龄化和教育提高了农业生产的技术效率，而女性化降低了农业生产的技术效率（彭代彦和吴翔，2013），提出从劳动力流动、农村经济发展、投资于农业机械化的能力、土地质量改进等方面提升农业全要素生产率（Bao, 2014）。孔昕（2016）在农业碳排放约束下分析了农业生产率的影响因素，认为农业开放度、农业投资等对农业生产率有影响，在不同阶段其影响程度不同，农村经济发展水平以及低碳意识等制约了农业生产率的发展。孙良斌等（2017）利用南方五省水稻种植户调研的微观数据分析了影响农业生产率的因素，发现农村文化程度农户文化程度、劳动投入等对经营大户有显著正向影响，对经营小户影响不明显。

2.3 对国内外研究的评论

"资源节约型、环境友好型"的社会建设是当今时代的重大课题。党的十九大指出要推进绿色发展，加快建立绿色生产、消费的法律制度和政策导向，建立健全绿色低碳循环发展的经济体系。而低碳约束体现了资源节约、环境友好的时代背景，是农业转型发展的突破口。

2.3.1 关于农业碳排放测算方法研究的评论

目前来看，农业碳排放的测算由单一部门到多部门、由简单到复杂，理论探讨和实证研究都较为丰富。但农业碳排放空间分布特征的研究相对较少，而且主要集中在时间维度、空间维度或时空维度的分布特征。由于省域间农业生产经营过程中存在异质性，但这种异质性并未阻断区域之间的经济交往和贸易往来，类似的生产方式、技术以及地理环境条件等因素使区域之间的农业生产经营活动彼此相互影响。已有诸多研究忽视了空间交互性带来的影响，这很难准确把握农业碳排放的空间依赖效应。本书从两个方面来拓展已有研究。

第一，对农业碳排放的时空特征研究细化到结构层面，更加细致地了解农业碳排放内部结构的时空分布特征，结合局部和整体的时空分布特征，有利于全面地把握农业碳排放规律。

第二，利用探索性空间数据分析方法（ESDA）捕捉区域间交互产生的空间依赖效应，讨论区域碳排放的空间相关性及集聚情况，将时空分布特征和空间依赖性结合起来，有助于了解农业碳排放内在逻辑联系，这在以前的碳排放时空分布研究中鲜有涉及。

2.3.2 关于农业生产率测算研究的评论

农业生产率的问题是目前国内外学者争论的一个焦点问题，研究方法、研究对象、采集的数据和结论等方面都取得了较为丰硕的成果，为后续的研究积累了有价值的研究基础，但仍有改进的空间，为了更好地发展低碳农业，基于上述文献，本书在以下两个方面作详细说明。

第一，就投入和产出指标来说。农业生产率估算依赖于投入指标和产出指标的数据，如果在这两组变量中，遗漏任何一组中的重要变量，得到的结果都是有偏的（Coelli，2005）。从现有文献来看，很多学者注意到遗漏变量可能带来的影响，但仍有些学者在选择投入和产出变量时没有充分注意合理性与科学性（余康，2012）。产出变量的选取多为农业总产值，也涉及第一产业的总产值和农业增加值，投入变量差异较大。

低碳农业将是中国未来农业发展的大趋势（陈文胜，2014），低碳农业的发展是围绕资源节约和环境友好两个方面展开的，这两个方面关系到中国农业发展方式的转变。一方面，由于自然资源是稀缺的，自然资源以及化肥、役畜、机械等其他要素的制约必然会限制中国农业经济增长，这会影响农业生产率的测算结果。另一方面，环境污染具有负外部性。环境质量下降对农业自身投入要素的数量和质量产生负面影响，降低其在农业经济增长中的贡献。同时，环境污染使得整个社会环境污染治理的成本上升，减少了本应配置在农业生产中的资源，进而对农业经济发展产生影响。基于上述特点，至少在资源、环境两个维度的约束下来测算中国农业生产率，这样的测算结果才能更加合理。因此，本书采用农业碳排放量来反映资源消耗和环境污染，并将其纳入农业生产率的核算框架中。

第二，就测算的方法来说。为了测算农业全要素生产率，在实践中主要借助生产前沿的分析技术，目前主要采用数据包络分析法（DEA）和随机前沿法（SFA）。DEA 的基本思想是使用最小的凸集来反映生产可能集（涂正革等，2011）。在生产的实践中，生产技术前沿是通过线性规划的技术来构造，然后依据基准来对效率进行评价。显然 DEA 是非参数的方法。具有很多优点：无须先验假定生产函数的形式，避免造成函数形式设定错误；设定的形式非常灵活，能完成大部分的效率评价。其缺点也是非常明显，包括模型本身无法考虑统计误差和其他随机性误差带来的影响，样本质量直接影响评价效率，模型对数据的异常值反映特别敏感。因此，估计的效率可能有偏；模型不具有统计学基础，无法对模型进行检验（杜克锐等，2011）。由于宏观数据噪声较大，随机前沿模型更符合农业生产的特征，一定程度上优于数据包络分析的结论

（范丽霞等，2012）。很多学者建议采用随机前沿模型对农业生产效率进行估计。DEA 模型无效率来自决策单元偏离技术前沿的部分。与 DEA 模型相比，随机前沿模型将决策单元偏离技术前沿的部分拆成由无效率导致、由随机误差导致这两个部分。随机前沿模型可以剔除噪声对农业生产率测算的影响，同时随机前沿模型是建立在统计理论基础上的一种参数估计方法，可以对模型设定等进行统计学检验。但其也存在一些不足，比如存在模型设定错误的风险；用于测算农业生产率的指标不能太多。利用样本对技术前沿进行构造是数据包络分析法和随机前沿法的一个共同点，是基于所有决策单元可以比较，意味着决策单元的技术是同质的。但在现实生活中，有资源禀赋差异、地理环境不同，不同省份的技术水平并不一致。对随机前沿模型来说异质性是农业生产率估计的一个重要问题。

在农业生产率测算的现有文献中，使用随机前沿模型对农业生产率进行估计未能很好地处理空间单元的异质性，在模型中考虑空间单元异质性以及可能存在的内生性问题很鲜见。由于不同的生产单元的经济发展水平不同，技术水平也存在差异，不同生产单元的生产前沿面应该不一样，忽视个体的异质性，将个体异质性和市场非效率混同可能会导致过高地估计技术无效率，估计的结果很可能会产生偏误。因此，本书试图通过固定效应的 SFA-Malmquist 模型将个体效应与非效率项分离，降低低碳约束下的农业生产率估计偏误。由于在估计中，很多文献假定异质性与解释变量无关，因此模型对"内生性"考虑不够，固定效应的 SFA-Malmquist 模型将个体异质性与非效率分离，假定异质性与解释变量相关，这样可以在模型框架内考虑"内生性"问题，即模型将与横截面相关的部分从残差中分离出来，一定程度上缓解了"内生性"问题。同时考虑到行业中投入和产出存在惯性，这样可能导致固定效应模型估计参数有偏，对固定效应的 SFA-Malmquist 模型估计时，本书考虑采用广义矩方法（GMM）来估计和纠偏。

2.3.3 关于农业生产率收敛性的评论

已有文献采用不同的方法，针对不同的区域，对农业生产率的收敛性进行了探索，得出很多重要的结论。本书从以下三个方面来具体说明。

第一，低碳约束下中国农业生产率收敛性的研究不多。目前，国内收敛理论主要用于中国整体经济、工业部门和碳排放资源环境领域（史丹，2006；齐绍洲等，2009；许广月，2010），低碳约束下针对农业生产率收敛性分析的文献很少，对其缺乏系统性研究，尤其是在考虑地理空间因素的农业生产率收敛性文献很鲜见。因此，本书将在考虑空间地理因素基础上，进一步完善中国农业生产率的收敛性研究。

第二，大多数都采用面板单位根检验随机收敛，得出的结论存在缺陷。如哈德利（Hadrid）检验结果拒绝原假设，序列存在单位根，这并不意味着所有序列都存在单位根。采用验证性分析方法（CA）弥补这一缺陷，深入区域内部寻找收敛俱乐部，可以精准地发现收敛俱乐部，为制定政策提供科学的决策依据。

第三，收敛性研究主要通过绝对收敛、条件收敛、俱乐部收敛以及长期的随机收敛，在一定程度上刻画了中国农业生产率区域差异和收敛性情况，却不能反映中国生产率收敛的动态性，也无法呈现出稳态带来的分层收敛和多峰收敛。增长分布动态法则能够很好地解决这一问题（Quah，1993），目前将增长分布动态分析方法运用在中国农业生产率领域的相关文献不多，为了进一步完善中国农业生产率的动态演变的研究，在增长动态分布中使用马尔科夫链分析农业生产率状态转移的趋向，利用加权的空间马尔科夫链分析考虑邻近区域背景对农业生产率状态转移的影响，试图准确地把握俱乐部收敛的未来变动趋势。

2.3.4　关于农业生产率的影响因素的评论

现有文献考虑了制度变迁与政策环境变化对农业生产率的影响，在此基础上，进一步探讨了区域发展水平、战略以及自然环境等因素。采用时间序列数据、截面数据和面板数据进行分析，也有学者考虑了区域的空间相关性，利用空间计量捕捉了空间效应，为后续研究奠定了坚实的基础。

第一，农业生产率的影响因素很多，罗列容易，困难体现在两个方面：一是农业生产的影响因素主要涉及行业和产业两个方面，如何确定恰当的影响因素，并准确量化；二是如何准确估计其对农业生产率的作用大小。这是本书面临的重大挑战，而这对于政府科学决策有重要意义。考虑对农业生产率的影响，本书从行业层面选择影响因素。

第二，为了准确衡量影响因素的重要性，在利用空间面板测算影响因素的重要程度时，采用点估计的方法来考虑空间溢出效应，这种点估计参数测量影响程度不准确，本书采用求偏微分办法，利用平均溢出效应来反映各因素影响农业生产率的大小。

第三，为了得出可靠结论，本书构建了三种权重矩阵，在研究中分区域进行比较，为制定差异化政策提供了可靠的理论基础。

综上所述，现有文献对农业生产率的测算、空间分布、收敛性以及影响因素进行了大量的探索，丰富了农业生产率研究，但也存在可以拓展的空间。本书在此基础上，进行了完善和补充。就农业碳排放来说，从时空两个维度、整体与结构两个层面讨论了中国农业碳排放的空间分布以及空间相关性特征，为后续测算低碳农业生产率提供数据基础。就低碳农业生产率测算来说，为实现当前时代发展要求，在低碳约束条件下，利用固定效应的 SFA-Malmquist 方法解决省域个体异质性对农业生产率测算的影响，然后比较了碳约束与无碳约束的中国农业生产率差异，分析了碳约束对中国农业生产率的影响。接着讨论了低碳农业生产率的时空分异特征，从而了解中国低碳农业生产率的分布规律，再从时空两个维度上讨论其空间分异特征，在此基础上采用 ESDA 方法讨论了低碳农业生产率的空间依赖性，试图揭示其空间交互影响。就低碳农业生产率的收敛性来说，在新古典收敛理论的基础上，利用空间杜宾模型检验其 β 收敛性，解决了未考虑农业生产要素的空间交互性对模型设定带来的影响。在随机收敛的检验中，利用验证性分析方法解决以往检验结果（如哈德利等）的缺陷①，并较为准确地找出收敛的俱乐部。在增长动态分布分析中，利用马尔科夫链转移矩阵研究自身以及邻近省份低碳农业生产率状态转移的动态变化，在此基础上，采用加权的空间马尔科夫链进一步探究区域背景条件对这种状态转移的影响，试图准确地把握未来俱乐部收敛的变动趋势以及区域背景对变动趋势的影响。因此，本书从行业层面来选择影响因素，然后利用空间杜宾模型捕捉农业生产要素的空间交互性，利用求偏微分得出平均溢出效应来衡量空间溢出效应的大小，研究中分区域、采用三种权重矩阵确保研究结论的稳健性。

2.4 分析框架

在全面梳理相关领域文献之后，基于低碳与空间计量的视角，将农业投

---

① 哈德利检验结果拒绝原假设，序列存在单位根，并不意味着所有序列都有单位根的存在。

入、农业产出、环境要素纳入一个理论框架（全要素生产率理论）和实证框
架（固定效应 SFA-Malmquist 模型）分析中，将环境规制的农业生产率评价、
农业生产率空间分布以及空间关联效应分析、空间收敛性和影响农业生产率的
关键因素有机地联系起来，构成一个逻辑自洽的分析框架。由于各个省份的农
业碳排放存在差异，其对农业产出的影响也不一样，显然碳约束与无碳约束对
农业生产率测算结果的影响肯定有不同。本书的理论分析框架如下。

（1）忽略碳约束对农业生产率测算结果的影响：基于投入的角度。

农业碳排放量的大小对农业经济增长产生极大制约，从而影响农业生产率
估计的结果。这种影响来自以下两个方面。

第一，碳约束影响农业经济增长的规模和速度。如图 2 - 1 所示，图中的
AA、BB、CC 代表各时期投入的总成本，OG 代表扩展线，Q_1、Q_2、Q_3 表示各
时期不同产出水平，水平线 RR 表示一定时期内农业碳排放的约束，是环境可
承载的最大限度。在没有碳约束的条件下，E、F、G 代表最优产量，其中最
大的产量为 Q_3。考虑碳约束以后，社会最优生产点为 F 点，所能生产的最大
产量为 Q_2。在碳约束的条件下，想要生产出 Q_3，则需要的成本为成本线 DD
所代表，显然高于没有碳约束下的成本，抑或是在现有碳约束下所能生产的最
大产量为 Q_2，且 $Q_2 < Q_3$。因此，碳约束与无碳约束比较发现，碳约束下的产
量会导致 $Q_2 < Q_3$ 或者实现既定最大产量 Q_3 时成本 DD > CC，这两种情况都会
导致经济增长出现损失。

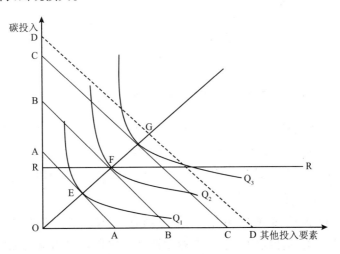

图 2 - 1　考虑碳约束对农业生产率测算的影响（投入视角）

第二，碳投入和其他要素投入存在结构性不平衡对经济增长产生结构性约束。在无碳约束下，碳投入和其他投入（劳动和资本）共同作用经济增长。但碳投入受约束时，碳投入不增加甚至减少，劳动、资本等其他要素单独作用于经济增长，经济增长受限制。

（2）忽略碳约束对农业生产率测算结果的影响：基于负产出角度。

传统的生产率评价模型要求投入尽可能小，而产出尽可能大，这就要求农业碳排放与农业产出同比例扩大，显然违背了生产率评价的初衷。如图 2 - 2 所示，在 A 点使用既定投入 x 可以生产出两种 (y, c)，其中 y 是农业产值，c 表示农业碳排放量。传统农业生产率评价模型要求生产单元沿着射线 OM 方向，同样的比例增长到生产前沿的 M 点。但在考虑碳排放约束后，A 点会沿着既定方向 f，增长到前沿 B 点，增长的过程中，农业产值增加了 $\overline{D} \cdot f_y$，农业碳排放减少了 $\overline{D} \cdot f_c$。通过碳约束和无碳约束比较，碳约束对农业生产率评价有较大影响。

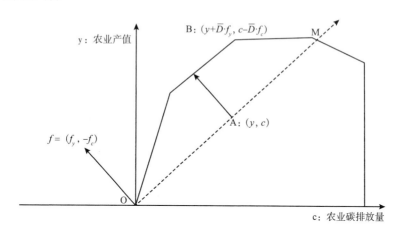

图 2 - 2　考虑碳约束对农业生产率测算的影响（产出视角）

事实上，农业碳排放量增加，农业环境质量下降，一方面会影响投入要素的供给数量和质量，降低投入要素对农业经济增长的贡献度，制约农业经济发展；另一方面环境污染治理需要一定的资金，从而挤占本可以用于农业生产要素的投入数量，对农业经济发展产生影响。

因此，将农业碳排放量纳入生产函数中去，采用固定效应的 SFA-Malmquist 模型测算低碳约束下的农业生产率，并比较碳约束与无碳约束对农业生产率的影响，然后仔细探讨低碳农业生产率的分布特征以及空间相关性特征，为后续研究奠定基础。

　　本书在此基础上，为了更进一步了解低碳农业生产率的空间分布特征，从空间交互视角探讨了低碳农业生产率的空间分异特征（本书的第 5 章）；在了解低碳农业生产率空间分布特征以及空间关联效应后，明确低碳农业生产率的差异是否会随时间渐渐消失，采用 σ 收敛、β 收敛以及验证性分析方法（CA）分析了农业生产率的绝对收敛、条件收敛和随机收敛，并用空间马尔科夫链分析了低碳农业生产率的增长动态分布，试图找到具体的收敛俱乐部（本书第 6 章）；针对这种差异空间分布特征以及收敛性情况，对其影响因素进行了探讨，并提出了针对性的政策建议（本书的第 7 章和第 8 章）。

第3章

中国农业碳排放的测度及
时空分异特征分析

　　党的十八大把生态文明建设纳入中国特色社会主义"五位一体"总体布局并明确写入党章。生态文明建设地位显著提升，绿色发展理念日渐深入人心。党的十九大报告提出生态文明建设是中国永续发展大计，实行最严格的生态环境保护制度，逐步形成绿色发展方式和生活方式，坚定走生态良好的文明发展道路。要实现这一目标，低碳发展是一个重要的途径。虽然碳排放总量主要源自工业部门、服务业领域，但农业碳排放也不容小觑。为了践行绿色理念、建设美丽中国，探索农业低碳发展已迫在眉睫。在绿色发展背景下，把握中国省域的农业碳排放空间分布特征，为各省科学地制定"碳减排"政策提供可靠的理论依据，为老百姓创造良好的生产、生活环境。

　　为了在低碳约束的条件下测算中国农业生产率，首先要获取农业碳排放量的数据，但目前来看，政府以及相关统计机构均未提供农业碳排放量的系统核算数据。因此，一方面，本章以现有文献的研究成果为基础（胡向东，2010；田云等，2012，2013；陈苏等，2016；吴贤荣等，2017）；另一方面，咨询了自然科学领域内从事碳排放研究的专家学者，最终确立和编制了农业碳排放的测算体系。在此测算体系下，对农业碳排放量进行了全面核算，为了从宏观层面了解当前中国农业碳排放的时空特征，更重要的是为测算中国农业生产率提供可靠的数据。本章主要从以下五个方面来论述，第一，农业碳排放测算体系的编制以及数据来源说明；第二，农业碳排放的时空分布特征；第三，农业碳排放的空间相关性；第四，利用核密度函数了解农业碳排放的动态演进情况；

第五是本章的小结。

3.1　农业碳排放测算体系的编制及数据来源说明

农业是重要的民生产业，同时也是碳的主要来源。农业发展的现代化表现为农业的机械化、产业化和信息化，在提升农业现代化的过程中，无论是种植业还是畜牧业都会消耗大量物资和能源，不可避免地直接和间接产生碳排放。为了准确核算低碳约束下的农业生产率，必须科学地编制农业碳排放测算的指标体系，为后续的农业生产率测算提供可靠数据。

3.1.1　农业碳排放测算体系的编制

本书编制的农业碳排放测算体系主要考虑了农业生产、生活过程中所产生的碳排放。基于已有文献选择了碳源，采取"抓大放小"的策略，如旱地的 CH_4 排放量，在计算过程中主要计算了水稻的 CH_4 排放量，而忽略了旱地的 CH_4 排放量。结合数据的可得性，具体的碳源包括四个方面：一是农用物资投入所导致的碳排放量；二是水稻生长过程中所产生的 CH_4 等温室气体排放量；三是土壤 N_2O 排放量；四是畜禽养殖过程中的肠道发酵和粪便管理所产生的 CH_4 和 N_2O 排放量。根据联合国政府间气候变化委员会 2006 年国家碳排放清单指南，本书的农业碳排放计算依据见式（3-1）：

$$E = \sum E_i = \sum Q_i \times \alpha_i \qquad (3-1)$$

其中，E 为农业碳排放量；E_i 为第 i 类碳源因子的排放数量，α_i 为第 i 类碳源因子的排放系数。在此基础上，根据碳排放源的特征，从以下四个方面来确定碳源因子以及相对应的排放系数。

第一，农用物资碳排放。根据已有文献的研究，并咨询该领域内的专家，认为农业碳排放来自两个方面：一是农用物资投入①直接或间接地产生碳排放；二是农业生产活动消耗能源②所产生的碳排放。各碳源因子及其排放系数如表3-1所示。

---

① 农用物资投入包括化肥、农药、农膜等。
② 农业生产活动耗费的能源主要来自农业机械耗费的柴油以及农业灌溉耗费的电力等。

表 3 - 1 农用物资碳排放因子以及对应排放系数

碳源因子	单位	碳排放系数	参考资料来源
化肥	kg C/kg	0.8956	美国橡树岭国家实验室
农药	kg C/kg	4.9341	美国橡树岭国家实验室
农膜	kg C/kg	5.1800	IREEA（南京农业大学农业资源与生态环境研究所）
柴油	kg C/kg	0.5927	IPCC（政府间气候变化专门委员会）
灌溉	kg C/hm^2	266.4800	段华平等（2011）

资料来源：作者在段华平等（2011）、田云等（2013）等文献的基础上进行了适当整理。

第二，水稻种植碳排放（CH_4）。水稻生长周期内的温室气体 CH_4 排放是一种主要的碳源。中国地域辽阔，不同地区的气候、温度存在较大差异，也导致各个地区的 CH_4 排放量也不一样。水稻生长周期的碳排放是中国农业碳排放的一种主要碳源，对全球碳排放的影响不容忽视。旱地生态系统中，厌氧呼吸相对较弱，导致 CH_4 产生的细菌不活跃，而且旱地土壤本身就可以吸收 CH_4，旱地的 CH_4 排放量很小，N_2O 排放量较大（唐红侠等，2009），旱地作物的 CH_4 排放量在核算中予以忽略。为了更准确地把握其碳排放量，本书参考王明星等（1998）、闵继胜等（2012）和田云等（2013）测算出的各省域水稻 CH_4 排放系数，该系数是基于相关模型纳入天气、土壤、水文等参数得出的结果，在一定程度上考虑了冬灌对 CH_4 排放的影响。基于早稻、中稻和晚稻的生长周期计算得出分省份、分季节的水稻碳排放系数，如表 3 - 2 所示。

表 3 - 2　　　　　中国分省水稻生长周期内的 CH_4 排放系数　　　　单位：g/m^2

省区市	早稻	晚稻	中季稻	省区市	早稻	晚稻	中季稻	省区市	早稻	晚稻	中季稻
北京	0	0	13.23	安徽	16.75	27.6	51.24	四川	6.55	18.5	25.73
天津	0	0	11.34	福建	7.74	52.6	43.47	贵州	5.10	21.0	22.05
河北	0	0	15.33	江西	15.47	45.8	65.42	云南	2.38	7.6	7.25
山西	0	0	6.62	山东	0	0	21.00	西藏	0	0	6.83
内蒙古	0	0	8.93	河南	0	0	17.85	陕西	0	0	12.51
辽宁	0	0	9.24	湖北	17.51	39.0	58.17	甘肃	0	0	6.83
吉林	0	0	5.57	湖南	14.71	34.1	56.28	青海	0	0	0

续表

省区市	早稻	晚稻	中季稻	省区市	早稻	晚稻	中季稻	省区市	早稻	晚稻	中季稻
黑龙江	0	0	8.31	广东	15.05	51.6	57.02	宁夏	0	0	7.35
上海	12.41	27.5	53.87	广西	12.41	49.1	47.78	新疆	0	0	10.50
江苏	16.07	27.6	53.55	海南	13.43	49.4	52.29				
浙江	14.37	34.5	57.96	重庆	6.55	18.5	25.73				

注：表中数据不包括港澳台地区。

资料来源：参考王明星等（1998）、闵继胜等（2012）和田云等（2013）的文献，作者进行了适当整理。

第三，土壤 N_2O 排放。农作物在种植的过程中，对土壤表层的翻动会使大量温室气体流失到空气中，最突出的是 N_2O 气体。而且相对其他温室气体，N_2O 气体有增温潜力大、滞留时间长的特点，负面效应较为明显（齐玉春等，1999）。因此，本书测算农田和旱地的 N_2O 排放量，由于国内外研究稻田 CO_2 排放量的文献相对较少，而且由于农田生态系统本身的光合作用会吸收很多的 CO_2，会抵消本身所产生的部分甚至是全部 CO_2，一般不会引起 CO_2 浓度的上升（唐红侠等，2009）。迄今为止，国内学者做了大量实验，测算了中国主要农作物的 N_2O 排放系数，如表 3-3 所示。

表 3-3　　　　　　　　农作物各品种土壤 N_2O 排放系数　　　　　单位：kg/hm^2

农作物品种	N_2O 排放系数	参考来源
水稻	0.240	王志平（1997）
冬小麦	2.050	于克伟等（1995）
春小麦	0.400	庞军柱等（2011）
大豆	0.770	熊正琴等（2002）
玉米	2.532	王少彬等（1993）
蔬菜	4.210	邱炜红等（2010）
其他旱地农作物	0.950	王智平（1997）

资料来源：参考田云等（2013）的文献，作者进行了适当整理。

第四，畜禽养殖碳排放。畜禽业养殖产生的碳排放主要是 CH_4 和 N_2O，估算内容包括：养殖畜禽的胃肠道发酵及其粪便处理都会产生温室气体。纳入核算指标体系的畜禽品种包括：猪、羊、水牛、黄牛、奶牛、马、驴、骡、骆驼等大牲畜；禽类。由于畜禽养殖饲养的周期存在差异，在计算畜禽养殖数量时，需要对年均饲养量进行适当的调整，主要参考胡向东等（2010）算法，调整的方法依据畜禽出栏率。出栏率≥1 的畜禽品种为生猪、兔和家禽，其平均生命周期为 200 天、105 天和 55 天。出栏率≥1 的畜禽平均饲养量根据出栏量进行调整，具体计算方法见式（3-2）：

$$N_i = Days\_alive_i \times \frac{M_i}{365} \qquad (3-2)$$

其中，N_i 为 i 种畜禽年平均饲养量，$Days\_alive_i$ 为 i 种畜禽平均寿命周期，M_i 为 i 种畜禽每年的出栏量。

当出栏率<1 时，依据年末的存栏量进行调整，具体调整依据见式（3-3）：

$$N_i = (C_{i,t} + C_{i,t-1})/2 \qquad (3-3)$$

其中，N_i 为 i 种畜禽年平均饲养量，$C_{i,t}$ 和 $C_{i,t-1}$ 分别代表 i 种畜禽第 t 年和第 $t-1$ 年年末存栏量。

各个畜禽品种的碳排放系数如表 3-4 所示，与国外同类型研究相比，本书的系数均来自 IPCC，排放系数也更为准确。N_2O 排放系数参考了胡向东等（2010）研究，依据 FAO 公布的中国畜禽粪便 N_2O 排放量，依据 IPCC 提供的公式计算得到。

表 3-4　　　　　　各畜禽品种碳排放系数　　　　　单位：kg/（头·年）

畜禽品种	CH₄ 排放系数		N₂O 排放系数
	胃肠道发酵	粪便排泄物	
奶牛	68.0	16.00	1.00
水牛	55.0	2.00	1.34
黄牛	47.8	1.00	1.39
骡	10.0	0.90	1.39
骆驼	46.0	1.92	1.39
驴	10.0	0.90	1.39
马	18.0	1.64	1.39

续表

畜禽品种	CH$_4$ 排放系数		N$_2$O 排放系数
	胃肠道发酵	粪便排泄物	
生猪	1.00	3.50	0.53
绵羊	5.00	0.15	0.33
山羊	5.00	0.17	0.33
兔	0.25	0.08	0.02
禽	—	0.02	0.02

资料来源：2006 年 IPCC 国家间温室气体排放指南第十章；FAQ 公布 2004 年中国畜禽氧化亚氮排放系数（FAQ. Liverstock Long shadow，2006：97－110）。

另外，为了便于后续分析，需要将农业碳排放进行加总，将 CH$_4$ 和 N$_2$O 转换成标准 C。依照联合国政府间气候变化委员会（2007）第四次评估报告，1 吨 CH$_4$ 所引发的温室效应相当于 6.8182 吨 C 所产生的温室效应，1 吨 N$_2$O 引发的温室效应相当于 81.2727 吨 C 产生的温室效应[①]。于是可以按照式（3－4）计算得出碳排放总量。

$$C = C_{CH_4} + C_{N_2O} = \sum CH_4 \times 6.8182 + \sum N_2O \times 81.2727 \quad (3-4)$$

3.1.2 数据来源与处理

本章将测算农业碳排放量研究区域定为中国 31 个省区市，考虑到重庆自 1997 年从四川省独立出来成为直辖市，因此将时间跨度定为 1997～2015 年。测算农业碳排放所用到的原始数据均来自中华人民共和国国家统计局国家数据库（http：//data. stats. gov. cn/）；《中国农业统计资料汇编》（1949～2004）；1998～2016 年《中国农村统计年鉴》；1997～2015 年《中国农业年鉴》；1999～2013 年《中国畜牧业年鉴》；1998～2015 年《中国农业统计资料》；2014～2015 年《中国畜牧兽医年鉴》；《新中国 60 年统计资料汇编》。其中，化肥、农药、农膜、柴油、农业灌溉面积、各种农作物播种面积、各种旱地农作物播种面积、水稻种植面积均使用原始数据，而畜牧养殖业中的牛、马、驴、骡、

① 1 吨 CH$_4$ 引发的温室效应相当于 25 吨 CO$_2$ 产生的温室效应，折算成 C 为：25×12/44＝6.8182；1 吨 N$_2$O 引发的温室效应相当于 298 吨 CO$_2$ 产生的温室效应，折算成 C 为：298×12/44＝81.2727。

骆驼、猪、羊以及家禽等牲畜的饲养数量均根据各年年末存栏量予以调整。

3.2 中国农业碳排放时空特征分析

3.2.1 中国农业碳排放时序演变规律分析

基于编制的农业碳排放测算体系，根据式（3-1）至式（3-4），测算了1997~2015 年中国的农业碳排放量。2015 年中国农业碳排放总量为24642.53万吨，相当于 90355.9 万吨 CO_2 温室气体的效应，比 1997 年增长了大约17.4%，年均增长 0.9%。如表 3-5 所示，其中 2015 年农用物资、水稻生长、土壤和牲畜养殖所导致的碳排放量分别为 8907.65 万吨、21.98 万吨、6441.8万吨和 9271.1 万吨，占比 36.14%、0.08%、26.14% 和 37.62%。从总体趋势来看，农业碳排放量不断增长，且有波动。农业碳排放强度总体呈下降趋势，由 1997 年的 0.887 吨/万元下降为 2015 年的 0.531 吨/万元，下降幅度为40.14%，年均下降 2.81%。其在样本周期内也出现了波动，其中 1997~2002年碳排放强度呈上升趋势，2003 年以后碳排放强度开始下降，这说明，这些年中央政府的农业"碳减排"措施取得了良好的效果。

表 3-5　　　1997~2015 年中国农业碳排放总量、结构以及碳排放强度

年份	农用物资 （万吨）	土壤 （万吨）	水稻生长 （万吨）	牲畜 （万吨）	总碳量 （万吨）	排放强度 （吨/万元）
1997	5499.13	16.25	6674.92	8794.18	20984.49	0.887
1998	5683.43	16.93	6576.31	9330.62	21607.28	0.945
1999	5814.81	17.26	6644.78	9605.33	22082.18	0.999
2000	5883.64	17.18	6394.50	9797.62	22092.94	1.019
2001	6084.16	17.83	6168.31	9983.98	22254.27	1.018
2002	6234.26	17.74	6132.03	10243.98	22628.01	1.038
2003	6377.07	17.61	5836.82	10641.00	22872.51	1.005
2004	6799.68	17.73	6247.25	11007.28	24071.94	0.930
2005	7044.31	18.12	6355.84	11372.78	24791.05	0.930
2006	7282.19	18.16	6318.55	11159.87	24778.77	0.947

续表

年份	农用物资 （万吨）	土壤 （万吨）	水稻生长 （万吨）	牲畜 （万吨）	总碳量 （万吨）	排放强度 （吨/万元）
2007	7591.59	18.58	6294.49	10116.01	24020.66	0.796
2008	7691.39	18.97	6351.29	7721.20	21782.84	0.643
2009	7938.04	19.50	6399.00	8034.20	22390.75	0.665
2010	8189.40	19.97	6414.43	8525.54	23149.34	0.626
2011	8414.93	20.39	6427.32	8731.82	23594.47	0.568
2012	8620.74	20.88	6408.79	8905.26	23955.67	0.550
2013	8769.37	21.30	6414.52	9011.55	24216.74	0.533
2014	8905.43	21.63	6423.00	9184.90	24534.97	0.534
2015	8907.65	21.98	6441.80	9271.10	24642.53	0.531

注：（1）农业碳排放强度＝碳排放总量/农林牧渔总产值，农林牧渔总产值按照1997年不变价格进行平减；（2）表中数据不包括港澳台地区。

资料来源：作者依据编制的农业碳排放测算体系计算得出。

3.2.1.1　中国农业碳排放时序演变特征

为了分析中国农业碳排放的时序特征，计算了1998～2015年中国农业碳排放总量及其增长率，讨论其在样本周期内的演变轨迹，如图3－1所示。整体来看，中国农业碳排放呈上升趋势，其间也有较大幅度的波动。1997～2005年为第一阶段，农业碳排放量持续增加，但速度由慢转快，由1997年的20984.5万吨上升至2005年的24791.1万吨，增长了18.14%，年均增速为2.11%。具体来看，1997～2003年属于缓慢上升阶段，2003～2005年属于快速上升阶段，波动较为明显。1998年特大洪水、1999年严重的自然灾害等恶劣天气导致农业播种面积下降，农用物资的使用量减少，这与碳排放增长率递减是吻合的，2003年后出现较为明显的恢复性反弹，增速较快。2005～2008年为第二阶段，农业碳排放大幅回落，仅仅三年时间，碳排放总量由24791.1万吨下降至21782.8万吨，年均增长－4.22%，碳排放增长率出现负增长，究其原因，一方面可能是牲畜养殖规模降低和养殖结构调整导致碳排放量下降；另一方面由于农业收入下降，农业劳动人口从事非农行业，导致农业生产活动下降。还有一个很重要的原因，中国第二次农业普查于2007年1月1日开始现场登记，国家统计局对各省2000～2005年畜牧数据未做衔接，2005年以后牲畜的饲养量和出栏量未做调整，与2005年相比2006年有较大幅度的下降，这也是导致碳排放量下降的一个很重要原因。2007年底，美国次级债引发了全球金融危机，导致大量的农民工返乡从事农业生产活动，2008年成为一个拐点。2008～2015年为第三阶段，农业碳排放量呈现缓慢上升，由21782.8万吨上升至24642.53万吨，年均增速为1.78%。2008年金融危机后，各国政府采取一揽子刺激计划，经济形势逐渐好转，农村劳动力开始向非农产业转移，以此获取更多收入。为了弥补劳动力不足，农业生产活动会增加要素投入，例如，增加化肥等要素投入，结果导致农业碳排放量上升。因此，在整个样本区间内的19年里，中国农业碳排放总量波动的趋势呈现出"波动上升—快速下降—缓慢上升"三个阶段的演变特征。未来的增长趋势应该会维持，但低碳经济的发展会减缓碳排放的增长速度。

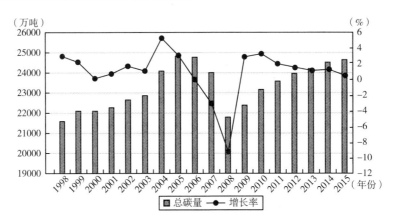

图3-1　中国农业碳排放总量及增长率变化情况

资料来源：作者根据本书测算的农业碳排放强度数据进行适当整理得到。

3.2.1.2　中国农业碳排放强度的时序演变特征

在1997～2015年，中国农业碳排放强度的演变情况如图3-2所示。自1997年以来，碳排放强度（每万元农林牧渔总产值的碳排放量）总体呈下降趋势，由1997年0.8874吨/万元下降到2015年0.5313吨/万元，下降幅度达到40.13%，年均下降2.81%。在整个样本周期内，碳排放强度有波动，且差异较大。其中2008年降幅最大，为19.24%；降幅次之的是2007年，为15.91%，降幅排在第三位的是2011年，为9.28%；降幅最小的是2015年，仅为0.03%。从演变的特征来看，呈现出"平稳—波动起伏—平稳"的循环特征。从增长率来看，增速的变动幅度较大，形成了一个较大的"V"型，这一形状与碳总量变化基本一致，这与 2007 年美国次级债引发的金融危机有密切关系。2008 年是一个非常明显的拐点，出现大幅波动，2006～2008 年年均下降 17.6%，远超过整个样本周期的年均降幅。2009 年之后碳排放强度的变化基本稳定，整个农业碳排放强度是稳中趋降。

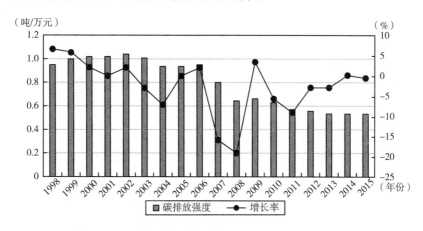

图 3 - 2　中国农业碳排放强度及增长率变化情况

资料来源：作者根据本书测算的农业碳排放强度进行适当整理得到的。

3.2.1.3　中国分类别农业碳排放变动的时序演变特征

根据农业碳排放的来源分类，农业碳排放主要来自农用物资投入碳排放、水稻生长周期内的碳排放、土壤 N_2O 排放以及牲畜养殖碳排放。从总量来看，在样本周期内，除了水稻生长周期内的碳排放量略有下降，2015 年比 1997 年下降了 3.5%，年均降幅为 0.2%，其余均呈上升趋势。其中上升幅度最大的是农用物资投入的碳排放，由 1997 年的 5499.13 万吨上升至 2015 的 8907.65 万吨，上升幅度为 61.98%，年均 2.72%。从整个样本周期来看，农业碳排放呈上升趋势，尤其是农用物资投入的碳排放增幅最大，中国农业产出增长主要来源于农用物资投入的持续增加。增幅排在第二的是土壤 N_2O 排放，由 1997 年的 16.25 万吨上升至 2015 年的 21.98 万吨，上升比例为 35.19%，年均 1.69%，但其在总排放中比重很小，基本维持在 0.08% 左右，而畜禽养殖业碳排放量在样本周期内上升 5.42%，年均微增 0.3%。

从结构上来看，水稻生长在农业碳排放中的份额呈下降趋势，由 1997 年的 31.81% 下降至 2015 年的 26.14%，牲畜由 1997 年的 41.91% 下降至 2015

年的 37.62%，这两者的比重都呈现下降趋势。农用物资投入在农业碳排放中比重逐渐增大，由 1997 年的 26.21% 到 2015 年的 36.15%，份额大约上升了10%，农用物资投入持续增加对农业产值的贡献很大。

从增速的差异来看，水稻生长周期内的碳排放量可以划分为下降期（1997~2006）、上升期（2007~2008）与缓慢下降期（2009~2015）三个阶段，原因可能来自两个方面：一方面受到种植规模和种植结构的影响，另外，由于 2007年 1 月 1 日开展了农业普查，国家统计局对 2006 年以前各省的畜牧业相关数据未做调整，与 2005 相比 2006 年度的畜牧业相关数据下降幅度较大；另一方面由于 2007 年美国次级债引发全球经济衰退，导致中国大量的农民工返乡，农业生产活动增加，水稻生长引起的碳排放增加，这与上面的结论一致。畜禽养殖的碳排放量分为缓慢增长期（1998~2005）、快速下降期（2006~2008）和平稳期（2008~2015）三个阶段，其间的变化主要来自饲养规模以及饲养品种变化的影响，如图 3-3 所示。

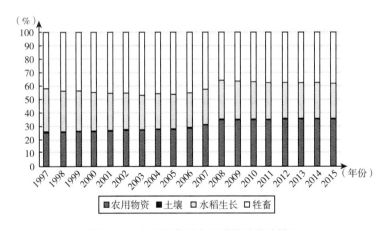

图 3-3　中国分类别农业碳排放变动情况

资料来源：作者根据本书测算的农业碳排放分类数据进行适当整理得到。

3.2.2　中国农业碳排放空间分布的异质性分析

了解中国碳排放量省域间的异质性分布特征，对把握省域间的碳排放分布规律、科学制定相应减排措施尤为重要。因此，根据农业碳排放测算体系，核算了中国 1997~2015 年 31 个省区市的农业碳排放量，试图把握各省碳排放的总量、结构以及碳排放的强度。限于篇幅，以 2015 年为例，列出了 31 个省区市的农业碳排放量、结构以及碳排放强度，如表 3 - 6 所示。

表 3 - 6　　　　2015 年中国农业碳排放总量、结构以及碳排放强度

省区市	农用物资（万吨）	土壤（万吨）	水稻生长（万吨）	牲畜（万吨）	总碳量（万吨）	排放强度（吨/万元）
北京	18.094	0.038	0.018	27.058	45.209	0.191
天津	35.968	0.093	1.191	35.723	72.975	0.337
河北	588.006	1.550	8.864	440.859	1039.279	0.407
山西	164.314	0.592	0.032	121.843	286.781	0.388
内蒙古	319.385	0.935	4.804	640.475	965.599	0.919
辽宁	282.669	0.701	34.329	373.927	691.626	0.401
吉林	308.495	0.893	28.927	314.883	653.199	0.640
黑龙江	400.019	1.515	178.352	391.913	971.798	0.532
上海	28.387	0.050	35.922	14.350	78.709	0.233
江苏	414.512	1.044	836.697	187.793	1440.045	0.426
浙江	262.022	0.283	270.917	69.742	602.965	0.340
安徽	454.874	1.064	701.189	253.761	1410.887	0.649
福建	221.932	0.311	208.917	112.134	543.294	0.307
江西	220.492	0.342	809.482	271.974	1302.290	0.958
山东	745.424	2.003	16.652	609.658	1373.737	0.323
河南	858.120	2.295	79.838	768.393	1708.645	0.568
湖北	435.167	0.929	687.632	335.350	1459.078	0.554
湖南	351.372	0.765	943.730	466.652	1762.519	0.666
广东	357.193	0.591	442.345	241.216	1041.345	0.396
广西	332.496	0.690	440.635	230.813	1004.635	0.601
海南	95.171	0.105	66.107	53.181	214.565	0.651
重庆	132.759	0.456	120.750	162.211	416.176	0.502
四川	349.800	1.175	349.251	728.582	1428.808	0.497
贵州	132.019	0.679	101.495	269.421	503.614	0.401
云南	346.783	0.856	54.540	576.448	978.627	0.838
西藏	10.176	0.016	0.042	313.849	324.083	4.463
陕西	291.543	0.655	10.474	170.285	472.957	0.462

续表

省区市	农用物资（万吨）	土壤（万吨）	水稻生长（万吨）	牲畜（万吨）	总碳量（万吨）	排放强度（吨/万元）
甘肃	247.409	0.564	0.210	347.472	595.654	0.985
青海	17.786	0.043	0.000	277.341	295.170	1.946
宁夏	58.583	0.135	3.723	81.597	144.039	0.941
新疆	426.678	0.609	4.739	382.192	814.219	0.880

注：（1）农业碳排放强度 = 碳排放总量/农林牧渔总产值，农林牧渔总产值按照 1997 年不变价格进行平减；（2）表中数据不包括港澳台地区。

资料来源：作者根据测算的数据适当整理得出。

3.2.2.1 中国农业碳排放总量以及强度的空间演变特征

前面就全国的农业碳排放总量以及碳排放强度的时序特征进行了探索，接下来从时空两个维度来探讨 1997～2015 年中国农业碳排放量的空间分布情况。限于篇幅，每隔三年选取为样本，以 1997 年、2000 年、2003 年、2006 年、2009 年、2012 年和 2015 年为例，如表 3－7 所示。从时间维度来看，表中的农业碳排放总量整体逐渐增多，碳排放总量较少的区域在减少，排放量较大的区域面积在扩大，这说明中国碳排放量逐年增加，碳排放程度加重且呈扩散之势。从空间维度来看，各省域分布不均匀，而且从农业碳排放总量大小差异来看，不同省域的农业碳排放差异在扩大，且有极化的趋势。

表 3－7　　　　　　1997～2015 年中国农业碳排放总量　　　　单位：万吨

省区市	1997 年	2000 年	2003 年	2006 年	2009 年	2012 年	2015 年
北京	60.54	65.61	74.67	58.13	56.64	53.25	45.21
天津	43.59	58.98	76.47	79.54	74.20	76.20	72.97
河北	908.06	1054.53	1161.91	1334.04	986.56	1014.15	1039.28
山西	283.16	303.13	314.33	327.19	250.43	271.37	286.78
内蒙古	561.24	536.18	578.32	802.30	812.85	891.97	965.60
辽宁	412.89	438.83	507.49	598.92	602.66	692.74	691.63
吉林	382.80	452.28	502.34	581.19	536.98	617.13	653.20
黑龙江	596.63	597.72	679.20	757.27	805.46	957.04	971.80
上海	127.79	134.77	101.75	91.39	90.43	85.95	78.71
江苏	1461.02	1450.42	1344.29	1491.33	1451.89	1476.82	1440.04

续表

省区市	1997 年	2000 年	2003 年	2006 年	2009 年	2012 年	2015 年
浙江	727.02	715.09	668.18	688.86	659.72	638.46	602.96
安徽	1292.79	1367.67	1340.06	1360.52	1301.01	1364.02	1410.89
福建	602.99	582.25	558.37	565.41	539.95	552.38	543.29
江西	1136.81	1092.77	1086.12	1248.72	1163.82	1274.73	1302.29
山东	1231.46	1478.53	1616.18	1665.56	1342.53	1391.81	1373.74
河南	1295.87	1542.07	1670.35	1881.01	1541.62	1636.31	1708.65
湖北	1342.78	1258.53	1268.16	1343.88	1330.29	1414.66	1459.08
湖南	1475.90	1522.45	1563.01	1739.55	1577.83	1718.86	1762.52
广东	1163.96	1164.08	1115.25	1076.53	1003.61	1036.09	1041.35
广西	1164.66	1196.84	1215.15	1244.04	1113.69	999.02	1004.63
海南	188.26	203.41	215.23	219.70	215.73	213.90	214.56
重庆	367.77	388.17	396.19	394.78	349.09	394.65	416.18
四川	1255.08	1407.54	1502.14	1610.44	1428.81	1393.63	1428.81
贵州	534.02	575.16	626.40	678.08	400.40	462.71	503.61
云南	699.49	769.84	785.89	831.42	685.04	919.67	978.63
西藏	129.57	126.54	138.84	140.52	336.95	322.07	324.08
陕西	343.87	371.53	399.72	443.24	373.11	466.26	472.96
甘肃	355.68	366.31	402.86	447.16	394.11	545.78	595.65
青海	269.57	255.29	268.92	266.60	276.58	283.34	295.17
宁夏	74.97	89.62	98.37	120.68	116.65	135.46	144.04
新疆	494.24	526.79	596.37	690.75	572.09	655.27	814.22

注：表中数据不包括港澳台地区。

资料来源：表中所用数据来源于前文测算得出的数据集。

为了更深入地分析中国农业碳排放的空间分布情况，接下来用实际农业生产总值（1997 年的不变价）计算中国省域的碳排放强度，如表 3-8 所示。本书仍以 1997 年、2000 年、2003 年、2006 年、2009 年、2012 年和 2015 年为例，从时间维度来看，随着时间推移，表中数据逐渐变小，说明农业碳排放强度整体呈下降趋势。就整个样本区间来看，中间也呈现出波动，通过对比 1997 年与 2003 年可以看出，部分区域的数据增大，省域的碳排放强度增加，这与全国排放强度变化趋势一致。从空间维度来看，碳排放强度的空间分布不均匀，存在明显的差异，有极化的趋势。随着时间推移，存在这种差异的区域越来越多，说明极化现象越来越明显。主要是因为中国碳排放强度整体在下降，但西藏和青海不明显，导致了区域差异较大。

从省域的内部碳排放总量和排放强度两个视角进一步对中国农业碳排放进行比较。以2015年为例，从中国31个省区市农业碳排放量排序来看，排在前八位的地区碳的排放量分别为湖南1762.52万吨、河南1708.65万吨、湖北1459.08万吨、江苏1440.04万吨、四川1428.81万吨、安徽1410.89万吨、山东1373.74万吨、江西1302.29万吨，且排放量均在1300万吨之上，碳排放总量占全国总量的48.23%。排在后八位的地区碳的排放量分别为西藏324.08万吨、青海295.17万吨、山西286.78万吨、海南214.56万吨、宁夏144.04万吨、上海78.71万吨、天津72.98万吨、北京45.21万吨，碳排放总量占全国的5.93%。2015年湖南排名第一，北京倒数第一，湖南的碳排放量是北京的近39倍，显然不同地区的农业碳排放量差异大。从地区分布来看，中国农业碳排放大户主要来自粮食主产省，前八位的省份全部来自粮食主产区。就当前来看，目前农业现代化的程度仍然滞后，农业大省的发展模式仍旧是"高投入、高产出"，农业产业发展模式比较单一，农业总产出增加主要依靠农用物资的投入增加来维系，因此，农业碳排放量也居高不下。

表3-8　　　　　　　　　中国农业碳排放强度空间分布情况　　　　　　　单位：吨/万元

省区市	1997年	2000年	2003年	2006年	2009年	2012年	2015年
北京	0.670	0.419	0.469	0.382	0.304	0.232	0.191
天津	0.310	0.444	0.515	0.574	0.465	0.399	0.337
河北	0.632	0.816	0.834	0.912	0.515	0.403	0.407
山西	0.831	1.043	0.979	1.021	0.435	0.390	0.388
内蒙古	1.113	1.108	1.107	1.320	1.033	0.862	0.919
辽宁	0.449	0.539	0.614	0.629	0.466	0.419	0.401
吉林	0.677	0.843	0.930	0.971	0.674	0.619	0.640
黑龙江	0.773	0.979	0.913	0.924	0.715	0.576	0.532
上海	0.625	0.680	0.503	0.394	0.330	0.262	0.233
江苏	0.804	0.892	0.867	0.819	0.640	0.487	0.426
浙江	0.723	0.765	0.695	0.660	0.526	0.387	0.340
安徽	1.054	1.267	1.170	1.047	0.790	0.655	0.649
福建	0.651	0.653	0.629	0.559	0.445	0.340	0.307

续表

省区市	1997 年	2000 年	2003 年	2006 年	2009 年	2012 年	2015 年
江西	1.447	1.522	1.503	1.453	1.093	0.981	0.958
山东	0.552	0.776	0.744	0.643	0.397	0.349	0.323
河南	0.758	0.944	1.000	0.962	0.622	0.547	0.568
湖北	1.080	1.211	1.132	1.008	0.716	0.553	0.554
湖南	2.173	1.383	1.322	1.281	0.838	0.669	0.666
广东	0.703	0.816	0.782	0.647	0.517	0.430	0.396
广西	1.320	1.642	1.581	1.259	0.904	0.641	0.601
海南	0.802	0.899	1.010	1.014	0.870	0.676	0.651
重庆	0.827	0.972	0.963	0.867	0.602	0.517	0.502
四川	0.899	1.128	1.115	1.005	0.675	0.511	0.497
贵州	1.279	1.502	1.583	1.514	0.710	0.582	0.401
云南	1.143	1.328	1.334	1.222	0.812	0.825	0.838
西藏	3.126	2.766	3.046	2.782	5.903	4.946	4.463
陕西	0.755	0.909	0.984	0.899	0.560	0.481	0.462
甘肃	1.189	1.365	1.461	1.306	0.925	0.979	0.985
青海	4.568	4.578	4.013	3.598	2.772	1.995	1.946
宁夏	1.030	1.368	1.393	1.465	1.086	0.957	0.941
新疆	1.037	1.320	1.236	1.363	0.912	0.717	0.880

注：表中数据不包括港澳台地区。

资料来源：表中所用数据来源于前文测算得出的数据集。

　　碳排放总量不能很好地反映区域差异，总量在省域之间的比较意义不大，碳排放强度让省域之间的横向比较成为可能。从 2015 年农业碳排放强度来看，如图 3-4 所示，图中折线反映了中国 31 个省区市农业碳排放强度的省域差异，整体的趋势是东部最低、中部较高、西部最高。其中，西藏位列农业碳排放强度第一，2015 年每万元农林牧渔总产值导致的碳排放量为 4.46 万吨，北京的农业碳排放强度最低，每万元农林牧渔总产值的碳排放 0.19 万吨，西藏农业碳排放强度是北京的 23 倍多。中国农业碳排放强度大部分在 0.5 左右，表现出较为明显的集聚趋势。依据农业碳排放的数值差异，结合区域分布特点，将中国省域的碳排放强度分为四个层级：第一层级，农业碳排放强度超过 1 吨/万元。以西藏和青海两个地区为代表，西藏的碳排放强度是青海的两倍多，这两个地区均位于青藏高原地区，畜牧养殖是该地区的主导产业，导致了

大量的 CH_4 和 N_2O 排放，而且这两个地区的农业生产方式非常落后，气候条件恶劣，农业产出比较低，这两个因素导致农业碳排放强度高，属于"高排放—低产出"型。第二层级，农业碳排放强度在 0.55 吨~1 吨/万元。属于这一层级的省区市有 11 个[1]，主要集中在中、西部，位于中国的华东、华中和西北地区。第三层级，农业碳排放强度为 0.45 吨~0.55 吨/万元。黑龙江、重庆、四川和陕西，主要位于西部地区。第四层级，碳排放强度低于 0.45 吨/万元。属于这一层级的省区市有 12 个[2]，除贵州和山西外均位于中国的东部地区。

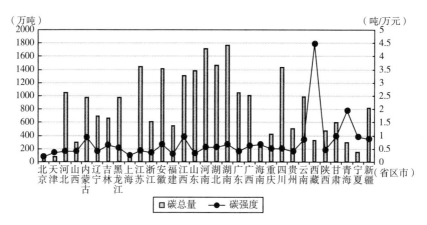

图 3-4　2015 年中国农业碳排放总量及强度的分布情况

注：图中数据不包括港澳台地区。

资料来源：图中所用数据是经作者依据前文测算得出的数据适当整理后得到。

3.2.2.2　分类别的中国农业碳排放空间演变特征

由于中国幅员辽阔，气候条件、资源禀赋的区域差异较为明显，各省域的农业生产条件不同。因此，中国省域的农业产业结构存在差异，使得各省域的农业碳排放结构存在较大差异，如表 3-9 所示。以 1997 年、2006 年和 2015 年为例，从时间维度来看，农用物资的投入、土壤、水稻生长和牲畜养殖随着时间推移，表中农业碳排放数据逐渐变大，表明各自碳排放总量逐渐增加。从空间维度来看，各区域不同年份不同碳源的碳排放区域差异明显，分布不均

---

① 属于第二层级的省区市有：甘肃、江西、宁夏、内蒙古、新疆、云南、湖南、海南、安徽、吉林、广西。

② 属于第四层级的省区市有：江苏、河北、贵州、辽宁、广东、山西、浙江、天津、山东、福建、上海、北京。

匀，但也可以明显看到不同碳源的排放呈集聚趋势，集聚的区域不同。根据集聚区域的不同，本书将中国省域的农业碳排放划分为以下五种类型：一是农用物资投入主导型区域。这些地区的农业碳排放主要来自农业生产活动中农用物资投入，水稻生长以及牲畜养殖所产生的碳排放比重较小。这个区域包括 5 个省区市[①]，如表 3 - 9 所示，这个区域以种植业为主，但由于缺水的影响，水稻种植非常有限，而牲畜养殖主要采用圈养的方式。二是水稻生长主导型区域。该区域的农业碳排放主要来自水稻生长，而农用物资投入和牲畜养殖的碳排放比重较小，该区域包括 3 个省份[②]，这个区域的水稻在农业产业结构中占有非常重要的地位。三是牲畜养殖主导型区域。该区域的农业碳排放主要源自养殖牲畜，而农用物资投入和水稻生长所导致的碳排放比重较小，该地区包括 6 个省区市[③]。其中西藏、青海和内蒙古主要以畜牧业为主，四川、云南和贵州三省的自然条件相对较差，农业生产中役畜的作用非常大，这都导致了碳排放压力加大。四是复合碳源主导型区域。该区域农业碳排放的源有两个（农地利用、稻田和牲畜养殖），而另一个占比较低。该区域一共包括 11 个省区市[④]。其中部分地区位于粮食主产区，还有部分地区种植业和畜牧业发展相对较均衡。五是碳源均衡区域。这些地区的碳排放来源比较平均，包括广东、广西、福建、海南和湖北，这 5 个省区市的种植业比较发达，粮食作物中水稻占绝对地位，但畜禽养殖也有相当规模。

表 3 - 9　　　　　　中国分类别农业碳排放总量分布情况　　　　单位：万吨

省区市	农用物资投入			土壤			水稻生长			畜禽养殖		
	1997 年	2006 年	2015 年	1997 年	2006 年	2015 年	1997 年	2006 年	2015 年	1997 年	2006 年	2015 年
北京	29.97	25.06	18.09	0.10	0.06	0.04	2.09	0.06	0.02	28.37	32.94	27.06
天津	18.54	39.39	35.97	0.09	0.08	0.09	5.13	1.09	1.19	19.82	38.99	35.72
河北	401.27	625.65	588.01	1.29	1.46	1.55	16.23	9.27	8.86	489.27	697.66	440.86
山西	107.60	133.81	164.31	0.47	0.51	0.59	0.28	0.07	0.03	174.81	192.81	121.84
内蒙古	97.33	172.57	319.39	0.47	0.62	0.94	7.43	4.39	4.80	456.00	624.72	640.47

①　农用物资投入主导型区域包括河北、天津、山东、山西、陕西。

②　水稻生长主导型区域包括湖南、江西、江苏。

③　牲畜养殖主导型区域包括西藏、青海、内蒙古、贵州、云南、四川。

④　复合碳源主导型区域包括新疆、宁夏、甘肃、辽宁、北京、吉林、黑龙江、上海、安徽、浙江、河南。

续表

省区市	农用物资投入			土壤			水稻生长			畜禽养殖		
	1997年	2006年	2015年	1997年	2006年	2015年	1997年	2006年	2015年	1997年	2006年	2015年
辽宁	187.01	218.16	282.67	0.52	0.57	0.70	30.98	39.37	34.33	194.39	340.82	373.93
吉林	135.83	198.44	308.50	0.63	0.73	0.89	17.21	24.92	28.93	229.13	357.10	314.88
黑龙江	202.44	267.99	400.02	0.87	1.12	1.51	79.15	112.88	178.35	314.17	375.29	391.91
上海	23.05	35.72	28.39	0.06	0.06	0.05	74.94	40.63	35.92	29.74	14.99	14.35
江苏	410.25	443.04	414.51	0.84	0.86	1.04	865.32	808.47	836.70	184.62	238.96	187.79
浙江	213.14	254.57	262.02	0.25	0.28	0.28	432.13	326.62	270.92	81.50	107.40	69.74
安徽	302.19	386.69	454.87	0.81	0.94	1.06	595.54	658.33	701.19	394.25	314.56	253.76
福建	162.75	206.85	221.93	0.24	0.27	0.31	319.39	220.38	208.92	120.62	137.91	112.13
江西	152.48	192.33	220.49	0.35	0.29	0.34	709.75	782.83	809.48	274.23	273.27	271.97
山东	592.53	816.50	745.42	1.77	1.86	2.00	23.58	18.22	16.65	613.58	828.98	609.66
河南	437.41	656.87	858.12	1.67	2.12	2.29	59.57	69.53	79.84	797.21	1152.49	768.39
湖北	338.34	381.53	435.17	0.74	0.72	0.93	686.96	635.91	687.63	316.74	325.73	335.35
湖南	227.46	300.49	351.37	0.45	0.49	0.76	807.20	909.73	943.73	440.79	528.84	466.65
广东	259.96	290.86	357.19	0.47	0.47	0.59	627.06	448.91	442.35	276.46	336.29	241.22
广西	179.99	260.43	332.50	0.50	0.56	0.69	524.71	484.45	440.64	459.47	498.61	230.81
海南	28.68	63.680	95.17	0.08	0.08	0.11	88.71	68.07	66.11	70.80	87.87	53.18
重庆	83.98	105.54	132.76	0.38	0.34	0.46	140.21	117.95	120.75	143.20	170.96	162.21
四川	245.92	306.78	349.80	0.99	1.05	1.18	383.11	364.80	349.25	625.06	937.82	728.58
贵州	73.78	96.10	132.02	0.44	0.48	0.68	111.61	102.17	101.50	348.19	479.34	269.42
云南	154.64	217.79	346.78	0.47	0.61	0.86	43.88	49.61	54.54	500.51	563.41	576.45
西藏	6.19	5.56	10.18	0.01	0.01	0.02	0.05	0.05	0.04	123.32	134.90	313.85
陕西	150.06	181.32	291.54	0.59	0.61	0.65	13.13	10.31	10.47	180.10	251.01	170.28
甘肃	96.63	133.92	247.41	0.33	0.41	0.56	0.31	0.25	0.21	258.40	312.59	347.47
青海	9.67	11.23	17.79	0.02	0.03	0.04	0.00	0.00	0.00	259.87	255.34	277.34
宁夏	23.79	41.64	58.58	0.06	0.09	0.14	3.37	4.42	3.72	47.75	74.52	81.60
新疆	146.23	211.72	426.68	0.32	0.40	0.61	5.87	4.87	4.74	341.82	473.76	382.19

注：表中数据不包括港澳台地区。

资料来源：表中所用数据来源于前文测算得出的数据集。

3.3 中国农业碳排放的空间相关性分析

相似的气候条件、资源禀赋和农业政策对农业生产活动的影响具有相似性，这使得农业碳排放具有空间关联性，省域经济单元不是孤立存在的，因而需要继续了解农业碳排放空间单元的交互效应，把握农业碳排放的空间相关性特征。本书采用探索性空间数据分析方法（ESDA）研究中国农业碳排放的空间相关性和异质性：首先，介绍空间相关性检验方法；其次，构建用于 ESDA 分析的空间权重矩阵；最后，利用全局自相关和局部自相关检验来判断空间经济单元的交互性对农业碳排放总体格局的影响。

3.3.1 空间相关性检验方法

根据空间统计学和空间经济计量学的基本原理，判断研究对象是否存在空间依赖性，需要验证空间自相关性，一般采用莫兰指数（Moran's I）的方法，全局性莫兰指数主要用于探索农业碳排放以及排放强度在整个空间区域上的集聚趋势，局部莫兰指数探索农业碳排放以及排放强度的空间异质性，通过莫兰散点图和相关数据了解其具体的空间分布规律。

（1）全局空间自相关。全局莫兰指数根据式（3-5）来计算：

$$Moran's\ I = \frac{\sum_{i=1}^{n}\sum_{j=1}^{n}W_{ij}(X_i - \bar{X})(X_j - \bar{X})}{S^2\sum_{i=1}^{n}\sum_{j=1}^{n}W_{ij}} \tag{3-5}$$

其中，$S^2 = \frac{1}{n}\sum_{i=1}^{n}(X_i - \bar{X})^2$ ；$\bar{X} = \frac{1}{n}\sum_{i=1}^{n}X_i$ ；X_i 为第 i 区域的观察值，n 为区域的总数；W_{ij} 为空间权重矩阵，描述各区域之间的邻接关系，确定原则是地理邻接或距离邻接，或是更加复杂的嵌套权重矩阵。

（2）局部空间自相关。局部莫兰指数根据式（3-6）来计算：

$$Moran's\ I_i = \frac{(X_i - \bar{X})\sum_{j=1}^{n}W_{ij}(X_j - \bar{X})}{S^2} \tag{3-6}$$

3.3.2 中国农业碳排放的空间权重矩阵构建

考虑到农业碳排放受相似气候条件、相同地理环境的影响，同时受相邻经济单元的农业经济政策以及宏观经济政策的关联影响。需要设定一个空间权函数，空间权函数是空间计量经济学的一个重要的描述工具，反映了空间经济单元之间的相邻关系和空间布局关系，用空间邻接权重矩阵来表示。基于地理邻接、空间距离邻近和经济邻近，本书设定三种空间权重矩阵，基于 Queen 的一阶邻接矩阵、距离倒数平方矩阵和经济距离权重矩阵。

（1）基于 Queen 的一阶邻接权重矩阵（W_q）。只要相邻经济单元之间存在共同边界或拥有共同的顶点，则表示有密切的空间依赖关系。W_{ij} 省份 i 与省份 j 邻接关系，具体设定见式（3 - 7）：

$$W_{ij} = \begin{cases} 1, & \text{当区域 } i \text{ 和区域 } j \text{ 相邻；} \\ 0, & \text{当区域 } i \text{ 和区域 } j \text{ 不相邻。} \end{cases} \tag{3 - 7}$$

（2）基于地理距离矩阵（W_d）。首先计算各省域经济单元之间的距离，这里采用两个省域的省会中心距离来反映社会与经济现实。W_d 是省份 i 的省会与省份 j 的省会之间距离（d_{ij}）倒数的平方反映两个省份之间联系的紧密程度，距离越远，相互影响程度越小。具体设定见式（3 - 8）：

$$w_{ij} = \begin{cases} 1/d_{ij}^2, & \text{当 } i \neq j \text{ 时；} \\ 0, & \text{当 } i = j \text{ 时。} \end{cases} \tag{3 - 8}$$

（3）基于经济距离的嵌套权重矩阵。当空间效应中包含了距离因素同时也能反映经济因素时，需要设定嵌套权重矩阵，嵌套权重矩阵集合距离相邻和经济相邻于一体，其目的是能更好地描述空间效应的综合性和复杂性（LeSage，2008）。与地理距离权重矩阵相比，W_{ed} 同时考虑了空间单元之间的距离和经济差异，具体计算见式（3 - 9），其中，$\bar{Y}_i$ 为 1997 ~ 2015 年内 i 省人均 GDP 的均值，$\bar{Y}$ 所有 31 个省区市考察期内的均值，矩阵最终都做了行标准化处理。

$$W_{ed} = W_d \times diag(\bar{Y}_1/\bar{Y}, \bar{Y}_2/\bar{Y}, \cdots, \bar{Y}_1/\bar{Y}) \tag{3 - 9}$$

3.3.3 中国农业碳排放及其排放强度空间相关性

采用探索性空间数据的分析方法，借助软件 Stata14 计算出农业碳排放总量及其强度的莫兰指数值，掌握农业碳排放的空间集聚变化。为了确保结论的稳健性，利用两种不同权重矩阵，分别计算了农业碳排放的莫兰指数值，如表 3－10 所示。样本区间内所有年份的莫兰指数值均为正，且通过了显著性检验，这说明中国省域的农业碳排放以及农业碳排放强度有正向的相关关系，存在空间溢出效应，中国的农业碳排放并非孤立、随机分布的，存在空间依赖性。从莫兰值大小来看，整体呈现出下降的趋势，这表明农业碳排放以及农业碳排放强度的空间相关性在减弱。中国 31 个省区市农业碳排放高的省份之间趋同，形成了高—高型集聚，相邻省份之间的空间交互改变了空间格局。

表 3－10　1997～2015 年中国农业碳排放量以及排放强度的全局莫兰指数值

权重矩阵 年份	碳排放总量				碳排放强度			
	W_q		W_d		W_q		W_d	
	莫兰值	P 值	莫兰值	P 值	莫兰值	P 值	莫兰值	P 值
1997	0.240	0.012	0.230	0.002	0.247	0.002	0.107	0.030
1998	0.227	0.016	0.210	0.005	0.262	0.001	0.115	0.025
1999	0.233	0.014	0.201	0.006	0.294	0.000	0.144	0.007
2000	0.229	0.015	0.188	0.009	0.302	0.000	0.159	0.003
2001	0.218	0.019	0.167	0.016	0.342	0.000	0.179	0.002
2002	0.219	0.018	0.161	0.019	0.337	0.000	0.182	0.002
2003	0.199	0.027	0.147	0.027	0.336	0.000	0.200	0.001
2004	0.176	0.042	0.145	0.029	0.338	0.000	0.182	0.003
2005	0.159	0.055	0.138	0.033	0.345	0.000	0.200	0.002
2006	0.154	0.060	0.135	0.035	0.336	0.000	0.189	0.003
2007	0.136	0.080	0.140	0.032	0.265	0.000	0.111	0.019
2008	0.149	0.065	0.165	0.017	0.172	0.001	0.048	0.059
2009	0.148	0.067	0.168	0.016	0.178	0.001	0.055	0.054
2010	0.152	0.063	0.173	0.014	0.155	0.003	0.057	0.042
2011	0.152	0.062	0.177	0.012	0.169	0.001	0.069	0.025

续表

权重矩阵 年份	碳排放总量				碳排放强度			
	W_q		W_d		W_q		W_d	
	莫兰值	P 值	莫兰值	P 值	莫兰值	P 值	莫兰值	P 值
2012	0.147	0.067	0.174	0.013	0.163	0.001	0.068	0.024
2013	0.145	0.069	0.175	0.013	0.163	0.001	0.067	0.022
2014	0.133	0.084	0.172	0.014	0.189	0.001	0.077	0.018
2015	0.129	0.089	0.17	0.015	0.216	0.000	0.087	0.017

注：W_q 是基于 Queen 的一阶邻接权重矩阵；W_d 是基于地理距离邻近的权重矩阵。

由于全局性莫兰指数无法观察中国内部省域的空间相关性，也不能反映各省域的农业碳排放强度的空间集聚性，其存在局限性。为了更好地探索农业碳排放强度的局部空间格局，利用软件 GeoDa 绘制了农业碳排放强度的莫兰散点图、集聚性地图和显著性地图。莫兰散点图如图 3-5 所示，以 1997 年为例，位于第一象限的有 7 个[①]，属于（高—高型）High-High 集聚区域，这些农业碳排放强度大的省份周围均是农业碳排放强度大的省份，这些省份差距相对较小。位于第二象限的有 5 个[②]，属于低—高型（Low-High）集聚区域，这些农业碳排放强度低的省份周围是农业碳排放强度高的省份，这些省份差距较大。位于第三象限的有 17 个[③]，属于低—低型（Low-Low）集聚区域，这些农业碳排放强度低的省份周围均是农业排放强度低的省份，这些省份的农业碳排放强度差异也较小。位于第四象限的有 2 个[④]，属于高—低型（High-Low）集聚区域，这些农业碳排放强度高的省份周围均是农业碳排放强度低的省份，这些省份的农业碳排放强度差异较大。从 2015 年的莫兰散点图来看，高—高型集聚区域比 1997 年减少了 4 个省份，分别为湖南、贵州、广西和江西，低—低型集聚区域的省份增加了湖南、湖北、重庆和广东，高—低型集聚区域没有任何变化，低—高型集聚区域也明显缩小。从农业碳排放强度演变轨迹来看，整体向好的趋势发展，高—高型集聚区域在缩小，而低—低型集聚区域在扩

---

① 第一象限的 7 个省区市为：青海、西藏、湖南、广西、贵州、甘肃、云南。
② 第二象限的 5 个省区市为：新疆、四川、湖北、重庆、广东。
③ 第三象限的 17 个省区市为：安徽、宁夏、山西、江苏、海南、黑龙江、河南、陕西、浙江、吉林、北京、福建、河北、上海、山东、辽宁、天津。
④ 第四象限的 2 个省区为：江西、内蒙古。

大。但黑龙江由低—低型集聚演变为低—高型集聚，宁夏由低—低型转变为高—高型区域，这也是需要重点关注的区域。

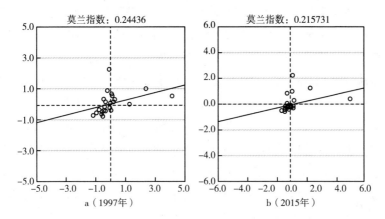

图 3-5　1997 年、2015 年农业碳排放强度的莫兰散点图

为进一步识别农业碳排放强度不同地理位置的空间关联模式，以 1997 年和 2015 年为例，验证中国省域的农业碳排放强度是否在地理空间上趋向集聚，具体概况如表 3-11 所示。

表 3-11　　1997 年、2015 年中国农业碳排放强度的集聚性和显著性情况

集聚类别	1997 年		集聚类别	2015 年	
	省区市	显著类别		省区市	显著类别
High-High	西藏、青海	P = 0.05	High-High	新疆	P = 0.001
				西藏、青海	P = 0.05
Low-Low	河北、北京	P = 0.01	Low-Low	河北、天津、江苏	P = 0.01
Low-High	新疆、四川	P = 0.01	Low-High	四川	P = 0.05
High-Low	无		High-Low	无	
不显著	山西、内蒙古、黑龙江、吉林、辽宁、陕西、甘肃、宁夏、山东、河南、江苏、浙江、安徽、江西、福建、湖北、湖南、广东、广西、海南、云南、贵州、海南、福建、重庆	不显著	不显著	山西、内蒙古、黑龙江、吉林、辽宁、陕西、甘肃、宁夏、山东、河南、浙江、安徽、江西、福建、湖北、湖南、广东、广西、海南、云南、贵州、海南、福建、重庆	不显著

资料来源：本表是根据 GeoDa 软件运行得出的集聚性地图和显著性地图数据整理得到，限于篇幅，作者未将地图在本书中展示出来。

从 1997 年相关数据可以看出，中国农业碳排放强度形成了高—高集聚区域、低—高型集聚区域和低—低型集聚区域。高—高型集聚区域包括青海和西藏，低—低型集聚区域包括湖北和北京，低—高型集聚区域包括新疆和四川，要特别关注这一区域的变化。从 2015 年相关数据来看，新疆由低—高型集聚区域转变为高—高型集聚区域，高—高型集聚区域位于青藏高原地区，高—高型集聚区域的面积在扩大，这说明高—高型集聚区域的扩散效应和示范效应发挥了很大作用。北京脱离了低—低型集聚区域，形成以湖北和江苏为中心的两个集聚区域，但区域面积非常有限。从相关数据可以看出，虽然形成了一定的集聚区域，但大部分区域的空间自相关并不显著，集聚效应非常有限，尤其是低—低型集聚区域的扩散效应和示范效应尚未发挥明显作用。虽然国家推行了一系列资源节约和环境友好的政策，投入了大量的人力和物力，鼓励农户采用环境友好型技术，但未能使低—低型集聚区域扩大，高—高型集聚区域缩小，效果非常有限。就具体原因来看，新疆之所以转变为高—高型区域，是在于西部欠发达地区要承担更多畜禽养殖的重任，尤其是新疆，并且西部地区的农业技术人才和技术水平是非常有限的。

3.4　中国农业碳排放强度的动态演进情况

以 1997 年、2003 年、2009 年和 2015 年为考察的剖面，如图 3 - 6 所示，

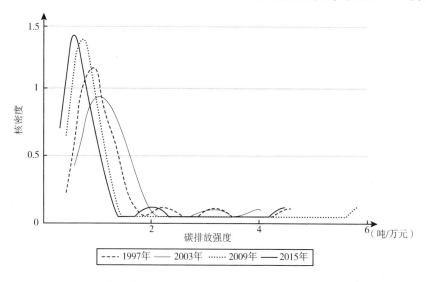

图 3 - 6　部分年份中国农业碳排放强度的核密度动态演进情况

呈现了中国农业碳排放强度的核密度估计结果。通过 4 个观察点可以看出：第一，中国农业碳排放强度呈现出多峰结构，主峰和次峰的距离较大，说明中国农业碳排放强度差异较大，有极化的趋势，西藏和青海的碳排放强度位居前两位，明显高于其他省市。第二，从位置来看，核密度曲线整体向左偏移，这说明了中国碳排放强度整体下降；从波峰来看，波峰整体呈现上升趋势，而且左移，这说明了农业碳排放强度呈现低值集聚，集聚的程度进一步加强。第三，从波宽来看，随时间推移，出现波动，但整体收窄，说明集聚程度在加强。

3.5　本章小结

首先，本章梳理了中国农业碳排放测算的相关文献，在此基础上编制了中国农业碳排放的测算体系，计算了 1997～2015 年中国省域的农业碳排放总量以及碳排放强度。其次，从时空两个维度探讨了中国农业碳排放总量、强度、结构演变特征。最后，采用探索性空间数据分析方法（ESDA）分析了农业碳排放强度的空间相关性，探寻农业碳排放强度的空间集聚区域。主要结论如下。

（1）农业碳排放呈现出明显的阶段性特征，波动幅度较大。2015 年，我国农业碳排放总量为 24642.53 万吨，比 1997 年的 20984.49 万吨增长了大约17.4%，年均增长 0.9%。其中，2015 年农用物资、水稻生长、土壤和牲畜养殖所导致的碳排放分别占总排放量的 36.14%、0.08%、26.14% 和 37.62%。总的来看，在整个样本区间内的 19 年里，我国农业碳排放总量波动的趋势呈现出"波动上升—快速下降—缓慢上升"的演变特征。农用物资投入碳排放、土壤N_2O 排放以及牲畜养殖碳排放总量呈现上升趋势，仅水稻生长周期内的碳排放量略有下降，农用物资投入在农业碳排放中的比重逐渐增大，样本周期内份额大约上升了 10%，牲畜养殖与水稻生长周期内的碳排放量份额都出现不同程度下降。农用物资的投入在碳排放中比重增大与中央政府对农业采取了大量的强农惠农富农的政策密切相关，由于这些政策的实施导致了农用物资的使用成本下降，激励了农户过度使用这些要素替代劳动力，再加上化肥、农药等物资的利用效率低，加重了农业碳排放。碳排放强度总体上呈现下降趋势，下降幅度达到 40.13%，年均递减 2.81%，整个样本周期内出现了波动且幅度也有很大差异。从演变特征来看，表现出"平稳—波动起伏—平稳"的循环轨迹。从增长率来看，增速经历了较大幅度变动，形成一个较大的"V"型特征。

（2）农业碳排放量的省域异质性明显。排在前八位的地区排放量均在1300万吨之上，碳排放总量占全国总量的48.23%。排在后八位地区的排放量基本都在200万吨以下，碳排放总量占全国的5.93%。中国农业碳排放大户主要来自粮食主产省，前八位的省份全部来自粮食主产区。中国31个省区市农业碳排放强度分布的整体趋势是西部最高、中部次之、东部最低，2015年农业碳排放强度最高的省份为西藏，最低的是北京，西藏农业碳排放强度是北京的23倍多。中国农业碳排放强度数值大部分在0.5左右，呈现出集聚趋势。根据集聚的区域不同以及碳源的差异，可以将中国省域的碳排放强度划分为五种类型：农用物资投入主导型区域、水稻生长主导型区域、牲畜养殖主导型区域、复合碳源主导型区域、碳源均衡区域，复合碳源主导型区域一共有11个省份。依据农业碳排放数值的差异，结合区域分布特点，可以将中国省域的碳排放强度分为四个层级：第一层级（农业碳排放强度超过1吨/万元）、第二层级（农业碳排放强度在0.55吨~1吨/万元）、第三层级（农业碳排放强度为0.45吨~0.55吨/万元）、第四层级（碳排放强度低于0.45吨/万元）。西藏和青海位于第一层级，而东部地区位于第四层级。

（3）农业碳排放存在较为明显的空间相关性。样本区间内所有年份的莫兰指数值均为正且通过了显著性检验，说明我国省域的农业碳排放及其碳排放强度呈现出明显的空间依赖性，但莫兰指数值呈现出下降趋势，表明这种空间依赖性在减弱。从农业碳排放强度的莫兰散点图可以看出，1997年大部分省份集中在高—高型集聚区域和低—低型集聚区域。其中，低—低型集聚区域的省份最多，2015年高—高型集聚区域面积在缩小，低—低型集聚区域在扩大，整体趋势向好。从LISA的集聚性和显著性概况可以看出，虽然形成了较为明显的集聚区域，但大部分区域的空间自相关都不显著，集聚效应非常有限。低—低型集聚区域和高—高型集聚区域面积不大，高—高型集聚区域为青藏高原地区，低—低型集聚区域形成以湖北和江苏为中心的两个集聚区，但区域面积非常有限。

（4）中国农业碳排放强度差异较大，有极化的可能，西藏和青海的碳排放强度位列前二，但农业碳排放强度整体水平下降，呈低值集聚，积聚的趋势在加强。

（5）中国农业碳排放强度的动态演变趋势显示，碳排放强度呈下降趋势，集聚程度在加强。

第4章

低碳约束下的中国农业生产率评价

在资源环境约束趋紧的现实背景下，如何在保障重要农产品（如粮食）供给的同时，实现绿色发展，这是理论上亟待回答的问题，也是现实中一个亟待解决的难题。丹尼森把要素投入和全要素生产率增长作为经济增长的两个源泉，前者是通过扩张要素投入数量来实现增长，这与绿色发展要求相悖，后者体现了绿色发展，统筹兼顾农业可持续发展的资源与环境要素。因此，重新评价低碳农业生产率，明确低碳农业全要素生产率的增长源泉对于农业绿色发展尤为必要。本章首先回顾农业生产率测算的相关文献，采用固定效应的 SFA-Malmquist 方法测算了中国农业生产率消除了省域的个体异质性对农业生产率的估算影响。其次将第 3 章测算的农业碳排放作为投入指标之一纳入测算框架，在低碳约束下测算了中国农业生产率，并对农业生产率进行了分解，探索其增长的源泉。最后从时间和空间维度来讨论低碳农业生产率的空间分异特征。主要包括以下内容：第一，农业生产率测算方法的回顾与选择。主要通过文献梳理，选择合适的测算方法。第二，研究方法与模型。主要是阐述研究方法，并为下一步估计选择恰当的计量模型。第三，数据来源以及变量选择。介绍数据来源以及投入、产出变量的选择，然后通过检验选择恰当的估计模型。第四，根据估计的模型测算出中国低碳农业生产率，对中国农业生产率进行分解，理解其增长的源泉。第五，探索低碳农业技术效率和农业 TFP 增长的空间分异特征。

4.1 农业生产率测算方法的回顾与选择

农业发展方式的转变是推进农业现代化的根本途径，2015 年国务院出台

《关于加快转变农业发展方式的意见》指出：农业发展方式转变是实现农业现代化的未来发展方向。全要素生产率是衡量农业发展方式转变的一个重要依据，关键看农业 TFP 在农业产出中的贡献大小（蔡昉，2013）。因此，农业生产率的测算非常重要。

当前，测算中国农业生产率的文献较为丰硕，测算的结果差异也较大，中国农业生产率的差异主要源自估计方法的不同（应瑞瑶和潘丹，2012）。现有文献测算农业生产率主要是基于非参数的 DEA 模型，如陈卫平（2006）、曾先锋等（2008）、周瑞明（2009）、李谷成等（2013）、高帆（2015）和付明辉等（2016）。DEA 模型是一种非参数的估计方法，是一种确定性前沿分析方法，前沿函数的具体形式不需要事先预设，这是优点，但对异常值反应敏感。农业恰恰是一个多噪声的行业，这无疑会产生异常值，应该倾向于选择随机前沿模型（科埃利等，2008）。因此，很多学者建议采用随机前沿模型（SFA）来测算农业生产率，如石慧等（2008）、全炯振（2009）、李谷成等（2010）、匡远凤（2012）、彭代彦等（2013）、刘晗等（2015）。

由于随机前沿模型更符合农业生产的特征，一定程度上要优于数据包络分析的结论（范丽霞等，2012）。现有文献基于随机前沿模型构建的各种计量模型，一般把个体效应与非效率项混同起来，采用非时变（time-invariant）和时变（time-varying）的随机前沿模型面板数据模型。前者未能很好控制个体异质性，后者未能将个体效应从非效率项中分离出来，这会高估技术无效率，而且会影响模型估计一致性和准确性（Kmbhakar，1990）。基于此，本章尝试利用固定效应的 SFA-Malmquist 模型，将个体效应和非效率项分离，消除已有研究中这两项混同对农业生产率测算的影响。

4.2 研究的方法与模型

4.2.1 固定效应的 SFA 模型

与现有文献不同的是，本章将建立随机前沿模型，将个体效应和非效率项分离，利用固定效应的随机前沿模型测算低碳农业技术效率，并据此构建马姆奎斯特（Malmquist）指数的低碳农业全要素生产率。

随机前沿模型是多名学者在利用生产函数估计时提出的，考虑技术的非效率项，因而扩展了传统生产函数的估计方法（Aigner et al.，1977；Meeusen & Broeck，1977）。科埃利等（Coelli et al.，2005）指出，与横截面数据相比，随机前沿模型面板数据模型包含了更多观测数据信息，利用随机前沿模型估计的参数和技术效率值更加有效。面板数据模型放松了非效率项和白噪声干扰项的强分布假设，能得到技术效率的一致性预测值以及随时间变化的趋势。随机前沿模型的面板数据形式见式（4-1）：

$$\ln Y_{it} = \ln f(X_{it};\beta) + v_{it} - \mu_{it} \qquad (4-1)$$

其中，$i = 1, 2, \cdots, N$；$t = 1, 2, \cdots, T$；Y_{it} 表示生产单元 i 在 t 期内实际观测到的产出；X_{it} 表示投入要素向量，β 为投入要素向量的对应系数，是需要估计的参数；$f(\cdot)$ 为生产前沿函数，v_{it} 为随机误差项，假设 v_{it} 服从正态分布（$v_{it} \sim N(0, \sigma_v^2)$），$\mu_{it}$ 为技术无效率项，$\mu_{it} \geq 0$。根据 μ_{it} 是否随时间变化将随机前沿模型面板数据模型划分为时不变和时变两种结构。前者在模型设定中假设技术效率不随时间变化而发生根本性变化，因此在实践中很难满足生产效率跨期研究的需要。后者构建了技术效率随时间变化的函数，模型中考虑了生产效率的跨期动态变化（Kmbhakar，1990；Battese & Coelli，1992）。在此基础上，学者做了更复杂的研究。康韦尔等（Cornwell et al.，1990）考虑了生产单元次序随时间的变化，奎斯塔（Cuesta，2000）则允许非效率项可以因生产单元的不同而瞬时变化。整体来看，这种复杂的时变模型人为地给数据添加了先验函数结构形式，削弱了随机前沿模型面板数据模型的适用性和灵活性。巴蒂斯和科埃利（Battese & Coelli，1995）进一步假定 μ_{it} 决定于一些外生的因素，并通过联立的极大似然估计所有参数值，该模型不仅可以测算技术效率，还可以对影响因素进行分析，得到了较为广泛的应用。国内学者也采用这种时变的随机前沿模型面板数据模型对中国的农业技术效率进行了测算（全炯振，2009；李谷成等，2010；匡远凤，2012；张乐等，2013；刘晗等，2015）。

由于上述时变随机前沿模型中的非效率项是用个体效应来衡量的，并未能把非效率项中的个体效应分离出来。例如，不同生产单元的经济发展水平不同，技术水平也存在差异，不同生产单元的生产前沿面应该不一样。忽视个体的异质性，将个体异质性和市场非效率混同可能会导致两个方面的影响：一是过高地估计技术无效率；二是估计的结果很可能会产生偏误。基于此，借助王泓仁等（2010）的思想，构建固定效应的 SFA-Malmquist 模型解决上述的缺陷，基本形式见式（4-2）：

$$\ln Y_{it} = \ln f(X_{it};\beta) + \varepsilon_{it}, \quad \varepsilon_{it} = \alpha_i + v_{it} - \mu_{it} \quad (4-2)$$

其中，α_i 表示生产单元的个体效应，其余部分的解释同式（4-1）一样。为了考虑其他外生变量对农业技术效应的影响，进一步假设：

$$\mu_{it} = h_{it}\mu_i^*, \quad h_{it} = f(z_{it}\delta), \quad \mu_i^* \sim N^+(\mu,\sigma_\mu^2) \quad (4-3)$$

其中，$i=1,2,\cdots,N$；$t=1,2,\cdots,T$；z_{it} 表示影响农业技术效率的影响因素向量，作为控制变量；μ_i^* 服从在 μ 处截断的非负正态分布，当 $\mu=0$ 时，μ_i^* 服从非负的半正态分布。式（4-2）和式（4-3）构成了固定效应随机前沿模型，利用王泓仁等（2010）提出的组内均值变换法进行估计，然后得出模型估计的结果，并根据相关计算公式得出低碳农业技术效率和农业全要素生产率。

4.2.2 固定效应的SFA-Malmquist模型

凯夫斯等（Caves et al.，1982）以马姆奎斯特消费指数和谢泼德距离函数为基础，建立了测量生产率指数变化的专门指数（Malmquist 指数）。具体为非参数法以 DEA 为代表和参数法以 SFA 为代表，由于随机因素（如自然风险）对农业生产的前沿面产生冲击，本章在模型中纳入了白噪声项，更符合农业生产的特征。SFA-Malmquist 指数计算了从 t 期到 t+1 期农业生产效率的变化，克服时期的任意选择带来的差异，模型的识别能力大大改善。基本原理为：设有 $k=1,2,\cdots,3$，K 个决策单元（DMU），每个决策单元在 $t=1,2,\cdots,T$ 期，利用 $n=1,2,\cdots,N$ 种投入要素 $x_n^{k,t}$，生产出 $m=1,2,\cdots,M$ 种产出 $y_m^{k,t}$，全要素生产率变化可以写为式（4-4）：

$$TFP = M_0^k(x^{k,t},y^{k,t},x^{k,t+1},y^{k,t+1}) = \left(\frac{D_0^{k,t+1}(x^{k,t+1},y^{k,t+1})}{D_0^{k,t+1}(x^{k,t},y^{k,t})} \cdot \frac{D_0^t(x^{k,t+1},y^{k,t+1})}{D_0^t(x^{k,t},y^{k,t})}\right)^{\frac{1}{2}}$$

$$(4-4)$$

当规模报酬不变（CRS）时，投入角度的全要素生产率（TFP）可以用技术效率指数（TPCH）和技术进步指数（TECH）两个因子乘积来表示（Caves et al.，1982；Färe et al.，1994），参见式（4-5）：

$$TFP = M_0^k(x^t, y^t, x^{t+1}, y^{t+1})$$

$$= \frac{D_0^{k,t+1}(x^{k,t+1}, y^{k,t+1})}{D_0^{k,t}(x^{k,t}, y^{k,t})} \cdot \left(\frac{D_0^{k,t}(x^{k,t+1}, y^{k,t+1})}{D_0^{k,t+1}(x^{k,t+1}, y^{k,t+1})} \cdot \frac{D_0^{k,t}(x^{k,t}, y^{k,t})}{D_0^{k,t+1}(x^{k,t}, y^{k,t})} \right)^{\frac{1}{2}}$$

$$= TPCH \times TECH \tag{4-5}$$

本章基于固定效应的随机前沿模型估计的参数，测算低碳农业全要素生产率。通过上述估计的参数，根据式（4-6）计算得出低碳农业技术效率值：

$$TE_{it} = \exp(-\hat{\mu}_{it}), \ \hat{\mu}_{it} = E[\mu_{it} \mid \tilde{\varepsilon}_{i.}] \tag{4-6}$$

由此，时期 t 到 $t+1$ 的决策单元技术效率的变化根据式（4-7）来计算：

$$TECH_i^{t,t+1} = TE_{i,t+1}/TE_{it} \tag{4-7}$$

而时期 t 到 $t+1$ 的技术变化指数依据式（4-2）估计的参数，根据式（4-7）可以直接计算出低碳农业技术效率指数。由于在非中性技术变化的条件下，技术进步变动会因为投入向量的变化而改变，因此需要求相邻时期 t 和 $t+1$ 的几何平均值（Fuentes et al.，2001；科埃利等，2008）。根据式（4-8），直接利用回归方程对时间 t 求偏导，可以得到技术进步变化指数：

$$TPCH_i^{t,t+1} = \exp\left\{ \frac{1}{2} \left[\frac{\partial f(X_{it}, t; \beta)}{\partial t} + \frac{\partial f(X_{i,t+1}, t+1; \beta)}{\partial(t+1)} \right] \right\} \tag{4-8}$$

在 CRS 技术假定下，根据马姆奎斯特全要素生产率指数和技术变化指数、技术效率变化指数的关系，根据式（4-9）计算得出 SFA-Malmquist 指数：

$$TFP_i^{t,t+1} = TPCH_i^{t,t+1} \times TECH_i^{t,t+1} \tag{4-9}$$

本章基于固定效应随机前沿模型估计结果的基础上，计算其马姆奎斯特指数时是基于中国的农业是一个规模报酬保持不变的行业。一方面，假定规模报酬不变才能依据式（4-9）来计算低碳农业全要素生产率，指数才能够很好地捕捉规模变化带来的技术效率变化；在 VRS 技术下，生产规模会影响全要素生产率而使得出的 TFP 有偏（刘勇等，2002；科埃利，2008）。另一方面，大多学者也都认为农业是一个规模报酬不变（CRS）的行业（朱希刚等，1997；许庆等，2011）。

4.3 数据来源以及变量说明

4.3.1 数据来源及说明

本书研究对象设定为全国 31 个省区市，考虑到完整性数据的可得性，且重庆是 1997 年单独成立的直辖市，很多数据不完整，所以研究的起点确定为 1997 年，本章选用 1997～2015 年中国 31 个省区市的农业投入和产出的面板数据。基础数据来源包括历年的《中国农业年鉴》《新中国六十年农业统计资料》《中国国内生产总值核算历史资料》、历年的《中国统计年鉴》、历年的《中国农村统计年鉴》，"第一产业从业人员数"这一指标数据来自"中国经济社会发展统计数据库"（中国知网）。

4.3.2 变量的定义及处理

本章所提到的农业是指大农业，是广义农业的概念。产出指标为农业总产值，投入指标为农业资本存量、第一产业的年末就业人员数、农业碳排放、农作物播种面积。这些指标界定如下。

4.3.2.1 农业资本存量核算方法

为了更准确地测算中国农业生产率，必须核算中国省际农业资本存量，下面具体说明农业资本存量核算方法、指标确定和数据处理。

（1）农业资本存量估计的基础数据和方法说明。本章所使用的农业资本存量是狭义的，其中并未包含土地资本和人力资本。农业资本存量核算的通行方法是采用戈登斯密斯 1951 年创建的 PIM 方法，按照式（4-10）进行估计：

$$K_t = K_{t-1} \times (1-\delta) + I_t \qquad (4-10)$$

其中，K_t 表示当期的农业资本存量，K_{t-1} 表示上一期农业资本存量，I_t 表示当期的农业投资量，δ 为农业资本的折旧率。要核算农业资本存量，依据式（4-10），必须要确定基年农业资本存量的初始值、当年的农业投资、折旧率以及不变价格的农业投资价格指数。式（4-10）可以转化为式（4-11）：

$$K_t = K_{t-1} + I_t - D_t \qquad (4-11)$$

其中，D_t 表示农业资本折旧额，直接利用折旧量 $D_t = K_{t-1} \times \delta$ 来核算农业资本存量。

本章采用《历史资料》[①] 作为单一的基础数据源，为下一步农业资本存量核算提供坚实的基础，而且可靠性和精确度也明显提升。

（2）确定当年投资额 I_t。投资变量一般可以采用物质平衡体系的积累、全社会固定资本投资、固定资本形成总额以及资本形成总额来表示，这些指标都是固定资本形成总额的合理指标（Young，2003；张军等，2004；徐先祥等，2007）。本章核算时采用农业固定资本形成总额作为当年投资，对于 2003 ～ 2015 年数据年鉴未能提供，采用农林牧渔业全社会固定资产投资在总固定资产投资中的比重乘以全社会固定资本形成总额来补全缺失的数据，其中基础数据来自国家统计局数据库中"支出法地区生产总值"和"按行业分全社会固定资产"等相关栏目。

（3）确定基期资本存量。合理地确定基年的资本存量是很困难的，一般采用经验性的做法。如霍尔和琼斯（Hall & Jones，1999）首先确定合理的折旧率，然后利用基期的固定资产形成总额除以一个特定的数值；王小鲁等（2000）完全依据个人经验来进行设定；宋海岩等（2003）按照一定的比重将全国的总资本投入量分配给各省份或者各个产业。因此，基期农业资本存量因假设、数据和个人经验等因素存在差异较大，但永续盘存法设定基期越早误差越小，而且基期资本存量对后续农业资本存量的影响越来越小（张军等，2004；Butzer et al.，2010）。

本章沿用霍尔和琼斯（1999）的做法，结合徐现祥等（2007）采用国内生产总值的增长率来替代 g_t，具体计算见式（4-12）：

$$K_{1978} = I_{1978}/(5.42\% + g_t) \qquad (4-12)$$

本章选定的农业资本折旧率为 5.42%，采用吴方卫（1999）的研究结果[②]。g_t 为 1978 ～ 2015 年农林牧渔总产值几何增长率，由于海南、重庆和西藏

---

① 文中《历史资料》为《中国国内生产总值核算历史资料》（1978 ～ 2002）的简称，该数据包括了 1978 ～ 2002 年的农业资本存量核算所需要的基础数据。

② 主要依据国务院《国营企业固定资产折旧试行条例》和财政部《企业会计准则》加权求得农业综合折旧率。

的农业投资额和农业固定资本形成总额数据的可得性限制，同时为了保持一致性，这里的 g_t 的计算区间做了相应调整，其中海南的区间为 1990～2015 年，重庆的区间则是从 1995～2015 年，西藏采用的区间 1994～2015 年。需要说明的是，在计算农林牧渔总产值的平均几何增长率之前，先利用相应指数对其进行了平减。

（4）确定当年折旧额 D_t。众多学者对于折旧率的判断没有统一的标准，首先主要依赖个人经验，如霍尔和琼斯（1999）确定的是 6%，王小鲁等（2000）确定为 5%，龚六堂等（2004）确定为 10%。其次，δ 为实际的资本重置率，资本的相对效率仅仅按几何方式递减才与折旧率相等（张军等，2004）。而且已有文献讨论折旧率主要集中在宏观领域，农业领域缺乏统一尺度。为了规避这些问题对农业资本存量核算带来的影响，这里直接利用《中国国内生产总值核算历史资料》中的折旧数据（邱晓华等，2006；徐现祥等，2007），利用式（4-10）来计算农业资本存量。其中 2003～2015 年的数据统计年鉴未能提供，需要采取合适的方法①予以补全。

（5）确定投资价格缩减指数。一般来说，农业资本的缩减应该采用对应的固定资本形成总额指数，目前没有分产业的指数数据。徐现祥等（2007）利用《中国国内生产总值核算历史资料（1996～2002）》中的数据，分三步构建了第三产业固定资本形成总额的平减指数。由于数据的局限性而无法展期，考虑指数的一贯性，后来的学者未采用这一做法，转而选取农业生产资料价格指数来替代，如王金田等（2007）、宗振利等（2014）、李谷成等（2015）。该指数涵盖了农用工具（手工具、机械化工具）、饲料、化学肥料、农药等十个大类，是一个较为理想的代理指数，本章也沿用这一做法，以 1978 年为基年转化了农业生产资料价格指数。

4.3.2.2　环境变量的处理

在第 2 章对环境变量相关文献梳理的基础上，试图将二氧化碳的排放量作为投入要素纳入生产函数的测算框架中，这么处理是基于这样的理解。大自然具有环境吸纳、沉积废弃物的功能，其可以为经济提供某一形式的社会资本服务，经济单位就可以利用这种社会资本服务，在给定其他要素投入的前提下，

---

① 依据农林牧渔业全社会固定资产投资在总固定资产投资中的比重去乘以全社会固定资产折旧总额来补全缺失的数据。

可以增加其产出水平，或者说增加环境消耗可以为其他投入带来更高的产出水平。就单个经济单位而言环境消耗提高了其净产出，但环境累积的废弃物会降低其所提供的社会资本服务的质量，最终给各个经济单位带来外部不经济。换一种方式来说，无管制的环境污染投入通过两种形式作用于经济增长，一种是环境污染发挥社会资本服务功能，对经济增长有正向促进作用。持续的环境污染降低了环境质量，导致社会资本服务质量下降，这种持续环境消耗对经济增长有负向影响。无环境规制最终的作用大小取决于两种效应比较。如果存在环境规制，那么环境减排会挤占本来用于生产的某些投入，会导致期望产出数量下降。参数化生产函数唯一产出的特性也要求把环境规制变量作为投入变量处理。

4.3.2.3　其他变量的界定与数据处理

（1）产出变量（Y）。不同文献对产出指标的选取略有差异，主要是农业总产值和农业增加值，如果投入指标中，选取了化肥这个中间投入指标，那么产出指标就选择农业总产值。由于本章中的投入指标未包含化肥这一投入变量，所以产出指标选择农业增加值。为了消除价格因素带来的影响，农业增加值采用农林牧渔总产值指数进行了平减，1997 年为基年。

（2）劳动投入变量（L）。采用农林牧渔年末就业人员数来衡量。

（3）土地投入变量（S）。土地投入采用农作物播种总面积来衡量。环境投入变量（C）。在低碳约束下，计算中国低碳农业全要素生产率，碳排放量具体核算方法详见第 3 章，这里直接使用第 3 章核算的碳排放量数据。

（4）环境投入变量（C）。在低碳约束下，计算中国低碳农业全要素生产率，碳排放量作为生产函数的投入变量，其具体核算方法详见第 3 章，这里直接使用第 3 章核算的碳排放量数据。

4.4　模型设定与估计

4.4.1　模型设定

式（4-2）中的 $f(\cdot)$ 函数形式可以设定多种形式，在现有的文献中，一般设定为 C-D 生产函数或是超越对数生产函数形式，为了避免函数的形式设定错误，本章采用具有灵活性的超越对数生产函数形式建立随机前沿模型面板数据模型。依据式（4-2）和式（4-3）建立估计方程，为满足规模报酬不变的这一性质，借用全炯振（2009）方法，对模型中的投入和产出变量使用农作物播种面积来进行标准化，$y_t^k = Y_t^k/S_t^k$，$k_t^k = K_t^k/S_t^k$，$l_t^k = L_t^k/S_t^k$，$c_t^k = C_t^k/S_t^k$，这样就可以得出最终估计的固定效应随机前沿模型，如下：

$$\ln y_{it} = \beta_0 + \beta_1 \ln k_{it} + \beta_2 \ln l_{it} + \beta_3 \ln c_{it} + \beta_4 t + \beta_5 [\ln k_{it} \times \ln l_{it}]$$
$$+ \beta_6 [\ln k_{it} \times \ln c_{it}] + \beta_7 [\ln l_{it} \times \ln c_{it}] + \beta_8 [\ln k_{it}]^2$$
$$+ \beta_9 [\ln l_{it}]^2 + \beta_{10} [\ln c_{it}]^2 + \beta_{11} t^2 + \beta_{12} [t \times \ln k_{it}]$$
$$+ \beta_{13} [t \times \ln l_{it}] + \beta_{14} [t \times \ln c_{it}] + \alpha_i + v_{it} - \mu_{it} \qquad (4-13)$$

为了进一步考察影响因素对低碳农业技术效率的影响，本章进一步设定技术无效率方程，如下：

$$\mu_{it} = \delta_0 + \delta_1 t + \delta_2 \ln Open_{it} + \delta_3 \ln El_{it} + \delta_4 \ln Edu_{it} + \delta_5 Fis_{it} + \delta_6 Pr_{it} + \delta_7 Ar_{it}$$
$$(4-14)$$

其中，i 和 t 表示截面、时间变量，其余影响因素变量的含义和计算方法如表 4-1 所示。

表 4-1   低碳农业技术效率影响因素的变量含义以及计算方法

变量名称	符号	计算方法
农业开放度	Open	农业进口值/农业生产总值
农村居民家庭劳动力平均受教育年限	Edu	参考高帆等（2015）做法[①]
经济发展水平	El	不变价的人均地区生产总值（单位：亿元）
农业公共投资水平	Fis	财政农业支出/财政总支出
种植业所占比重	Pr	种植业总产值/农林牧渔总产值
畜牧业所占比重	Ar	畜牧业总产值/农林牧渔总产值

4.4.2   模型设定检验

与 C-D 生产函数相比，前沿技术进步在超越对数生产函数予以体现，其

[①] 参考高帆等（2015）做法，将平均受教育年限定义为：（农村平均每百个劳动力中不识字或识字较少的人数×0 年 + 小学程度的人数×6 年 + 初中程度的人数×9 年 + 高中程度的人数×12 年 + 中专程度的人数×12 年 + 大专及大专以上程度的人数×16 年）/100。

设定的形式反映了前沿技术经济进步、非中性技术进步与投入要素对生产率的交互效应，富有灵活性。为了选择适合本章分析的估计模型，应对式(4-12)的形式进行四个方面的检验：第一，检验技术无效率是否存在；第二，检验 C-D 生成函数的适应性；第三，检验模型是否存在技术变化；第四，检验模型是否是 Hicks 中性。采用似然比对模型设定的参数进行了检验，结果如表 4-2 所示。从表中结果来看，选择的超越对数函数形式较好地拟合了样本数据，并且采用最大似然函数法进行估计。

表 4-2　　　　　　　　　模型假设检验的结果

序号	原假设（H_0）	对数似然值（LLF）	检验统计量（LR）	检验结论
1	$\gamma = 0$	-108.37	728.34***	拒绝 H_0
2	$\beta_5 = \beta_6 = \beta_7 = \beta_8 = \beta_9 = \beta_{10} = \beta_{11} = \beta_{12} = \beta_{13} = \beta_{14} = 0$	124.37	387.23***	拒绝 H_0
3	$\beta_4 = \beta_{11} = \beta_{12} = \beta_{13} = \beta_{14} = 0$	139.06	233.48***	拒绝 H_0
4	$\beta_{12} = \beta_{13} = \beta_{14} = 0$	240.48	30.64***	拒绝 H_0

注：*** 表示在 1% 的显著性水平上拒绝原假设。

4.4.3　模型估计

根据式（4-12）和式（4-13）确定低碳约束下农业生产率测算的投入和产出变量，如表 4-3 所示。表中呈现了 31 个省区市 1997~2015 年农业生产率测算的相关数据统计性描述。其中，农业投入中农业资本存量的最小值为 7.54 亿元，最大值为 5320.39 亿元，均值为 786 亿元，最大值和最小值之间差距很大，相差近 800 倍；劳动力投入最大值为 3569 万人，最小值为 37.09 万人，均值为 1016.5 万人，最大值和最小值的差距近 100 倍；农业碳排放量最大值为 1881 万吨，最小值为 43.6 万吨，均值为 747.8 万吨，最大值和最小值的差距为 40 多倍；农业总产值的最大值为 2318.57 亿元，最小值为 29.23 亿元，均值为 592.08 亿元，最大值和最小值差距近 80 倍。对于技术非效率方程的变量也有较大差异，其中，农业对外开放度的最大值为 5.16，最小值接近于 0，差距非常大；农村居民家庭劳动力平均受教育年限最大值为 11.59 年，最大值是最小值的 5 倍多，均值为 7.9 年；人均 GDP 的最大值为 23397 元，最大值是最小值的 10 倍多，均值为 7254.4 元；农业公共投资水平的最大值为

0.18，是最小值的近 20 倍，均值为 0.08；种植业所占比重的最大值为 0.785，是最小值的 2 倍多，均值为 0.53；畜牧业所占比重的最大值为 0.581，大约是最小值的 5 倍，均值为 0.09。

表4-3　　　　测算低碳农业技术效率投入、产出等变量的统计性描述

变量名称	变量符号	均值	标准差	最小值	最大值
农业增加值	lny	0.129	0.549	-1.097	1.663
农业资本存量	lnk	0.313	1.029	-4.288	3.492
农林牧渔年末就业人员数	lnl	0.667	0.391	-0.476	1.392
农业碳排放量	lnc	0.473	0.522	-0.510	2.665
农业开放度	lnOpen	-4.685	2.579	-12.806	1.641
农村居民家庭劳动力平均受教育年限	lnEdu	2.052	0.199	0.801	2.450
经济发展水平	lnEl	8.768	0.472	7.671	10.060
农业公共投资水平	Fis	0.085	0.036	0.009	0.180
种植业所占比重	Pr	0.532	0.09	0.338	0.785
畜牧业所占比重	Ar	0.317	0.091	0.118	0.581

注：表中部分数据已经取过自然对数。

根据表4-2中检验结果，采用王泓仁等（2010）的方法对式（4-12）和式（4-13）的参数进行估计，固定效应随机前沿模型估计的结果如表4-4所示，根据表中的结果，依据式（4-6）计算出全国 31 个省区市的 1997~2015 年的低碳农业技术效率值（TE_{it}）。利用王泓仁等（2010）的组内均值变换法进行估计，控制了不属于技术非效率项的区域个体效应后，在样本周期内全国低碳农业技术效率值为 0.562，明显高于传统随机前沿模型的估计结果，如曾国平等（2012）的测算结果为 0.43。通过表4-4中技术非效率项方程估计的系数，发现时间趋势项的系数为 0.034 在 1% 的显著性水平上通过检验，显著为正，说明整个样本周期内的中国省份的平均技术效率随时间的延伸不断呈现下降的趋势。种植业和畜牧业在农林牧渔总产值中所占比重的系数为正，且在 1% 的显著性水平上通过检验，说明其比重上升加重了农业生产非效率的存在。其原因不难理解，种植业和畜牧业占比上升会增加农业碳排放，抑制了农业生产率的提升。农业公共投资水平在 10% 的显著性水平上通过检验，且为正，说明财政支农加重了农业生产非效率的存在。究其原因，一方面可能是财政支农存在重复投资，造成资源配置效率低下；另一方面农业公共投资的

基础设施，短期内很难发挥其效率，短期的大量投资反而会挤占资源，从而抑制了低碳农业技术效率的提升。农业公共投资长期应该可以促进农业生产率的提高。经济发展水平和农业开放度系数为负，且在1%的显著性水平上通过检验，表明其对农业生产效率的提升有明显的促进作用。整个经济网络是相互关联的，不同部门之间相互影响，经济发展水平的提高带来了农业生产技术的革新和农业现代化的水平提升，这显然有助于农业生产效率的改善。农业开放度越高，一方面意味着农产品的进口量增大，挤占了本地的农业生产，实现了农业碳排放向外转移，减少了碳排放的压力；另一方面由于农产品的进口导致国内相关产业的竞争加剧，迫使本地农业生产者提高农业生产的技术和农业资源投入使用的效率。这都减轻了农业生产的非效率存在，提升了农业生产率。

表 4 - 4　　　　　　　固定效应的随机前沿模型（SFA）估计结果

方法	变量	参数	估计值	T 值	变量	参数	估计值	T 值
生产函数方程	常数项	β_0	0.03	0.441	$[\ln k_{it}]^2$	β_8	− 0.032 ***	− 3.28
	$\ln k_{it}$	β_1	− 0.121 ***	− 3.106	$[\ln l_{it}]^2$	β_9	0.275 ***	3.752
	$\ln l_{it}$	β_2	0.036	0.333	$[\ln c_{it}]^2$	β_{10}	0.054 *	1.512
	$\ln c_{it}$	β_3	0.699 ***	8.252	t^2	β_{11}	0.003 ***	6.654
	t	β_4	− 0.011 *	− 1.612	$t \times \ln k_{it}$	β_{12}	0.011 ***	3.154
	$\ln k_{it} \times \ln l_{it}$	β_5	0.04 *	1.448	$t \times \ln l_{it}$	β_{13}	0.023 ***	3.008
	$\ln k_{it} \times \ln c_{it}$	β_6	− 0.032	− 0.97	$t \times \ln c_{it}$	β_{14}	− 0.006	− 1.105
	$\ln l_{it} \times \ln c_{it}$	β_7	− 0.471 ***	− 4.619				
技术非效率方程	常数项	δ_0	4.924 ***	12.33	Fis_{it}	δ_5	0.591 *	1.556
	t	δ_1	0.034 ***	5.392	Pr_{it}	δ_6	1.246 ***	7.404
	$\ln Open_{it}$	δ_2	− 0.023 ***	− 4.344	Ar_{it}	δ_7	0.767 ***	5.787
	$\ln El_{it}$	δ_3	− 0.654 ***	− 16.073		σ^2	0.026 ***	12.809
	$\ln Edu_{it}$	δ_4	0.014	0.196		γ	0.799 ***	2.454
Mean TE					0.562			

注：*、*、*** 表示10%、5%、1%的显著性水平通过检验，自由度为9。

4.5　碳约束与无碳约束的农业全要素生产率时空变化

由于碳约束的农业 TFP 与无约束的传统 TFP 之间存在差别，通过考虑碳约束下农业 TFP 前后的变化，阐释碳排放对农业全要素生产率及其空间分布的影响。为了更好地揭示其中的规律，采用全要素生产率及其分解项的差额来反映两者之间的差异。

4.5.1 农业 TFP 及其分解项的比较——时间维度

如图 4-1 所示，从时间维度来看，考虑碳排放约束的农业 TFP 与无约束的传统农业 TFP 差额整体呈现先降后升的趋势，其间波动较大。2004 年是一个低点，2004 年开始中央连续出台了 15 个中央一号文件，一系列的支农惠农政策随之而出。由于新的农业技术推广，减轻了环境负担，伴随农民收入水平的提高，农民向往美好乡村生活，中央政府开始关注农村的环境问题，要求发展绿色生态农业，环境规制趋紧也导致碳约束的农业 TFP 逐渐提高，差额呈现改善之势。考虑碳排放的约束，农业 TFP 整体略有下降，2004 年之前这种差距逐渐扩大，2004 年之后差距逐渐缩小。在整个样本周期内，大部分年份差额为负数，碳约束的农业 TFP 从 2012 年开始反超无碳约束的传统 TFP。

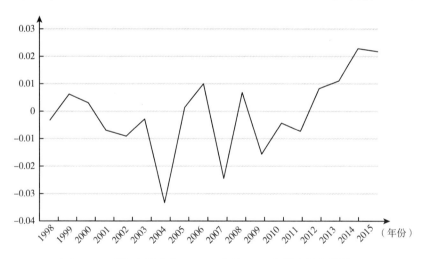

图 4-1 碳约束的农业 TFP 与传统 TFP 差额均值变化情况

注：均值是农业 TFP 各省数值在每一年的算术平均数。

资料来源：作者根据前文测算数据整理得到的。

为了进一步比较考虑碳约束的农业 TFP 和传统的农业 TFP，接下来从区域层面、分阶段来考察。具体来说，区域层面主要比较东中西部三大地区，时间分成 1998～2006 年、2007～2015 年。如图 4-2 所示，图中展示了碳约束和无碳两种情形在两个阶段的变动情况。从两段时间来看，第二阶段的差额明显高于第一阶段，而且差额为负值的地区逐渐减少，东部地区仅有广东和江苏两省的差额为负。碳约束的农业 TFP 变动幅度较大的地区为：东部地区的江苏、中部地区的黑龙江、西部地区的重庆，这三个地区的农业 TFP 下降幅度较大，碳约束下东部地区农业 TFP 提升较多，中西部地区整体略有提升，幅度不大。

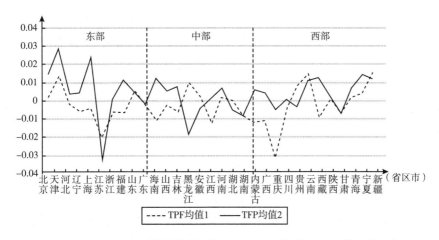

图 4 - 2　各省份不同时期的碳约束农业 TFP 与传统 TFP 差额均值变化

注：（1）TFP1 和 TFP2 分别代表 1997～2006 年、2007～2015 年期间碳约束农业 TFP 与传统 TFP 差额的平均值；（2）东中西部地区的划分依据国家统计局的标准，第 1 章已经说明。

资料来源：作者根据前文测算数据适当整理得到的。

为了更好地分析这种差异来源，对农业 TFP 分解的差额进行了比较，如图 4 - 3 和图 4 - 4 所示。图 4 - 3 展示了农业技术效率指数变动的情况，从图中可以看到第二阶段碳约束的农业技术效率指数与传统农业技术效率指数的差额变大了，整个曲线基本都在下方，说明随着时间的推移，碳约束对农业技术效率变动速度影响很大，考虑碳约束的农业技术效率变动速度明显下滑，显然碳约束的农业技术效率对农业 TFP 的增长拖累很大，仅吉林、重庆和内蒙古略有改善。两阶段的曲线都位于 0 点的下方，说明碳约束的农业技术效率变动速度始终小于传统农业技术效率变动速度，碳约束抑制了农业技术效率变动速度，其限制了农业 TFP 的增长。碳约束下农业 TECH 差额的两阶段趋势基本一致，但变动幅度存在差异，东、西部变动幅度大，中部较小。

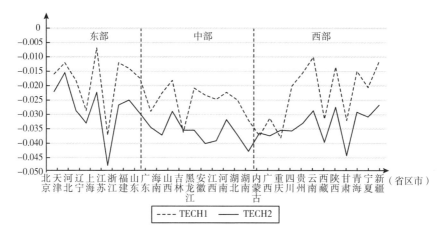

图 4 - 3 各省份不同时期碳约束的农业 TECH 与传统 TECH 差额均值变化

注：TECH1 和 TECH2 分别代表 1998~2006 年、2007~2015 年期间碳约束的农业 TECH 与传统 TECH 差额的平均值。

资料来源：作者根据前文测算数据适当整理得到的。

图 4 - 4 展示了农业技术进步指数变动情况，与农业技术效率指数不同，第二阶段的农业技术进步指数曲线基本在上方（除黑龙江和江苏），碳约束加速了农业技术进步的速度，差额明显扩大。而且两阶段曲线均在 0 点之上，说明碳约束提高了农业技术进步的速度，也因此推动了农业 TFP 的增长，是增长动力的源泉之一。

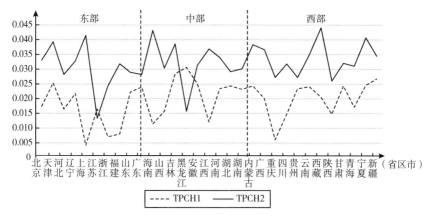

图 4 - 4 各省份不同时期碳约束的农业 TPCH 与传统 TPCH 差额均值变化

注：（1）TPCH1 和 TPCH2 分别代表 1998~2006 年、2007~2015 年期间碳约束的农业 TPCH 与传统 TPCH 差额的平均值；（2）东中西部地区的划分依据国家统计局的标准，第 1 章已经说明。

资料来源：作者根据前文测算数据适当整理得到的。

4.5.2　农业 TFP 及其分解项的比较——空间维度

通过时间维度分析，碳约束对农业 TFP 增长的影响逐渐向好的趋势发展。通过对农业 TFP 增长源泉分析发现，碳约束抑制了农业技术效率的增长速度，拖累了农业 TFP 的增长，而碳约束加速了农业技术进步的速度，是农业 TFP 增长向好的推动力。这是从整体上来看，只能显示整体变动情况，不容易厘清区域内部的变化。

（1）农业技术效率指数（TECH）变动比较。如表 4 – 5 所示，碳约束的农业 TECH 与传统 TECH 差额逐渐扩大，表中数据由小变大，表明碳约束的农业技术效率变动速度与传统速度的差异越来越大，而且差距较大的省市区域面积逐渐扩大，说明碳约束抑制了农业技术效率变动的速率。以 1998 年为例，差额较小的地区位于西南、西北地区以及部分华北地区，碳约束对这些地区的农业技术效率变化的抵扣作用较小，这些地区的碳排放总量相对较小。到了2015 年差额进一步扩大，较为严重的区域集中在粮食主产区，位于长江中下游平原，是我国水稻的主产区，这些地区水稻生长的碳排放量位居前列，碳约束对这些地区的农业技术效率变动的速率影响较大。

（2）农业技术进步指数（TPCH）变动比较。如表 4 – 5 所示，碳约束的农业 TPCH 的低于传统农业 TPCH 的省市的总区域面积逐渐减少，到 2015 年仅有贵州一个省。碳约束提高了农业技术进步的速度，国家环境规制日趋严格，再加上对低碳农业技术的补贴，带动全国农业低碳技术的发展，提升了农业技术进步的速度，是碳约束下农业 TFP 改善的重要源泉，有利于中国低碳农业的发展。随着时间的推移，碳约束下农业 TPCH 与传统农业 TPCH 的差额有扩大趋势，差额较大区域主要位于长江流域和黄河流域的农业生产区。

（3）农业全要素生产率（TFP）变动比较。如表 4 – 5 所示，1998 年整体来看，中国省份碳约束的农业全要素生产率小于传统农业全要素生产率，区域位于西北地区、华北地区和西南部分地区。2006 年这一区域逐渐缩小，2015 年仅有吉林、江苏和贵州，大部分区域的碳约束农业全要素生产率超过了传统的农业全要生产率。差额呈现逐渐扩大的趋势，2015 年差额最大的是上海和北京。这种变化主要来自农业技术的进步和科学种植技术的推广，一方面得益于中央政府环境规制的倒逼；另一方面得益于中央财政对农业低碳行为的补贴政策引导。

表4-5　　　　1998年、2006年和2015年中国省域低碳约束与传统
农业TECH、TPCH和TFP差额

省区市	TECH			TPCH			TFP		
	1998年	2006年	2015年	1998年	2006年	2015年	1998年	2006年	2015年
北京	-0.0057	-0.0188	-0.0160	0.0033	0.0663	0.0651	-0.0024	0.0535	0.0620
天津	-0.0015	-0.0154	-0.0105	0.0265	0.1134	0.0348	0.0255	0.1084	0.0308
河北	-0.0106	-0.0214	-0.0319	0.0180	0.0457	0.0510	0.0083	0.0293	0.0304
山西	-0.0077	-0.0232	-0.0286	0.0139	0.0214	0.0564	0.0070	0.0016	0.0397
内蒙古	-0.0467	-0.0339	-0.0362	0.0169	0.0487	0.0463	-0.0269	0.0195	0.0209
辽宁	-0.0255	-0.0268	-0.0361	0.0170	0.0253	0.0568	-0.0073	0.0020	0.0338
吉林	-0.0287	-0.0332	-0.0363	-0.0073	0.0268	0.0084	-0.0344	-0.0026	-0.0243
黑龙江	-0.0120	-0.0258	-0.0388	0.0829	0.0700	0.0661	0.0714	0.0498	0.0399
上海	0.0021	-0.0107	-0.0265	0.0034	0.0033	0.1050	0.0055	-0.0071	0.0969
江苏	-0.0302	-0.0421	-0.0504	0.0059	0.0216	0.0242	-0.0229	-0.0176	-0.0205
浙江	-0.0072	-0.0152	-0.0318	0.0156	0.0100	0.0497	0.0089	-0.0040	0.0284
安徽	-0.0127	-0.0292	-0.0451	0.0084	0.0401	0.0512	-0.0038	0.0150	0.0180
福建	-0.0115	-0.0148	-0.0287	-0.0009	0.0072	0.0526	-0.0124	-0.0068	0.0356
江西	-0.0163	-0.0292	-0.0443	0.0022	0.0308	0.0447	-0.0137	0.0049	0.0110
山东	-0.0092	-0.0214	-0.0337	0.0199	0.0329	0.0442	0.0119	0.0147	0.0203
河南	-0.0180	-0.0252	-0.0342	-0.0062	0.0502	0.0551	-0.0234	0.0315	0.0330
湖北	-0.0201	-0.0277	-0.0414	-0.0049	0.0384	0.0425	-0.0247	0.0147	0.0099
湖南	-0.0219	-0.0368	-0.0444	0.0183	-0.0064	0.0415	-0.0021	-0.0436	0.0069
广东	-0.0227	-0.0289	-0.0352	0.0020	0.0307	0.0492	-0.0203	0.0060	0.0254
广西	-0.0230	-0.0344	-0.0375	0.0307	0.0057	0.0426	0.0092	-0.0283	0.0152
海南	-0.0127	-0.0263	-0.0428	-0.0393	0.0411	0.0512	-0.0521	0.0201	0.0209
重庆	-0.0402	-0.0342	-0.0355	0.0075	0.0532	0.0343	-0.0309	0.0268	0.0060
四川	-0.0091	-0.0262	-0.0403	0.0021	0.0118	0.0463	-0.0065	-0.0129	0.0166
贵州	-0.0040	-0.0222	-0.0398	0.0179	0.0213	-0.0160	0.0146	0.0017	-0.0583
云南	0.0022	-0.0166	-0.0341	0.0044	0.0242	0.0553	0.0067	0.0106	0.0335
西藏	-0.0142	-0.0361	-0.0384	-0.0107	-0.0011	0.0588	-0.0248	-0.0321	0.0346

省区市	TECH			TPCH			TFP		
	1998 年	2006 年	2015 年	1998 年	2006 年	2015 年	1998 年	2006 年	2015 年
陕西	− 0.0048	− 0.0182	− 0.0304	0.0110	0.0206	0.0557	0.0069	0.0042	0.0378
甘肃	− 0.0191	− 0.0371	− 0.0476	0.0521	0.0266	0.0389	0.0346	− 0.0089	0.0032
青海	− 0.0063	− 0.0187	− 0.0325	0.0473	0.0385	0.0698	0.0423	0.0247	0.0524
宁夏	− 0.0146	− 0.0218	− 0.0342	− 0.0254	0.0150	0.0399	− 0.0392	− 0.0047	0.0141
新疆	− 0.0040	− 0.0154	− 0.0333	0.0124	0.0890	0.0543	0.0088	0.0807	0.0336

注：表中数据不包括港澳台地区。

资料来源：表中所用数据来源于前文测算得出的数据集，经过适当计算得出。

4.6　低碳农业技术效率的时空分异特征

4.6.1　低碳农业技术效率的时序演变规律分析

随时间推移，低碳农业技术效率的均值呈现出下降的趋势，在图 4 - 5 中也可以得到验证。本章将整个样本周期划分为三个子样本周期，分别为1997～2002年、2003～2008 年、2009～2015 年，然后求出每个子样本周期内各省份低碳农业技术效率的几何平均值，并根据求出来的几何平均值绘制折线图，如图 4 - 5 所示，一方面，在每个子样本周期内，各省份间的低碳农业技术效率值差异很大，且大部分省份的低碳农业技术效率值偏离 1 较远，只有少数省份的低碳农业技术效率值接近 1，这意味着样本生产单元在农业生产中并未处在随机前沿面上，而是在偏离随机前沿面比较远的点处来安排生产，技术无效率的现象在农业生产中普遍存在；另一方面，从 1997～2015 年整个样本周期内，三个子样本的低碳农业技术效率曲线呈现出整体下移趋势，对每个省份来说，低碳农业技术效率值都出现了不同程度的下降，趋势明显，这表明在过去的 19 年里，农业生产越来越偏离随机前沿面，无效率不断加重，中国农业生产的技术效率整体负增长。这与学界的研究基本一致（陈卫平，2006；全炯振，2009；匡远凤，2012）。

从区域层面来看，由图 4 - 5 可以看出，东部地区的低碳农业技术效率水平整体较高，而中部地区的低碳农业技术效率水平整体较低，西部地区的低碳

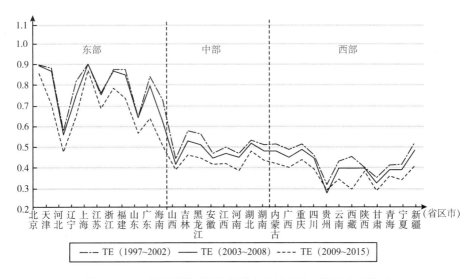

图 4 – 5 各省份不同时期的低碳农业技术效率值及变化趋势

注：（1）TE（1997～2002）、TE（2003～2008）、TE（2009～2015）分别代表 1997～2002 年、2003～2008 年、2009～2015 年期间低碳农业技术效率的几何平均值；（2）东中西部地区的划分依据国家统计局的标准，第 1 章已经说明。

资料来源：作者根据前文测算数据适当整理得到的。

农业技术效率水平整体最低，区域差异明显，技术效率水平高的省份与技术效率低的省份并存。在整个样本周期内，计算三大区域的低碳农业技术效率的平均值分别为东部地区 0.7892、中部地区 0.4227 和西部地区 0.3962。从结果可以得出，东部地区的低碳农业技术效率远远超过了中、西部地区。进一步计算了子样本三大区域的低碳农业技术效率，东部地区的低碳农业技术效率平均值分别为 0.8568、0.8237 和 0.6696，中部地区的低碳农业技术效率均值分别为 0.4695、0.4354 和 0.3201，西部地区的低碳农业技术效率均值分别为 0.4424、0.4074 和 0.2958。在三个子样本周期内，东部地区的低碳农业技术效率均值都远远超过了中西部地区均值，中西部地区的低碳农业技术效率均值比较接近，中部地区稍高。这与各省经济发展水平、农业生产实际是吻合的，东部地区经济发达水平较高，农业科技创新和农业社会生产活动中投入了大量的物力和人力，东部地区是农业科技创新推广并运用于农业生产活动中的先行实践者。而中西部地区经济发展水平相对滞后，农业技术推广效率低且应用于实践的效果差，农业机械化水平低，农业生产主体的专业技术水平不高，这都造成农业生产活动的效率低，效率损失较大。

在三个子样本周期内，东、中、西部地区低碳农业技术效率都呈下降趋势，但东部地区的低碳农业技术效率整体上下降的速度明显要慢于东西部地区，如子样本 TE（1997~2002）到子样本 TE（2003~2008），东中西部地区的低碳农业技术效率下降的幅度分别为 3.87%、7.26% 和 7.9%，而子样本 TE（2003~2008）到子样本 TE（2009~2015），低碳农业技术效率下降的幅度分别为 18.71%、26.49% 和 27.39%。显而易见，三大区域低碳农业技术效率的差异逐渐扩大，各省份间的差异也是如此，农业效率损失较大。中、西部地区的农业生产越来越偏离随机前沿面，农业投入无效利用的现象在加剧。

为了进一步观察中国低碳农业技术效率的时间序列特征，图 4-6 列出了 1998~2015 年中国低碳农业技术效率的均值以及每年技术效率变动情况。从图中可以看到，低碳农业技术效率随时间变化出现波动，波动幅度不大，但整体下降的趋势非常明显。从低碳农业技术效率变动的比例来看，2009 年低碳农业技术效率下降的幅度最大。究其原因，2008 年全球金融危机，中国外贸企业出口受到很大影响，生产活动大幅下降，导致大量的农民工下岗。下岗的农民工返乡后，通过从事农业生产来弥补收入减少，增加了农业生产活动。为了提高农业产量，农民会选择增加农业资源投入来实现目标，这会导致低碳农业技术效率大幅下降。

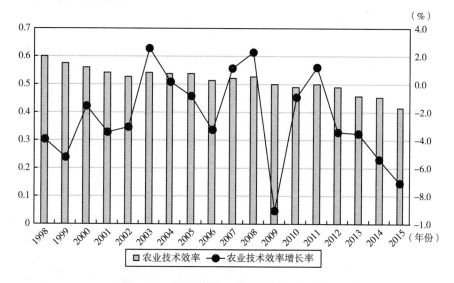

图 4-6 中国低碳农业技术效率值变化趋势

资料来源：作者根据前文测算数据适当整理得到的。

4.6.2　低碳农业技术效率空间分布的异质性分析

综上，从整体上分析了中国低碳农业技术效率的时序变化特征，分阶段和区域两个层面探索了中国低碳农业技术效率的演变情况。接下来，了解区域内部各省份低碳农业技术效率的分布差异，从时空两个维度探讨低碳农业技术效率的分异特征。限于篇幅，每隔三年选取一个样本，以 1997 年、2000 年、2003 年、2006 年、2009 年、2012 年和 2015 年作为观察点，如表 4 - 6 所示。表中数据由小到大代表低碳农业技术效率由低向高演变，从表中数据变化来看，农业技术效率较小的区域在不断减小，低碳农业技术效率较高的省份明显减少，由 1997 年 9 个省份减少到 2015 年 2 个省份（北京和上海）。农业技术效率较小区域的面积逐渐扩大，到 2015 年几乎占整个中国的 2/3。1997~2015年表中代表较高低碳农业技术效率区域的区域面积大幅萎缩，代表较低低碳农业技术效率的区域面积明显扩大，这说明中国省域的低碳农业技术效率整体呈现出下降趋势。从空间维度来看，大部分省区市低碳农业技术效率的差异在缩小，1997 年较高的低碳农业技术效率的省份集中在沿海地区，其随着时间逐渐缩小，较低低碳农业技术效率的省区市逐渐增多，集聚的趋势比较明显。北京和上海的低碳农业技术效率仍然较高，有极化的可能。

表 4 - 6　　　　1997~2015 年中国低碳农业技术效率空间分布情况

省区市	1997 年	2000 年	2003 年	2006 年	2009 年	2012 年	2015 年
北京	0.9863	0.9824	0.9815	0.9724	0.9447	0.9459	0.8935
天津	0.9799	0.9680	0.9645	0.9347	0.8525	0.7681	0.6420
河北	0.6682	0.5901	0.5809	0.5547	0.5313	0.4979	0.4029
山西	0.5103	0.4239	0.4180	0.3914	0.4142	0.3873	0.3188
内蒙古	0.5956	0.5142	0.5065	0.4617	0.4540	0.4312	0.3405
辽宁	0.9408	0.8965	0.8267	0.7887	0.7449	0.7098	0.5848
吉林	0.6729	0.6170	0.5456	0.5206	0.5044	0.4841	0.4003
黑龙江	0.6655	0.5635	0.5512	0.4996	0.4740	0.4639	0.3909
上海	0.9893	0.9869	0.9869	0.9869	0.9760	0.9590	0.8965
江苏	0.8869	0.7884	0.8151	0.8105	0.7542	0.7540	0.6691
浙江	0.9677	0.9567	0.9593	0.9440	0.8697	0.8793	0.7580
安徽	0.5189	0.4580	0.4467	0.4394	0.4166	0.4262	0.3659

省区市	1997 年	2000 年	2003 年	2006 年	2009 年	2012 年	2015 年
福建	0.9746	0.9610	0.9298	0.9144	0.8472	0.8196	0.6818
江西	0.5500	0.5104	0.4797	0.4616	0.4279	0.4311	0.3703
山东	0.7835	0.6356	0.6480	0.6760	0.6337	0.6083	0.5208
河南	0.5416	0.4597	0.4427	0.4310	0.4100	0.3874	0.3183
湖北	0.6146	0.5485	0.5146	0.5270	0.4990	0.4984	0.4532
湖南	0.6164	0.4845	0.4878	0.4753	0.4607	0.4479	0.3795
广东	0.9551	0.9033	0.8871	0.8496	0.7336	0.6845	0.5850
广西	0.5577	0.4895	0.4392	0.4548	0.4019	0.4133	0.3486
海南	0.8824	0.7643	0.6993	0.6462	0.5326	0.5402	0.4428
重庆	0.6115	0.4990	0.4787	0.4622	0.4643	0.4513	0.3936
四川	0.5089	0.4581	0.4424	0.4389	0.4074	0.3948	0.3330
贵州	0.3423	0.2950	0.2531	0.2375	0.2528	0.2700	0.2662
云南	0.4789	0.4145	0.3884	0.3782	0.3556	0.3344	0.2815
西藏	0.4876	0.4542	0.4363	0.3823	0.3157	0.2741	0.2257
陕西	0.4481	0.3862	0.3778	0.3755	0.3783	0.3847	0.3216
甘肃	0.3658	0.3311	0.3105	0.3010	0.2839	0.2665	0.2184
青海	0.4128	0.4135	0.4020	0.3590	0.3569	0.3547	0.2993
宁夏	0.4599	0.4128	0.3908	0.3687	0.3572	0.3281	0.2846
新疆	0.5992	0.5328	0.5232	0.4895	0.4213	0.4230	0.3202

注：表中数据不包括港澳台地区。

资料来源：作者根据前文测算数据，经过适当整理得到的。

4.7　低碳农业全要素生产率的时空分异特征

4.7.1　低碳农业 TFP 增长的时序演变规律分析

根据表 4 - 4 中的参数估计值和上面计算的低碳农业技术效率值，结合式（4 - 6）至式（4 - 8），计算了 1998 ~ 2015 年低碳农业全要素生产率的增长率及其分解情况，如表 4 - 7 所示。在样本周期内，低碳约束下中国农业全要素生产率表现出持续增长的趋势，平均每年增长 4.31%。低碳农业技术效率指数仅少数年份在 1 以上，整体呈现下降趋势，而技术进步指数仅在 2009 年时小于1，其余年份均大于1，实现增长效应。从农业 TFP 的分解结果来看，中国低碳农业全要素生产率的增长主要依赖于农业技术进步，其中农业技术进步为农业全要生产率的增长贡献了 6.85%，是低碳农业全要素生产率增长的主要源动力。而低碳农业技术效率指数则恰恰相反，大多数年份呈下降趋势，因其下降造成了农业 TFP 下降了 2.37%，一定程度抵消了农业技术进步带来的增长效应。

表 4 - 7   1998 ~ 2015 年中国低碳农业全要素生产率增长率及其分解情况

年份	TECH	TPCH	TFP	年份	TECH	TPCH	TFP
1998	0.9614	1.0056	0.9668	2007	1.0127	1.0726	1.0863
1999	0.9482	1.0128	0.9604	2008	1.0241	1.0802	1.1062
2000	0.9855	1.0203	1.0056	2009	0.9098	1.0878	0.9897
2001	0.9666	1.0280	0.9937	2010	0.9919	1.0951	1.0862
2002	0.9701	1.0355	1.0046	2011	1.0137	1.1026	1.1177
2003	1.0269	1.0428	1.0708	2012	0.9664	1.1106	1.0732
2004	1.0030	1.0498	1.0529	2013	0.9651	1.1186	1.0795
2005	0.9928	1.0567	1.0491	2014	0.9469	1.1267	1.0669
2006	0.9679	1.0647	1.0304	2015	0.9297	1.135	1.0552
均值	0.9763	1.0685	1.0431				

资料来源：表中每年的数据均是历年各省份低碳农业技术效率的几何平均数，均值是在各年的均值基础上求出的几何平均数。

同样将 1998 ~ 2015 年分三个时期，分别为 1998 ~ 2003 年、2004 ~ 2009 年、2010 ~ 2015 年，计算结果如表 4 - 8 所示。从时间维度来看，东、中、西部地区以及全国的农业 TFP 呈现出增长的趋势，1998 ~ 2003 年这一时期的农业 TFP 除了东部地区大于1外，其余中部地区、西部地区以及全国层面都是小于1的，东部地区农业 TFP 有增长效应。2004 ~ 2009 年和 2010 ~ 2015 年这两个时期的农业 TFP 均大于1，实现了农业 TFP 的增长效应。从分解因素可以看出，农业技术进步指数 *TPCH* > 1，而低碳农业技术效率指数 *TECH* < 1，这说明了农业 TFP 增长主要是源自技术进步带来的生产前沿面外移，并不是通过技术效率的改善，实现向生产的前沿面"追赶"带来的。从区域维度来看，无论是整个样本还是分时期的子样本，低碳农业技术效率指数均小于1，表现出负增长，而农业技术进步指数均大于1，表现出正效应。这些事实证明了，

在样本周期内，中国农业 TFP 的增长主要源自农业技术进步，而低碳农业技术效率抑制了农业 TFP 增长，低碳农业全要素生产率的改善属于典型的技术诱导性增长。

表 4 - 8　　分时期分区域中国低碳农业全要素生产率增长率及其因素分解

分类	时期	1998 ~ 2015 年	1998 ~ 2003 年	2004 ~ 2009 年	2010 ~ 2015 年
全国	技术效率指数（TECH）	0.9763	0.9761	0.9843	0.9685
	技术进步指数（TPCH）	1.0685	1.0241	1.0686	1.1147
	TFP 增长率	1.0431	0.9996	1.0518	1.0796
东部	技术效率指数（TECH）	0.9796	0.9860	0.9832	0.9698
	技术进步指数（TPCH）	1.0735	1.0278	1.0740	1.1207
	TFP 增长率	1.0517	1.0134	1.0559	1.0869
中部	技术效率指数（TECH）	0.9754	0.9693	0.9878	0.9692
	技术进步指数（TPCH）	1.0608	1.0175	1.0606	1.1063
	TFP 增长率	1.0347	0.9862	1.0477	1.0722
西部	技术效率指数（TECH）	0.9739	0.9717	0.9829	0.9670
	技术进步指数（TPCH）	1.0690	1.0251	1.0689	1.1147
	TFP 增长率	1.0410	0.9961	1.0507	1.0779

注：表中数据的具体计算方法同表 4 - 7。

马姆奎斯特（Malmquist）指数反映当期 TFP 值相对于上一期 TFP 值的变化率，为了将时间的累积效应反映出来，更好地呈现长期演变趋势，本章设定 1997 年为基期，将马姆奎斯特测算的 TFP 换算成累计增长率。图 4 - 7 呈现了低碳农业技术效率、农业技术进步和农业 TFP 的累计增长率，从图中的演变趋势可以看出，与中国农业发展阶段的变化是吻合的。就样本周期来看，演变特征为"增长停滞（倒退）—复增长—快速增长"，分别对应 1998 ~ 2003 年、2004 ~ 2009 年、2010 ~ 2015 年三个阶段。在 1997 ~ 2003 年，中国虽然粮食大面积丰收，但"卖粮难"，存在农业结构性矛盾，导致农民"丰产不丰收"，严重挫伤了农民从事农业生产活动的积极性。1997 ~ 2003 年，中国农业 TFP 的平均增长率为 - 0.04%，增长停滞出现下滑，主要原因是低碳农业技术效率下降。2004 年以后，"三农"问题是中央政府必须面对的重大问题，2004 年中央政府通过"一号文件"等政策形式，出台了一系列的惠农政策，包括逐步取消农业税、减免农业特产税、增加投入、实施直接补贴政策、扩大补贴范

围等。这些利好政策的实施促进了农业生产，农业 TFP 恢复增长，年均增长
5.18%，尤其是农业技术进步增长了 6.86%，低碳农业技术效率在这一阶
段虽有改善，但 2008 年出现转折，开始下滑，年均增长 -1.57%，仍在恶
化当中。这与 2008 年金融危机导致大量失业的农民工返乡从事农业生产活动
有关。2009 年以后，中央政府在"三农"上的支出比重日益加大，农业研发
投入以及农业技术推广力度加大，促使农业技术进步指数上升加快，促进了农
业 TFP 的较快上升，但低碳农业技术效率继续下降，农业 TFP 的增长依旧是
农业技术进步与低碳农业技术效率相背离的"农业技术进步"单轮驱动模式。
中国政府非常重视农业科技创新，体现在两个方面：一是建立了从中央政府到
省级政府的两级政府研发体系；二是建立了农业科学研究院到涉农企业的非官
方研发体系。但是农业科研成果转化不及时，负责应用转化的农技推广体系和
农业社会化服务体系不能有效地履行职责。长期的现实是基层农技推广体系
"线断、网破、人散"始终未能很好地解决，造成"创新"与"推广"两层
皮，科研供给与现实需求脱节，科技成果闲置、转化率低。农业技术进步的同
时低碳农业技术效率低下，农业技术推广效率差，扩散范围和效率低下。

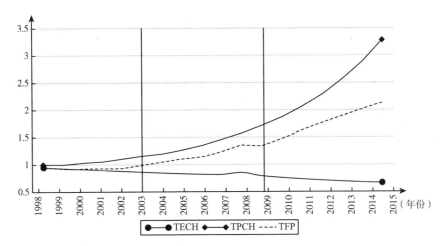

图 4 - 7　1998 ~ 2015 年中国低碳农业技术效率、技术进步和 TFP 累计增长率变动趋势
资料来源：作者根据前文测算数据适当整理得到的。

通过图 4 - 7 还可以发现中国农业 TFP 增长的另外一个特征，TFP 增长的
两个源泉低碳农业技术效率和农业技术进步发展不同步。在样本周期内，低碳
农业技术效率指数出现下降的趋势，与农业技术进步指数相背离，呈现出

"此消彼长"的情景。一方面中国农业技术进步不断改善；另一方面低碳农业技术效率逐渐下降，这两种现象并存，说明了中国农业技术推广和示范溢出效应不明显。这与当前中国农业科技领域里面"重研发、轻推广"和"重成果、轻应用"的现实是吻合的。据农业农村部统计，中国每年大约产生 6000 ～ 7000 项科技成果，其中实际转化为农业生产力仅占三到四成，真正实现规模效应的不到二成（蒋和平等，2009）。

4.7.2　低碳农业全要素生产率空间分布的异质性分析

由表 4 - 9 所示，样本区间内的农业 TFP 均大于 1，呈现正向的增长趋势。从农业 TFP 增长率分解的两个部分来看，与全国基本一致，农业技术进步指数大于 1，推动前沿技术快速进步，同时低碳农业技术效率指数小于 1，向前沿面追赶效应的动力正在减弱，农业技术进步是农业增长的唯一正向驱动力，农业技术进步与农业 TFP 增长率的空间分布特征呈现出较强的同步性。这种同步发展趋势在三大区域也非常明显，但三大区域增长速度存在差异，由于东部地区的技术进步累计率明显超过中部和西部地区，低碳农业全要素生产率增长呈现"东部—西部—中部"这样的分布格局，东部最快、西部次之、中部最慢，其中东部地区 TFP 年均增长率为 5.17%，西部地区的年均增长率为 4.1%，中部地区的年均增长率 3.47%。

表 4 - 9　　　1998 ～ 2015 年中国低碳农业全要素生产率增长的分解情况

区域	TECH	TPCH	TFP 增长率	区域	TECH	TPCH	TFP 增长率
北京	0.9945	1.0775	1.0716	河南	0.9709	1.0713	1.0401
天津	0.9768	1.0787	1.0537	湖北	0.9832	1.0671	1.0492
河北	0.9723	1.0705	1.0409	湖南	0.9734	1.0615	1.0333
辽宁	0.9739	1.0629	1.0352	中部均值	0.9754	1.0608	1.0347
上海	0.9945	1.0761	1.0702	内蒙古	0.9694	1.0397	1.0079
江苏	0.9845	1.0499	1.0336	广西	0.9742	1.0668	1.0393
浙江	0.9865	1.0843	1.0697	重庆	0.9758	1.0599	1.0343
福建	0.9803	1.0859	1.0646	四川	0.9767	1.0731	1.0481
山东	0.9776	1.0759	1.0517	贵州	0.9861	1.0812	1.0663
广东	0.9731	1.0750	1.0462	云南	0.9709	1.0853	1.0538

续表

区域	TECH	TPCH	TFP 增长率	区域	TECH	TPCH	TFP 增长率
海南	0.9624	1.0724	1.0321	西藏	0.9581	1.0757	1.0307
东部均值	0.9796	1.0735	1.0517	陕西	0.9817	1.0784	1.0588
山西	0.9742	1.0697	1.0421	甘肃	0.9718	1.0606	1.0306
吉林	0.9716	1.0475	1.0177	青海	0.9823	1.0822	1.0630
黑龙江	0.9709	1.0457	1.0153	宁夏	0.9737	1.0615	1.0336
安徽	0.9808	1.0638	1.0434	新疆	0.9658	1.0638	1.0274
江西	0.9783	1.0603	1.0372	西部均值	0.9739	1.0690	1.0410

注：表中数据不包括港澳台地区。

资料来源：表中的各数据是按照各省份每年数值的几何平均数，三大区域具体计算方法为各省份的几何平均值。

为了更好地呈现区域的演变趋势，将整个区间仍分成上述的三个子区间，如图 4 - 8 所示，可以清楚地看到与全国的情况类似。2003 年之前大部分省份的农业 TFP 增长率在 1 以下，2004 年以后各省份的农业 TFP 增长率基本在 1 以上，实现了增长效应，但各省份的农业 TFP 增长波动明显，有些年份波动幅度比较大。从三个时期来看，每个子时期的波动趋势高度吻合，波动幅度有差异。

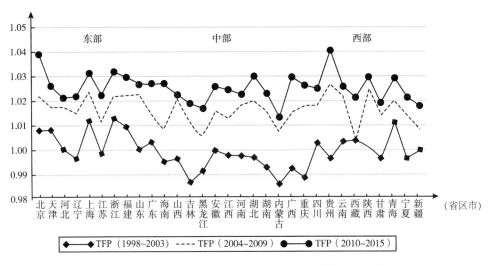

图 4 - 8　各省份三个时期的低碳农业 TFP 增长变化趋势

注：TFP（1998～2003）、TFP（2004～2009）、TFP（2010～2015）分别代表 1998～2003 年、2004～2009 年、2010～2015 年各省份历年农业 TFP 增长率几何平均数。

为了进一步探索区域内部各省份间农业 TFP 增长率的分布特征，从时间和空间两个维度探讨农业 TFP 增长率的演变特征。限于篇幅，每隔三年选取一个样本，以 1998 年、2001 年、2004 年、2007 年、2010 年、2013 年和 2015 年①作为观察点，如表 4 - 10 所示。表中数据由大到小变化代表的农业 TFP 增长率由低到高演变，表中较大数据增多代表较高增长率的区域不断扩大，到 2010 年这一区域面积进一步扩大，说明农业 TFP 增长率逐渐改善，到 2015 年这一区域的面积缩小，说明农业 TFP 的增长率出现下滑。整体演变趋势非常明显，中国 1998 ~ 2015 年的农业 TFP 增长率呈现改善趋势，其间有较大幅度波动。从空间维度来看，1998 年的空间区域差异相对较小，到 2010 年区域的差异在逐渐扩大，到了 2015 年这种空间差异有所减缓。另外，可以清楚地看到农业 TFP 增长集聚的趋势比较明显，但高水平的农业 TFP 增长没有发挥出集聚效应。第 5 章将继续从空间关联的角度深入讨论各省域的空间依赖特征。

表 4 - 10　　　　　　中国低碳农业 TFP 增长率空间分布情况

省区市	1998 年	2001 年	2004 年	2007 年	2010 年	2013 年	2015 年
北京	1.006	1.030	1.055	1.083	1.089	1.139	1.107
天津	1.004	1.023	1.055	1.075	1.068	1.086	1.078
河北	0.951	1.017	1.093	1.098	1.079	1.065	1.041
山西	0.931	1.014	1.094	1.123	1.104	1.075	1.054
内蒙古	0.895	0.975	1.026	1.074	1.053	1.048	0.997
辽宁	0.956	0.978	1.035	1.067	1.069	1.074	1.025
吉林	0.921	0.888	1.041	1.096	1.050	1.053	1.055
黑龙江	0.943	1.003	0.987	1.086	1.036	1.057	1.021
上海	1.021	1.040	1.064	1.077	1.089	1.112	1.089
江苏	0.951	1.005	1.040	1.067	1.070	1.057	1.068
浙江	1.012	1.043	1.071	1.082	1.133	1.092	1.084
安徽	0.981	1.027	1.050	1.090	1.110	1.078	1.040
福建	1.010	1.030	1.070	1.099	1.113	1.089	1.067
江西	0.972	0.957	1.032	1.101	1.104	1.078	1.040
山东	0.941	1.085	1.096	1.092	1.077	1.086	1.063
河南	0.948	0.987	1.097	1.105	1.094	1.071	1.050

① 因数据长度限制，2013 ~ 2015 年只隔了两年。

续表

省区市	1998 年	2001 年	2004 年	2007 年	2010 年	2013 年	2015 年
湖北	0.984	0.963	1.077	1.093	1.089	1.087	1.085
湖南	0.953	1.028	1.039	1.126	1.059	1.061	1.060
广东	0.987	1.037	1.061	1.058	1.105	1.080	1.070
广西	0.968	0.956	1.094	1.073	1.117	1.071	1.064
海南	0.943	0.964	1.047	1.042	1.137	1.069	1.049
重庆	0.943	0.960	1.084	1.172	1.047	1.060	1.088
四川	0.974	1.014	1.061	1.123	1.091	1.069	1.057
贵州	0.980	0.917	1.007	1.162	1.109	1.117	1.126
云南	1.009	1.002	1.085	1.100	1.057	1.103	1.054
西藏	0.991	0.991	1.030	0.956	0.991	1.075	1.060
陕西	0.940	0.998	1.073	1.159	1.127	1.098	1.035
甘肃	0.983	0.966	0.990	1.093	1.065	1.077	1.007
青海	1.024	0.994	1.055	1.078	1.112	1.102	1.047
宁夏	0.913	0.967	1.009	1.043	1.062	1.084	1.063
新疆	0.952	0.973	1.036	1.008	1.184	1.056	0.982

注：表中数据不包括港澳台地区。

资料来源：表中所用数据是作者根据前文测算数据适当整理得到的。

4.8　本章小结

本章梳理了中国农业生产率测算方法的相关文献，在此基础上，首先，估算了中国农业资本存量，形成了测算中国农业生产率的省级面板数据集（1997～2015 年）。其次，采用考虑省份个体异质性的固定效应随机前沿模型，测算中国 31 个省区市的低碳农业技术效率（TE），并利用马姆奎斯特指数进行了分解。最后，从时间和空间两个维度探讨了低碳农业技术效率和农业 TFP 增长的时序特征和空间分布特征，并分三大区域进行了比较。主要结论如下。

（1）控制省份不可观测的个体异质性，并将其个体效应从农业技术非效率项中剥离出来，1997～2015 年中国低碳农业技术效率估计的年平均值为 0.562，高于使用传统随机前沿模型估计出来的低碳农业技术效率。从时间维度来看，样本区间内中国低碳农业技术效率整体呈现下降的趋势。从空间维度来看，低碳农业技术效率在区域内部同样也呈现出下降趋势，三大区域间的差异越来越大，东部地区的低碳农业技术效率明显高于中部和西部地区，其内部省份的低碳农业技术效率都相对较高，中西部地区的省份相对较低。从整体空间分布来看，高效率区域不断缩小，大部分省份的空间差异缩小，同样其集聚区域也在缩小，区域内扩散效应不明显，但低效率集聚区域在扩大。

（2）考虑碳排放约束的农业 TFP 与无约束的传统农业 TFP 差额整体呈现先降后升的趋势，其间波动较大，碳约束的农业 TFP 从 2012 年开始反超无碳约束的传统 TFP。碳约束下东部地区农业 TFP 提升较多，中西部地区整体略有提升，幅度不大。从分解来看，碳约束的农业技术效率变动速度始终小于传统农业技术效率变动速度，碳约束抑制了农业技术效率变动速度，由于碳约束的 TECH 差额为负数，碳约束的农业技术效率变动速度相对较小，而且农业技术效率整体呈现下降的趋势，碳约束有助于减缓农业技术效率下降的速度。碳约束提高了农业技术进步的速度，推动了农业 TFP 的增长，是增长动力的源泉之一。碳约束的低碳农业全要素生产率这种变化主要来自农业技术的进步和科学种植技术的推广，一方面得益于中央政府环境规制的倒逼；另一方面得益于中央财政对农业低碳行为的补贴政策引导。

（3）在样本区间内，中国农业 TFP 以较快的速度增长，年均增长率为 4.31%。其中，农业技术进步为农业 TFP 增长年均贡献了 6.85%，是农业 TFP 增长的主要驱动力。而农业 TFP 增长的另一个因素农业技术效率则相反，其对农业 TFP 增长年平均贡献了 -2.37%，一定程度上消耗了农业技术进步的正效应。

（4）在样本周期内，中国农业 TFP 增长经历了 1997～2003 年的下降、停滞阶段，2004～2009 年的恢复增长阶段和 2010～2015 年的快速增长阶段，整体呈先下降后恢复上升、再到快速上升阶段，与中国农业发展变化基本相符。从三个时期来看，农业 TFP 呈现逐步上升的趋势，三个子时期的农业 TFP 增长波动趋势高度吻合，各省份在每个阶段都有较大的波动，波动幅度有差异；分区域来看，第一阶段中部和西部地区的演变趋势和全国一致，而东部地区在这一阶段呈现上升趋势，三大区域在第二、第三阶段和全国趋势一致。

（5）在样本区间内，各省份的低碳农业全要素生产率整体上实现了增长效应，但不同区域的增长速度存在明显的差异，呈现出"东部—西部—中部"递减的分布格局。

第5章

中国低碳农业生产率空间相关性分析

第4章首先采用固定效应的随机前沿模型测算了中国农业技术效率；其次计算了农业 TFP 增长率，并对 TFP 增长率进行了分解；最后从时空两个维度探讨了中国农业技术效率和农业 TFP 增长率的时序特征和空间分异特征，并对三大区域的差异进行了比较。由于农业生产活动不是孤立存在和单独开展农业生产的，相似的地理环境和气候条件、类似的资源禀赋条件、同样的宏观经济政策使农业生产活动相互关联和相互依赖。因此，仅仅了解省域自身农业生产率的时空差异是不够的，还需要探索省际农业技术效率和农业 TFP 增长空间单元的交互程度，把握农业技术效率和农业 TFP 增长率的空间依赖性特征。那么，本章利用探索性空间数据分析方法（ESDA）来研究中国农业技术效率的空间相关性及其集聚情况。首先，介绍空间相关性检验方法；其次，构建用于 ESDA 分析的空间权重矩阵；最后，利用全局自相关和局部自相关检验来判断空间经济单元的交互性对农业技术效率和农业 TFP 增长的总体格局变动的影响。

5.1 低碳农业生产率空间相关的经济学作用机理

空间效应是空间计量经济学的基本特征，空间效应的表现形式为：空间依赖性、空间异质性（Anselin，1998），通过研究经济变量在一定距离范围内的交互性所表现出的依赖性，同时观察在一定距离方向上变化所表现出的异质性和变异性，来反映空间效应变化的不平衡性。空间计量经济学利用空间维度的交互作用和时间维度的相关性，捕捉区域之间的产业联系、贸易交往、技术溢出和人口流动等因素的空间交互效应。邻近省份的地理环境、经济发展水平、技术水平都极为类似，具有同质性的基础，降低了邻近区域内各省份农业生产要素的流动成本，极大地改善了要素的流动性，为技术的扩散提供了便利，从而扩大了区域间要素交互，提高了要素的空间依赖性。农业生产行为直接影响农业碳排放，土地是农业生产的重要资源，其数量多少、质量的好坏和结构优劣直接影响农业产出数量。农业生产率区域之间的交互主要通过三种路径传导：要素流动型、技术溢出型、政策蔓延型。

5.1.1　要素流动型效应的传导机制

要素流动型交互效应是指伴随区域经济一体化发展过程中，处于中心区域的省份通过生产要素流动影响邻近区域的经济效率，从而改变邻近区域的农业生产率。根据区域累计因果理论（cumulative causation theory），要素流动型的空间交互效应主要有扩散效应（spread effects）、回馈效应（backwash effects）两个方面，如图 5-1 所示。"扩散效应"来自经济发达地区的资本、农产品贸易、劳动力等低质量生产要素向邻近经济欠发达地区外溢，改善邻近地区的环境质量，从而促进邻近地区农业生产率的提高。"回馈效应"来自经济发达地区从邻近经济欠发达地区吸引资本、农产品贸易、劳动力等高质量生产要素回流，不断提高自身低碳发展水平，提高自身的农业生产率，对邻近省份农业生产率产生负向影响。

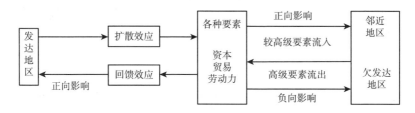

图 5-1　要素流动型交互效应影响机理

5.1.2　技术溢出型效应的传导机制

技术溢出型交互效应是指经济发达地区采用的农业低碳技术或者生产工艺对邻近欠发达地区的农业生产率产生影响。技术溢出型交互效应通过三种途径传导，如图 5-2 所示。

第一，区域间人才交互产生人才流动效应。低碳的农业生产技术或生产工艺会随着高技术人才的区域间流动而扩散，技术在邻近区域扩散产生溢出。高技术人才会因为自己的岗位发生变动，而在政府之间、科研院所之间以及企业之间发展流动，省际人才这种流动会使低碳生产技术向邻近地区溢出。

第二，邻近地区的竞争产生竞争效应。省域内的农业生产技术水平高的企业拥有各种优势，迫使邻近省份的企业不断改进生产技术，以应对竞争可能造成的损失，有利于农业生产技术提高和推广效率。

第三，邻近地区的地理邻近产生示范效应。邻近地区由于各种类似的环境和条件为学习和模仿邻近省份的农业技术提供了各种便利，从而有利于通过技术的改进来促进农业生产率的提高。

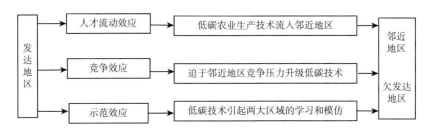

图 5 – 2　技术溢出型交互效应影响机理

5.1.3　政策蔓延型效应的传导机制

政策蔓延型交互效应是一个省份制定节能减排的环境规制政策对邻近省份产生的影响。这种溢出效应既有正向溢出，也有负向溢出的可能，如图 5 – 3 所示。

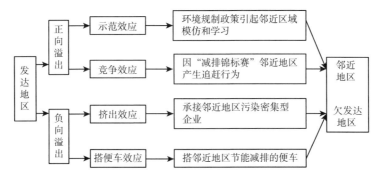

图 5 – 3　政策蔓延型交互效应影响机理

第一，出台环境规制政策对邻近省份产生正向溢出效应。这种溢出效应来自两个方面：一方面是出台的环境规制政策引起邻近省份模仿和学习，产生"示范效应"；另一方面是由于上级政府对下一级政府的节能减排等环境规制政策效果开展"减排锦标赛"，迫使邻近省份产生追赶式的竞争效应。这些都有助于低碳约束下的农业生产率改善。

第二，环境规制政策对邻近省份产生的负向溢出效应。这种负向溢出效应也来自两个方面：一方面是环境规制产生的挤出效应，环境规制严格的省份必然会导致高碳产业迁移至邻近省份。由于农业生产的主体是利己的，在面临环境政策管制时，趋利避害的倾向会转移农业产业至邻近区域，实现跨界转移（秦鹏，2006），且邻近区域的交通便利和技术差异小，为农业产业的转移提供了良好的条件。另一方面是环境治理使邻近省份"搭便车"。环境治理类似公共物品的属性，治理的成本高，环境治理会惠及邻近省份。

5.2　低碳农业生产率空间自相关的检验

5.2.1　农业生产率空间自相关的检验方法

探索性空间数据分析方法（ESDA）是利用空间数据判断空间相关关系，搜寻空间集聚变化以及空间异常的方法、技术总称，通过分析空间数据，掌握各区域的经济变量间相互作用的路径和机制（Messner et al.，1999；Hampson et al.，1999）。空间计量分析区域经济的基本思路为：首先利用空间统计分析的莫兰指数判定农业生产率是否存在空间相关性，如果存在，则意味着农业生产率在不同的空间经济单元上存在相关性，需要建立空间计量经济模型进一步分析（吴玉鸣等，2006）。然后借助地图软件 GeoDa，采用全局性空间自相关和局部自相关分析探索空间数据的集聚变化以及集聚区域的演变。具体的计算式详见第 3 章相关内容，在使用空间计量经济学时，所使用的空间权重矩阵也已在第 3 章详细说明，这里不再赘述。

根据计算方法，Moran's I 值 $\in$ [-1，1]，如果 Moran's I > 0，说明农业生产率具有空间正相关，也即是一个地区的农业生产率与其邻近省份的农业生产率正相关；如果 Moran's I < 0，说明农业生产率具有空间负相关性，也即是一个地区的农业生产率与其邻近省份的农业生产率负相关；如果 Moran's I = 0，

说明农业生产率无空间相关性，表明一个地区的农业生产率与邻近省份的农业生产率水平无关，是相互独立的，农业生产率是随机分布的。

5.2.2　农业生产率空间自相关的检验结果

利用探索性空间数据分析方法（ESDA），首先要计算农业生产率的莫兰指数值，借助于软件 Stata14.2 计算得出农业技术效率和农业 TFP 增长率的莫兰指数值，掌握农业生产率的空间相关性。为了确保结论的可靠性，利用了一阶邻接权重矩阵和距离倒数平方两种权重矩阵计算，分别得出了农业技术效率和农业 TFP 增长率的莫兰指数值，如表 5－1 所示。

表 5－1　　　　1998～2015 年中国低碳农业技术效率及农业 TFP 增长率的
全局莫兰指数值

权重矩阵 年份	农业技术效率（TE）				农业 TFP 增长率			
	W_q		W_d		W_q		W_d	
	莫兰值	P 值	莫兰值	P 值	莫兰值	P 值	莫兰值	P 值
1998	0.551	0.000	0.375	0.000	0.391	0.000	0.208	0.005
1999	0.548	0.000	0.371	0.000	0.296	0.003	0.123	0.044
2000	0.549	0.000	0.381	0.000	0.059	0.193	0.028	0.230
2001	0.544	0.000	0.386	0.000	0.118	0.097	0.125	0.040
2002	0.549	0.000	0.385	0.000	0.279	0.004	0.097	0.078
2003	0.552	0.000	0.391	0.000	0.166	0.046	0.121	0.045
2004	0.557	0.000	0.393	0.000	0.205	0.023	0.082	0.106
2005	0.548	0.000	0.393	0.000	0.169	0.041	0.100	0.070
2006	0.549	0.000	0.402	0.000	0.029	0.293	0.029	0.243
2007	0.554	0.000	0.404	0.000	0.288	0.002	0.100	0.064
2008	0.542	0.000	0.395	0.000	0.002	0.376	0.06	0.143
2009	0.542	0.000	0.415	0.000	−0.003	0.400	0.029	0.247
2010	0.548	0.000	0.414	0.000	−0.002	0.394	0.028	0.247
2011	0.563	0.000	0.413	0.000	0.132	0.079	0.112	0.054

权重矩阵\年份	农业技术效率（TE）				农业 TFP 增长率			
	W_q		W_d		W_q		W_d	
	莫兰值	P 值	莫兰值	P 值	莫兰值	P 值	莫兰值	P 值
2012	0.550	0.000	0.413	0.000	−0.030	0.489	−0.027	0.474
2013	0.541	0.000	0.411	0.000	−0.012	0.426	0.049	0.181
2014	0.525	0.000	0.400	0.000	0.091	0.139	0.077	0.107
2015	0.530	0.000	0.398	0.000	0.294	0.003	0.109	0.058

注：W_q 是基于 Queen 的一阶邻接权重矩阵；W_d 是基于地理距离矩阵。

从表 5－1 中的数据可以看出，农业技术效率在样本区间内所有年份的莫兰指数值均为正，且在 1% 的显著性水平上通过检验，从中国农业技术效率的平均水平来看，农业技术效率和邻近省份农业技术效率存在明显的正相关性，中国省域的农业技术效率存在明显的空间溢出效应。莫兰指数值呈现下降的趋势，这表明农业技术效率的空间相关性在减弱，但莫兰指数值基本在 0.55 左右，显示出了极强的空间相关性。从莫兰指数值的变化可以看出，中国的农业技术效率并非孤立、随机分布的，而是存在空间依赖性。农业 TFP 增长率的莫兰指数值大部分年份为正，且通过了显著性检验，少数年份未能通过显著性检验。从莫兰指数值来看，农业 TFP 增长率莫兰指数值呈现下降趋势，且降幅较大，空间相关性逐渐减弱。这与 2008 年全球金融危机息息相关，金融危机造成大量的农民工返乡从事农业生产，加重了农业碳排放量。而且金融危机造成社会总的有效需求不足，农业资源的区域间流动减少，影响了各种要素的外溢，进而影响空间相关性。"十二五"期间中央政府采取强农惠农的一系列政策，加快了社会主义新农村建设，激发了要素的区间流动性，莫兰指数开始上升，2015 年农业 TFP 增长率的莫兰指数通过了显著性检验。总的来说，农业技术效率和农业 TFP 增长率存在空间相关性。

5.3　低碳农业生产率空间相关性分析

通过全局莫兰指数的测算，从整体上描述中国农业技术效率和农业 TFP 增长率水平的空间自相关性。全局性的莫兰指数主要探索农业技术效率和农业 TFP 增长率在整个空间区域上的集聚趋势，全局性莫兰指数将省域之间的差异平均了，各区域之间的空间依赖关系很难体现，中国 31 个省区市内部的空间分布并不明晰，需要进一步对中国 31 个省区市的农业技术效率和农业 TFP 增长率的局部自相关性进行探索。接下来，利用莫兰散点图、LISA 图分析农业生产率的空间异质性分布特征，掌握农业生产率的空间集聚水平和显著水平。主要从两个方面来阐述农业生产率的空间相关性特征：农业技术效率和农业 TFP 增长率。

5.3.1　农业技术效率的空间相关性

局部的莫兰指数是建立在局部莫兰空间统计量基础上的自相关分析，描述了局域的空间自相关，通过测算的莫兰值绘制出莫兰散点图，如图 5 - 4 所示。其中，图中变量被标准化，横轴表示农业技术效率的当期值，纵轴表示农业技术效率的滞后项。莫兰散点图的四个象限代表四种类型的空间相关性：第一象限为高—高型（H - H），表示农业技术效率水平高的地区邻近省份水平也高；第二象限为低—高型（L - H），表示农业技术效率水平低的区域邻近省份水平高；第三象限为低—低型（L - L），表示农业技术效率水平低的区域邻近省份水平也低；第四象限为高—低型（H - L），表示农业技术效率水平高的地区邻近省份水平低。属于空间正相关有第一象限和第三象限，属于空间负相关的有第二象限和第四象限。

为了更好地呈现空间相关性的变化，选择 1998 年、2003 年、2009 年和 2015 年为观察点，通过时间演变来发现空间相关的变化情况。从 1998 年来看，位于第一象限的省市一共 8 个①，这 8 个省份主要集聚在沿海地区，农业技术效率水平高的省份周围都是农业技术效率高的省份，属于高—高型积聚。位于第二象限的省份一共 4 个②，农业技术效率水平低的省份周围是农业技术效率高的省份，属于低—高型积聚。位于第三象限的省区市一共 17 个③，已经占据中国绝大部分版图，说明中国的农业技术效率以低—低型集聚为主。第四象限一共 2 个省份，分别是山东和辽宁，位于沿海地区，农业技术效率水平高的省份周围是农业技术效率低的省域，属于高—低型集聚。2003 年的莫兰

---

① 第一象限的 8 个省市包括浙江、北京、天津、海南、福建、上海、江苏、广东。
② 第二象限的 4 个省份包括江西、吉林、安徽、河北。
③ 第三象限的 17 个省区市包括云南、新疆、西藏、四川、陕西、山西、青海、宁夏、内蒙古、湖南、湖北、黑龙江、河南、贵州、广西、甘肃、重庆。

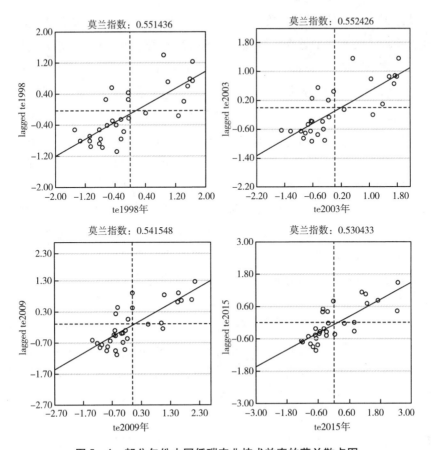

图 5 - 4　部分年份中国低碳农业技术效率的莫兰散点图

散点图基本维持不变，从 2009 年的莫兰散点图上可以看到，与 2003 年相比，高—高型集聚区域面积缩小了，海南开始向低—高型转变，广东开始向高—低型转变，这是重点关注的区域。但也可以看到位于第二象限的河北以及位于第四象限的山东开始向高—高型集聚区域转移，这是向好的方向转变，应该是高—高型集聚区域溢出效应开始显现，低—低型集聚区域维持不变。2015 年的莫兰散点图可以看出，河北和山东并未成功转移至高—高型集聚区域，广东和海南开始转向第一象限，湖北由低—低型集聚转移至高—低型集聚区域。从莫兰散点图来看，随着时间的演变，农业技术效率主要呈现出正相关关系，以低—低型集聚为主，其次是高—高型集聚，集聚程度在加强。需要特别关注 H－L 型和 L－H 型集聚区域的变化，扩大 H－H 型集聚区域的面积，发挥区域的扩散和溢出效应。

从图 5-4 中可以看到集聚随着时间在发生变化，为了更清楚地看出其中变化，绘制了农业技术效率的显著性地图和积聚性地图，限于篇幅，将图中信息进行了简单概括，如表 5-2 所示。从显著性和集聚性概况来看，1998 年一共有 11 个省区市是显著的，分别为新疆、西藏、青海、甘肃、宁夏、四川、陕西、重庆、云南、江苏、上海。其中新疆、西藏、青海、甘肃、宁夏、四川、陕西、重庆、云南共 9 个省份属于 L-L 型集聚，属于 H-H 型集聚的只有上海和江苏。2003 年共有 12 个省区市是显著的，分别为新疆、甘肃、宁夏、陕西、四川、重庆、贵州、云南、江苏、上海、浙江、福建。其中新疆、甘肃、宁夏、陕西、四川、重庆、贵州、云南共 8 个省区市属于 L-L 型集聚，属于 H-H 型集聚的有江苏、上海、浙江、福建，显然高—高型集聚区域的面积扩大了，增加了浙江和福建。虽然高—高型集聚区域扩大了，呈现出改善的趋势，且主要集中在东部沿海地区，但农业技术效率主要以低水平集聚为主，集中在中国的西部地区。从 2009 年和 2015 年来看，低—低型集聚区域基本稳定不变，而高—高型集聚区域稍有变化，2015 年高—高型集聚区域形成两个区域，但农业技术效率的低水平集聚并未改变。从时间维度可看到，低—低型集聚区域比较稳定，主要集聚在西北地区和西南地区，低水平的农业技术效率形成一条低水平地带，空间溢出效应主要在低水平区域之间，有较强的空间相关性。高水平农业技术效率主要集聚在华东地区，集聚区域在扩大，高水平农业技术效率地带形成非常有限，溢出效应不明显。通过集聚性和显著性的分析，一方面增加了对局部空间相关规律的认识；另一方面为农业技术效率的俱乐部收敛搜集证据。

表 5-2　　　　部分年份中国低碳农业技术效率的集聚性和显著性概况

1998 年			2003 年		
集聚类别	省区市	显著类别	集聚类别	省区市	显著类别
High-High	江苏、上海	P = 0.05	High-High	江苏、上海、浙江、福建	P = 0.05
Low-Low	新疆、甘肃、陕西	P = 0.01	Low-Low	新疆、甘肃、宁夏、重庆、贵州	P = 0.05
	西藏、青海、宁夏、云南、重庆	P = 0.05		云南、陕西	P = 0.01
	四川	P = 0.001		四川	P = 0.001

续表

1998 年			2003 年		
集聚类别	省区市	显著类别	集聚类别	省区市	显著类别
Low-High	无		Low-High	无	
High-Low	无		High-Low	无	
不显著	河北、北京、四川、山西、内蒙古、黑龙江、吉林、辽宁、山东、河南、浙江、安徽、江西、福建、湖北、湖南、广东、广西、海南、贵州、海南、福建	不显著	不显著	西藏、青海、河北、北京、四川、山西、内蒙古、黑龙江、吉林、辽宁、山东、河南、安徽、江西、湖北、湖南、广东、广西、海南、贵州、海南	不显著

2009 年			2015 年		
集聚类别	省区市	显著类别	集聚类别	省区市	显著类别
High-High	江苏、浙江、上海	P = 0.05	High-High	江苏、浙江、上海、天津	P = 0.05
	四川	P = 0.001		西藏、四川	P = 0.001
Low-Low	新疆、甘肃、陕西、青海、宁夏、重庆	P = 0.05	Low-Low	新疆、甘肃、陕西、宁夏、云南、重庆	P = 0.05
	西藏、云南	P = 0.01		青海	P = 0.01
Low-High	河北	P = 0.05	Low-High	无	
High-Low	无		High-Low	无	
不显著	北京、山西、内蒙古、黑龙江、吉林、辽宁、山东、河南、安徽、江西、福建、湖北、湖南、广东、广西、海南、贵州、海南、天津	不显著	不显著	河北、北京、山西、内蒙古、黑龙江、吉林、辽宁、山东、河南、安徽、江西、福建、湖北、湖南、广东、广西、海南、贵州、海南	不显著

资料来源：本表是根据 GeoDa 软件运行得出的集聚性地图和显著性地图数据整理得到，限于篇幅，作者未将地图在本书中展示出来。

5.3.2　农业 TFP 增长的空间相关性

为了更好地呈现农业 TFP 增长的空间相关性变化，同样选择 1998 年、2003 年、2009 年和 2015 年四个观察点，通过时间变化来探索空间相关性的演变情况，如图 5-5 所示。从 1998 年来看，位于第一象限的省区市一共 14 个，分别为浙江、北京、天津、福建、上海、广东、云南、西藏、四川、青海、江西、贵州、广西、安徽,高—高型集聚区域形成以西南地区、华南地区和华东地区为中心的集聚区。位于第三象限的省区市一共 11 个,分别为陕西、山西、山东、宁夏、内蒙古、辽宁、吉林、黑龙江、河南、重庆、河北,形成以东北地区和华北地区为中心的低—低型集聚区。到 2003 年位于第一象限的省区一共 10 个,分别为云南、四川、陕西、山西、宁夏、湖南、湖北、河南、贵州、安徽,集中于华中地区和西南地区为中心的高—高型集聚区。位于第三象限的省份一共 7 个,主要集聚于东北地区和华南地区。与 1998 年相比,高—高型集聚和低—低型集聚区域面积都缩小了,显然区域的溢出效应并未能很好地发挥作用。2015 年低—低型集聚区面积扩大,一共 11 个省份,主要集聚在西北地区、华北地区和东北地区,

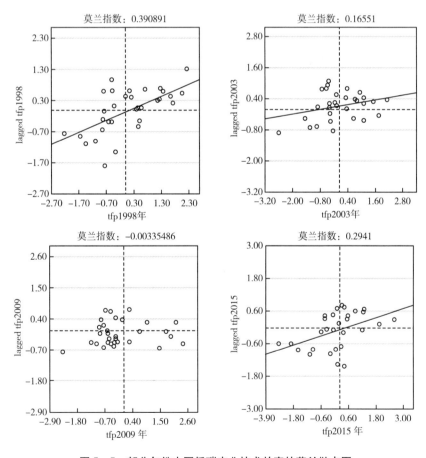

图 5-5　部分年份中国低碳农业技术效率的莫兰散点图

高—高型集聚区一共 11 个省份，主要集中在华东地区和华南地区。从时间轨迹来看，高—高型集聚区域面积在缩小，农业 TFP 增长的高水平区域向低水平区域的溢出效应非常有限，未能带动整体的农业 TFP 增长。

从图 5-5 中可以看到农业 TFP 增长的空间相关性随着时间在发生变化，为了更清楚地看出其中变化，绘制出农业 TFP 增长的显著性地图和积聚性地图，为了简洁将地图转化成了表，如表 5-3 所示。从局部显著性来看，1998 年一共有 8 个省区是显著的，分别是新疆、内蒙古、宁夏、陕西、山西、黑龙江、吉林和辽宁，除了新疆属于低—高型集聚，其余 7 个省区都属于低—低型集聚。2015 年一共有 8 个省区是显著的，分别是青海、内蒙古、甘肃、山西、吉林、宁夏、广西和湖南。属于低—低型集聚区域的有青海、内蒙古、甘肃、山西、吉林，属于高—低型集聚区域的只有宁夏，高—高型集聚区域有两个省份是广西和湖南。从整个样本周期来看，农业 TFP 增长的集聚区域不稳定，集聚情况变动较大，高—高型集聚区域极不稳定，农业 TFP 增长低—低型集聚相对稳定，集聚区域面积稍有扩大。从集聚性来看，低水平农业 TFP 增长

表 5-3　部分年份中国低碳农业 TFP 的集聚性和显著性概况

集聚类别	1998 年 省区市	显著类别	集聚类别	2003 年 省区市	显著类别
High-High	黑龙江、辽宁	P = 0.01	High-High	山西、河南	P = 0.05
Low-Low	吉林、宁夏、陕西、山西	P = 0.05	Low-Low	广东	P = 0.05
	内蒙古	P = 0.001			
Low-High	新疆	P = 0.05	Low-High	重庆	P = 0.01
				甘肃、山东	P = 0.05
High-Low	无		High-Low	无	
不显著	河北、北京、四川、西藏、青海、甘肃、山东、河南、江苏、浙江、安徽、江西、福建、湖北、湖南、广东、广西、海南、云南、贵州、海南、福建、重庆	不显著	不显著	河北、北京、新疆、四川、西藏、青海、内蒙古、黑龙江、吉林、辽宁、陕西、宁夏、江苏、浙江、安徽、江西、福建、湖北、湖南、广西、海南、云南、贵州、海南、福建	不显著

2009 年			2015 年		
集聚类别	省区市	显著类别	集聚类别	省区市	显著类别
High-High	无		High-High	湖南	P = 0.01
				贵州	P = 0.05
				青海、甘肃、内蒙古、山西	P = 0.05
Low-Low	无		Low-Low	吉林	P = 0.01
Low-High	无		Low-High	无	
High-Low	贵州	P = 0.05	High-Low	宁夏	P = 0.01
不显著	河北、北京、新疆、四川、西藏、青海、山西、内蒙古、黑龙江、吉林、辽宁、陕西、甘肃、宁夏、山东、河南、江苏、浙江、安徽、江西、福建、湖北、湖南、广东、广西、海南、云南、海南、福建、重庆	不显著	不显著	河北、北京、新疆、四川、西藏、黑龙江、辽宁、陕西、山东、河南、江苏、浙江、安徽、江西、福建、湖北、广东、广西、海南、云南、海南、福建、重庆	不显著

资料来源：本表是根据 GeoDa 软件运行得出的集聚性地图和显著性地图数据整理得到，限于篇幅，作者未将地图在本书中展示出来。

主要集聚在东北、华北和西北地区，形成了一个低水平农业 TFP 增长的地带，高水平农业 TFP 增长空间相关性不明显，集聚区域不稳定而且较小。

5.4 低碳农业技术效率和农业全要素生产率的空间关联分析

通过对 1998～2015 年中国 31 个省区市的农业技术效率以及农业 TFP 增长率的空间格局演变分析发现，如图 5－6 所示。农业技术效率在样本周期内均表现出较强的空间相关性，农业 TFP 增长大部分年份也呈现出空间相关性，但两者的空间相关性以及集聚区域存在差异，在空间分布上并未表现出很好的协调性。

接下来继续运用 GeoDa 软件，运用双变量空间自相关模型对农业技术效率与农业 TFP 增长进行双变量局域空间关联效应分析，探索两者之间在空间分布格局上的关联效应，具体如表 5－4 所示。

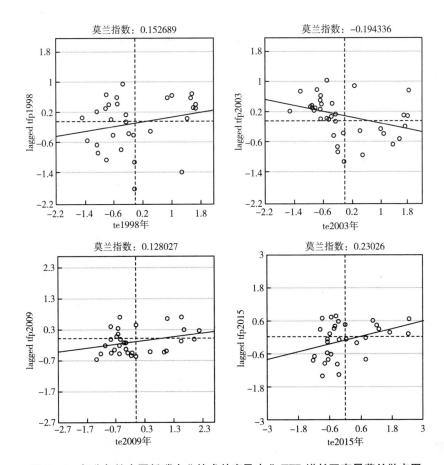

图 5 – 6　部分年份中国低碳农业技术效率及农业 TFP 增长双变量莫兰散点图

表 5 – 4　　　部分年份中国低碳农业技术效率及农业 TFP 增长双变量
集聚性和显著性概况

	1998 年			2003 年	
集聚类别	省区市	显著类别	集聚类别	省区市	显著类别
High-High	上海	P = 0.05	High-High	山东	P = 0.05
Low-Low	内蒙古	P = 0.01	Low-Low	无	
	陕西、山西、黑龙江、吉林	P = 0.05			
Low-High	新疆	P = 0.05	Low-High	甘肃、山西、河南、湖北、重庆	P = 0.05
High-Low	辽宁	P = 0.01	High-Low	无	

续表

1998 年			2003 年		
集聚类别	省区市	显著类别	集聚类别	省区市	显著类别
不显著	河北、北京、四川、西藏、青海、甘肃、宁夏、山东、河南、江苏、浙江、安徽、江西、福建、湖北、湖南、广东、广西、海南、云南、贵州、海南、重庆	不显著	不显著	河北、北京、新疆、四川、西藏、青海、内蒙古、黑龙江、吉林、辽宁、陕西、宁夏、江苏、浙江、安徽、江西、福建、湖南、广东、广西、海南、云南、贵州、海南、上海	不显著

2009 年			2015 年		
集聚类别	省区市	显著类别	集聚类别	省区市	显著类别
High-High	无		High-High	无	
Low-Low	湖北	P = 0.05	Low-Low	甘肃	P = 0.01
				青海、内蒙古、山西、吉林、宁夏	P = 0.05
Low-High	无		Low-High	广西、湖南	P = 0.05
High-Low	无		High-Low	辽宁	P = 0.05
不显著	河北、北京、新疆、四川、西藏、青海、山西、内蒙古、黑龙江、吉林、辽宁、陕西、甘肃、宁夏、山东、河南、江苏、浙江、安徽、江西、福建、湖南、广东、广西、海南、云南、贵州、海南、上海、重庆	不显著	不显著	河北、北京、新疆、四川、西藏、黑龙江、陕西、山东、河南、江苏、浙江、安徽、江西、福建、湖北、广东、海南、云南、贵州、海南、上海、重庆	不显著

资料来源：本表是根据 GeoDa 软件运行得出的集聚性地图和显著性地图数据整理得到，限于篇幅，作者未将地图在本书中展示出来。

运用 GeoDa 软件对农业技术效率和农业 TFP 增长进行全局自相关分析，计算出其莫兰指数值。以 1998 年、2003 年、2009 年和 2015 年为例，首先采用蒙特卡罗模拟的方法对其随机分布进行模拟，这四个年份的全局莫兰指数值分别为：0.1527、－0.1943、0.1280、0.2303，对应的 P 值为：0.032、0.017、0.06、0.006，全部通过了显著性检验，说明农业技术效率和农业 TFP 增长之间存在空间关联性。从莫兰指数值的大小变化来看，两者之间的空间关联性逐渐增强，即农业技术效率水平高的地区农业 TFP 增长水平也高，农业技术效率水平弱的地区农业 TFP 增长水平也较低。通过上述分析，全局自相关考察了中国农业技术效率和农业 TFP 增长率在空间上的平均差异，但忽视了局域的空间变异情况。为了判断不同省份农业技术效率与农业 TFP 增长的关联模式，运用 GeoDa 双变量自相关分析，绘制出农业技术效率和农业 TFP 增长双变量莫兰散点图和 LISA 聚类图，限于篇幅，未能在本书中展示该图，如果需要可向作者索取，基本概况如图 5-6 和表 5-4 所示。在样本周期内，中国农业技术效率和农业 TFP 增长空间关联格局变动较大，从莫兰散点图来看，整体集聚程度在加强，2003 年中国农业技术效率和农业 TFP 增长双变量自相关以 L-H 型和 H-L 型主导，呈现出空间负相关。2015 年双变量的空间相关性为正向，高—高型集聚区域的省份有限，为了更清楚探讨区域之间的关联关系，借用双变量 LISA 聚类图分析（该图未在本书中呈现），按照集聚的类型分为以下四个方面来阐述。

（1）H-H 型集聚是指农业技术效率水平高，同时区域农业 TFP 增长水平也高，表明高水平的农业技术效率对农业 TFP 增长的带动作用明显。1998 年该区域仅仅只有浙江，2003 年演变为山东，2009 年和 2015 年没有一个省份属于这一区域。从时间维度可以看出，农业技术效率和农业 TFP 增长的交互影响非常薄弱，1998 年出现的高值集聚区域分布格局未能出现自我强化的趋势，溢出效应非常有限。这说明高水平的农业技术效率地区未能通过技术效率带动该地区的农业 TFP 增长，实现两者同步发展，相互促进。

（2）L-L 型集聚是指农业技术效率水平低，同时区域农业 TFP 增长水平也低，表明低水平的农业技术效率对农业 TFP 增长产生了抑制作用。1998 年低—低型集聚区域一共有 5 个省区，分别为内蒙古、陕西、山西、黑龙江和吉林，位于中国的华北和东北地区，1998~2015 年变动较大，到了 2015 年集聚的区域包括了西北部分地区，但主要集聚在西部地区，其资源禀赋条件相对东部地区来说相差很大，农业技术效率的改进以及农业 TFP 增长相比东部地区速度明显缓慢，这是这一区域逐渐扩大的原因所在。目前来看这一趋势应该是中国农业发展的基本现状，提升的空间很大。

（3）L-H 型集聚是指农业技术效率水平低，同时区域农业 TFP 增长水平高，表明农业技术效率水平虽低，但农业 TFP 增长速度较快。这一类型的区域分散，2003 年一共有 5 个省市，分别为甘肃、山西、河南、湖北、重庆，到 2015 年这一区域演变为湖南和广西。

（4）H－L 型集聚是指农业技术效率水平高，但农业 TFP 增长速度低，这一区域不稳定，1998 年仅有辽宁，2003 年和 2009 年消失了，2015 年也仅只有辽宁。这两种类型地区的区域面积相对较小，这些地区的农业发展的单轮驱动更为明显，显示出了农业 TFP 增长和农业技术效率未能同步发展。

5.5 本章小结

本章利用中国农业技术效率和农业 TFP 增长率，在了解其空间分布的基础上，首先讨论了农业生产率空间相关的经济学作用机理，然后利用探索性空间数据分析方法（ESDA）讨论了中国农业技术效率和农业 TFP 增长的空间相关性特征，并且进一步对中国农业技术效率和农业 TFP 增长两者之间的空间互相关关系进行了探索。主要结论如下。

（1）通过全局莫兰指数测算的结果可以看出，中国农业技术效率和农业 TFP 增长率存在空间相关性。在样本周期内，农业技术效率的空间相关性较强，而农业 TFP 增长的空间相关性相对较弱，两者的空间相关性呈现出减弱之势，但农业 TFP 增长的空间相关性变动幅度较大。

（2）通过局部的 LISA 聚类分析可以看到，农业技术效率的低—低型集聚区域比较稳定，主要集聚在西北地区和西南地区，低水平的农业技术效率形成一条低水平地带，空间溢出效应主要在低水平区域之间，有较强的空间相关性。高水平农业技术效率主要集聚在华东地区，集聚区域略有扩大，高水平农业技术效率地带形成非常有限，溢出效应不明显。与此不一致的是农业 TFP 增长的空间相关性特征，农业 TFP 增长集聚区域不稳定，集聚情况变动较大，高—高型集聚区域极不稳定，农业 TFP 增长低—低型集聚相对稳定。低水平农业 TFP 增长主要集聚在东北、华北和西北地区，形成了一个低水平农业 TFP 增长的地带，高水平农业 TFP 增长空间相关性不明显，集聚区域不稳定而且较小。通过样本周期内农业技术效率和农业 TFP 增长的空间格局演变比较，两者均存在空间相关性，但空间相关性以及集聚区域存在差异，在空间分布上并无很好的协同性。

（3）通过中国低碳农业技术效率和农业 TFP 增长双变量集聚性和显著性概况可以看出，农业技术效率与农业 TFP 增长存在空间关联效应，这种效应变动幅度较大，进一步验证了两者之间未能呈现出良好的协同发展趋势，不能利用高水平农业技术效率的溢出效应带动农业 TFP 协同发展，尤其是高—高型集聚区域的辐射和扩散效应很弱。低—低型集聚区域相对稳定，略有扩大，主要集中在中国的西部地区。由于西部地区的资源禀赋条件原因，农业技术效率的改进以及农业 TFP 增长相比东部地区速度缓慢，所以这一区域的差异逐渐扩大。

第6章

中国低碳农业生产率的收敛性及增长分布动态分析

第4章和第5章分别分析了低碳约束下中国农业生产率空间分布情况及其空间关联性。结果显示，低碳约束下中国农业生产率时空差异较大，低碳农业生产率存在空间关联，那么这种差异会随时间的推移而逐渐收敛吗？空间关联性对农业生产率的收敛性有促进作用还是抑制作用？本章将利用经济收敛的相关理论和方法回答上述问题，探索低碳约束下中国省域间农业生产率差异的动态演变趋势以及空间收敛性。在不牺牲环境的前提下，促进不同区域的农业经济可持续发展，同时为中国省域间农业生产率发展指明发展路径。本章主要从以下几个方面来阐述：首先，概述经济收敛的基本步骤；其次，对低碳约束下的中国农业生产率的绝对收敛、条件收敛和俱乐部收敛进行检验，并采用面板单位根检验中国省际农业生产率的随机收敛性；最后，从增长分布的角度探讨低碳约束下中国农业生产率的动态演变情况。

6.1 低碳农业生产率收敛性及增长分布动态分析步骤概述

低碳农业生产率的收敛性分析步骤如图6-1所示。第一，对低碳约束下农业生产率的绝对收敛性进行检验，检验各省份农业生产率的差异是否会逐渐消失。第二，利用各省份农业生产率的条件收敛进行检验，检验农业生产率的收敛性是否与省域的各种资源禀赋条件相关。第三，按照统计局对中国区域划分方法，划分东中西三大俱乐部，然后再对三大俱乐部收敛性进行检验，检验区域条件类似的三大俱乐部农业生产率的收敛性。第四，运用面板单位根的方法，对中国低碳约束下农业生产率的随机收敛进行检验，检验各省份农业生产率的差异是否长期存在。第五，根据增长动态分布的方法进一步对中国农业生产率的动态演进特征进行分析，把握其演进规律。

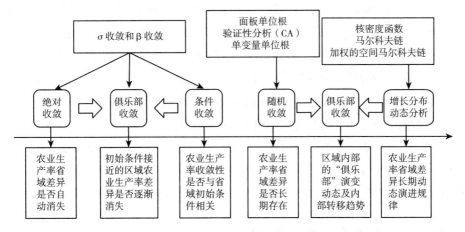

图 6-1 中国省域低碳农业生产率的收敛性及增长分布动态分析步骤

6.2 低碳农业生产率的收敛性检验

6.2.1 低碳农业生产率收敛的理论分析

农业生产率的提升与区域知识基础、发展的软环境息息相关。区域经济发展的差异会使资源禀赋累积不同，这使区域农业生产率产生差异，这种差异会逐渐收敛。从微观层面来看，一方面，农业企业为了确保自身利益最大化，会在资源要素成本上升和环境规制趋紧的背景下，增加农业技术研发投入，通过农业技术创新来提升管理水平，减少资源消耗，提升资源利用效率，从而带动农业生产率的提升。另一方面，随着生活水平的提高，环保意识也会增强，为了提高生活质量，个人会逐渐偏好清洁型生产和生活，从而有助于低碳约束下农业生产率的提升。宏观层面来看，一方面，日益严重的环境问题，尤其是农村环境污染，会促使政府采取更加严格的环境规制，迫使农业企业加大"资源节约、环境友好型"农业技术的研发和创新。另一方面，政府也会给企业和科研机构更多补贴，让其从事环境友好型技术的研发、创新和推广，利用农业新技术和新工艺促进资源的利用效率，降低农业碳排放，促进农业生产率水平的提升。

资源要素的流动会促进区域间学习能力提升，这会减少区域的异质性，从而减少农业生产率的差异，促进农业生产率收敛。由于区域的资源禀赋不同，区域的集聚效应和扩散效应存在差异。一方面，拥有比较优势的区域会使资本、劳动力和技术等要素产生大量积聚，过度集聚会出现要素的"拥挤效应"，引发环境压力过载问题，导致农业生产率下降，会迫使资源向邻近地区转移。另一方面，政府的区域政策会引领各种创新要素向落后地区集聚，从而激发区域的内生因素发展潜能，有助于农业生产率的空间收敛。另外，区域农业生产率高的省份具有较强的学习能力，能够创造和吸纳更多知识，导致区域农业生产率差异变大，同时扩散效应也会带动邻近地区的发展，再加上人才过度集聚和政府政策调控，这种差距会逐步缩小。区域农业生产率的差异因为学习效应、扩散效应和政府政策的调控而逐步收敛，其效果取决于多方力量空间交互的综合效应。

6.2.2 农业生产率σ收敛检验

σ收敛反映省际农业生产率差异的变化趋势，一般采用标准差和变异系数来检验σ收敛假说。以农业技术效率为例，y_i表示省份i的农业技效率水平，$\overline{y_i}$表示省份i的农业技术效率平均值，N为区域个数，σ为标准差。标准差计算依据式（6-1）。

$$\sigma = \sqrt{\frac{1}{N} \sum_{i=1}^{N} (y_i - \overline{y_i})^2} \tag{6-1}$$

σ反映了低碳约束下农业技术效率的相对差异，其值越大表明有更多省份的农业技术效率值与均值的差异较大。如果在第t年后，T满足：$\sigma_t > \sigma_{t+T}$，则N个省区市的农业技术效率在T段时间存在σ收敛；如果在第t年后的任意第S年满足：$\sigma_t > \sigma_{t+S}$，则N个省市区具有一致的σ收敛。

根据式（6-1）计算出全国、东部、中部和西部的农业技术效率标准差，根据计算的结果绘制成图，如图6-2所示。1998~2015年，中国省域间的农业技术效率差异变大且呈现出扩大的态势，呈现出"U"型，也就是说农业技术效率σ发散，这一趋势划分成两个阶段，以2006年为界，1998~2006年为第一阶段，2006~2015年为第二阶段。很明显，第一阶段中国省域间的农业技术效率差异逐渐减小，呈现出收敛的趋势，2006年发生转折，第二阶段中

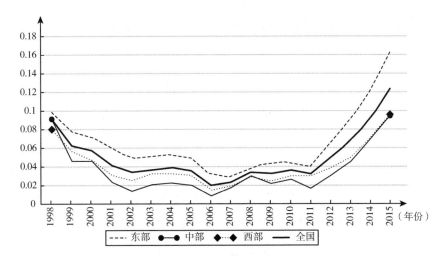

图6-2　全国以及三大区域的低碳农业技术效率的 σ 收敛检验

资料来源：图中所用数据是作者根据前文公式计算得到的。

国省域间农业技术效率的差异逐渐扩大，呈现出发散的趋势，2011 年后发散的速度明显加快。分区域来看，三大区域整体的演变轨迹与全国基本一致，都未能呈现收敛的趋势，但三大区域内部农业技术效率的省域差异不同，东部地区最大、中部次之、西部差异最小。从整个样本区间来看，2010 年之前收敛趋势基本稳定，2011 年后发散的趋势较为明显。

变异系数 cv 反映了农业技术效率的绝对差异，如果 cv 系数值越大，则省域间农业技术效率的绝对差异就越大。可以使用变异系数进一步来验证上述 σ 收敛，变异系数 cv 的计算如下。

$$cv = \frac{\sigma}{\bar{y}_i} \qquad (6-2)$$

根据式（6-2）计算出全国、东部、中部和西部的农业技术效率变异系数（cv），根据计算的结果绘制成图，如图 6-3 所示。就全国来说，1998 ~ 2015 年农业技术效率的 cv 值与其标准差的演变趋势基本一致，这也验证了农业技术效率不存在 σ 收敛。分区域来看，西部地区农业技术效率变异系数与其标准差的演变轨迹稍有差异，2001 ~ 2005 年其数值波动很小并趋于稳定，存在收敛迹象，但 2005 年后变动幅度逐渐加大，显然不存在 σ 收敛。东部和中部地区的变异系数演变轨迹与其标准差的演变轨迹基本一致。因此，无论是全国层面，还是东中西三大区域，其农业技术效率均不存在 σ 收敛。

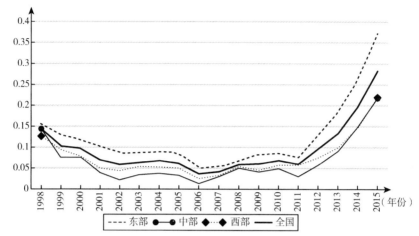

图 6 - 3　全国以及三大区域的低碳农业技术效率的变异系数（*cv*）

资料来源：图中所用数据是作者根据前文公式计算得到的。

同样依据式（6 - 1）和式（6 - 2）计算得出农业 TFP 增长率的标准差和变异系数值，根据结果的数值绘制成图。如图 6 - 4 所示，农业 TFP 增长率的标准差变动轨迹为倒"N"型，2005 年是一个拐点，1998～2005 年标准差呈现出下降的趋势，有收敛之势。2008 年是另一个拐点，2005～2008 年标准差开始发散，呈上升趋势，2008～2015 年开始下降，有收敛的倾向。但当整体变动幅度较大，很难确定有收敛的趋势，需要进一步检验。如图 6 - 5 所示，农

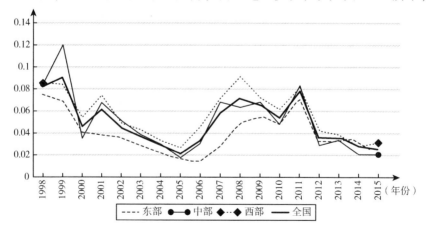

图 6 - 4　全国以及三大区域的低碳农业 TFP 增长率的 σ 收敛检验

资料来源：图中所用数据是作者根据前文公式计算得到的。

业 TFP 增长的变异系数变动轨迹和其标准差的变动轨迹基本一致。因此，全国以及三大区域的农业 TFP 增长在样本周期内不存在 σ 收敛。

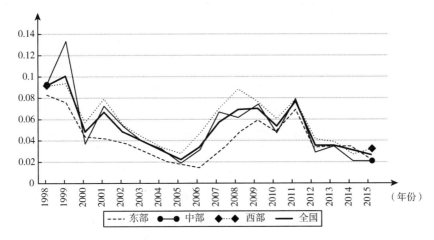

图 6 – 5　全国以及三大区域的低碳农业 TFP 增长效率的变异系数（cv）

资料来源：图中所用数据是作者根据前文公式计算得到的。

为了进一步验证利用标准差和变异系数得出的中国农业技术效率和农业 TFP 增长率不存在 σ 收敛的结论以及为了确保结论的可靠性，还可以通过式（6 – 3）检验其 σ 收敛：

$$\sigma_{it} = c + \lambda \cdot t + u_{it} \qquad (6-3)$$

其中，σ_{it} 表示农业技术效率和农业 TFP 增长率的标准差，c 常数项，t 为时间变量，u_{it} 为随机扰动项。如果 $\lambda < 0$ 且能够通过显著性检验，则表明农业技术效率和农业 TFP 增长率省域间的差异随时间逐渐缩小，有收敛趋势，存在 σ 收敛；如果 $\lambda > 0$ 且能够通过显著性检验，则表明农业技术效率和农业 TFP 增长率省域间的差异随时间逐年扩大，呈发散趋势，不存在 σ 收敛；如果 $\lambda = 0$，则表明农业技术效率和农业 TFP 增长率省域间的差异维持稳定，差异既未扩大也未缩小。

依据式（6-3），分区域做了相关回归检验。限于验证目的，表6 – 1 报告了常数项、λ 以及 P 值。如表6 – 1 所示，全国以及三大区域的农业技术效率的 λ 为正，呈发散趋势，但未能通过显著性检验。虽然农业 TFP 增长率三大区域的系数均 <0，显示出收敛的趋势，但未能通过显著性检验。这进一步证明了中国农业发展的区域非均衡性，即不存在 σ 收敛。

表 6－1　　　　　　　1998～2015 年中国低碳农业技术效率
以及农业 TFP 增长率 σ 收敛检验结果

区域	农业技术效率				农业 TFP 增长率			
	常数项	P 值	λ	P 值	常数项	P 值	λ	P 值
东部	0.047355	0.013	0.001994	0.224	0.048215	0.000	−0.00092	0.293
中部	0.030141	0.036	0.000625	0.614	0.072906	0.000	−0.00237	0.055
西部	0.035326	0.006	0.000605	0.562	0.070279	0.000	−0.00151	0.125
全国	0.039419	0.011	0.001195	0.940	0.064547	0.000	−0.00156	0.105

从理论上来说，区域之间的要素流动会促进技术的扩散和溢出，农业生产率落后地区比领先地区具有更快的增长率，邻近省份之间的农业生产率水平差异应该逐渐缩小。但已有的研究并未发现这一结论，目前中国还未形成完善的农业技术推广体系，农业技术推广水平与农业技术进步不同步，赶不上农业技术进步的速度（石慧，2008）。在新技术研发速度加快和农业技术推广缓慢的背景下，农业生产率领先省份的农业技术效率往往更高，其增长速度也优于农业生产率水平落后的省份。本章是在低碳约束下测算农业生产率的，而低碳技术发展相对匮乏，这会导致农业环境治理的技术学习和模仿较为困难，其溢出效应更有限。由此可见，低碳约束下的农业生产率在全国以及三大区域之间的差距并没出现随时间的推移而呈现缩小的趋势。

6.2.3　农业生产率绝对 β 收敛检验

6.2.3.1　空间计量模型的设定

由于空间经济单元之间的联系日益增强，省域间各种要素的交互在经济发展过程中的影响不容忽视。因此，在绝对 β 收敛分析中，加入空间要素交互效应的空间计量模型，由于空间杜宾模型更具有普遍性，可以退化成空间滞后模型（SAR）和空间误差模型（SEM），所以本章选定空间杜宾模型作为基础模型，农业技术效率的 β 绝对收敛方程。

$$Ln\left(\frac{TE_{i,t+1}}{TE_{i,t}}\right) = \rho \sum_{j=1}^{n} w_{ij} Ln\left(\frac{TE_{i,t+1}}{TE_{i,t}}\right) + \beta Ln TE_{i,t} + \lambda \sum_{j=1}^{n} w_{ij} Ln TE_{i,t} + u_i + v_t + \varepsilon_{i,t}$$

$$(6-4)$$

其中，右边第一项反映了因变量的空间交互效应，ρ 为空间滞后系数，w_{ij} 为表示行标准化的空间权重矩阵第 i 行和第 j 列元素。u_i 空间效应，v_t 表示时间效应，$\varepsilon_{i,t}$ 为随机误差项。如果 $LnTE_{i,t}$ 的系数 β 显著为负，则表明农业技术效率存在 β 绝对收敛。文中所使用的空间权重矩阵设定情况详见第 3 章说明。农业技术效率和农业 TFP 增长的空间相关性检验已在第 5 章中详细论述，这里不再赘述。

6.2.3.2　空间计量模型的选择

为了检验农业技术效率的 β 绝对收敛，需要选择合适的空间计量模型，由于空间计量模型存在滞后项，OLS 的估计结果有偏，采用 MLE 对式（6-4）进行估计。利用 Hausman 检验、似然值以及赤池信息准则来判断模型设定的合理性，检验结果如表 6-2 所示，以农业技术效率的结果为例，豪斯曼检验值为 23.81，且 P 值为 0.0000 < 0.01，在 1% 的显著性水平上拒绝原假设，应该选择固定效应模型。另外通过似然值最大和 AIC、BIC 最小原则也可得出固定效应模型较好。因此，基于以上检验应该选择固定效应模型。另外，采用 Wald 检验识别空间杜宾模型是否退化成空间滞后或是空间误差模型。Wald 检验的估计值 20.15，P 值为 0.0000 < 0.1，在 1% 的显著性水平都拒绝 $H_0: \lambda = 0$ 原假设，杜宾模型不能退化成空间滞后模型。类似地，Wald 检验估计值为 7.52，其 P 值为 0.0061 < 0.01，在 1% 显著性水平上拒绝 $H_0: \lambda + \rho\beta = 0$ 原假设，杜宾模型不能退化成空间误差模型。根据上述的检验结果，农业技术效率的空间收敛应该选择固定效应的空间杜宾模型较好。同样农业 TFP 的豪斯曼检验结果显示，应该选择固定效应模型，再根据瓦尔德检验结果得出均不能退化成空间误差模型和空间滞后模型，故选择固定效应空间杜宾模型。综上，第 6 章最终选择固定效应的空间杜宾模型对农业技术效率和农业 TFP 的收敛性进行判定。

表 6-2　　　　　　　　　　　　估计模型选择

分类	模型类别	似然值	AIC	BIC	结论
农业技术效率	fe	1060.026	-2112.051	-2094.983	固定效应
	re	1030.080	-2048.160	-2022.557	
	Hausman 检验	chi2（3）= 9.85	Prob > = chi2 = 0.0199		
	SDM 是否退化（瓦尔德检验）	chi2（1）= 201.15	Prob > = chi2 = 0.0061		拒绝退化成 SAR
		chi2（1）= 7.52	Prob > = chi2 = 0.0000		拒绝退化成 SEM

分类	模型类别	似然值	AIC	BIC	结论
农业TFP增长	fe	1038. 2910	− 2068. 583	− 2051. 514	
	re	997. 3943	− 1982. 789	− 1957. 185	固定效应
	Hausman 检验	chi2（3）= 140. 67	Prob > = chi2 = 0. 0000		
	SDM 是否退化（瓦尔德检验）	chi2（1）= 218. 24	Prob > = chi2 = 0. 0000		拒绝退化成 SAR
		chi2（1）= 13. 52	Prob > = chi2 = 0. 0002		拒绝退化成 SEM

6.2.3.3 全国以及三大俱乐部农业生产率的空间 β 绝对收敛

根据上述确定的空间杜宾模型，利用式（6 - 4）对全国的农业技术效率和农业 TFP 增长进行回归分析，结果如表 6 - 3 所示。为了确保结果更加稳健，文中选择了三个空间权重矩阵，分别为：基于 QUEEN 的一阶邻接权重矩阵、距离倒数平方权重矩阵和经济距离权重矩阵。从表中数据可以看到，ρ 均为正，且在 1% 的显著性水平上通过检验，说明模型设定时考虑空间相关性是非常必要的，且很合理。农业技术效率和农业 TFP 增长均在 1% 的显著性水平通过检验，且系数值也小于 0，农业技术效率的收敛速度为 0. 114。因此，中国省区市低碳约束下的农业技术效率和农业 TFP 增长率的增速与初始值呈相反的关系，也即是低水平农业生产率地区的增速要高于水平高的地区，内部差异逐渐缩小，最终各地区趋于稳态水平。

表 6 - 3   中国低碳农业技术效率和农业 TFP 增长的绝对 β 收敛检验

空间权重矩阵	农业技术效率			农业 TFP		
	wq	wd2	wed	wq	wd2	wed
lnTE	− 0. 108 ***（0. 0239）	− 0. 102 ***（0. 0229）	− 0. 101 ***（0. 0229）			
lnTFP				− 0. 947 ***（0. 0442）	− 0. 971 ***（0. 0442）	− 0. 975 ***（0. 0442）
W * lnTE	0. 119 ***（0. 0264）	0. 111 ***（0. 0271）	0. 121 ***（0. 0294）			
W * lnTFP				0. 770 ***（0. 0522）	0. 848 ***（0. 0541）	0. 856 ***（0. 0550）

续表

空间权重矩阵	农业技术效率			农业 TFP		
	wq	wd2	wed	wq	wd2	wed
ρ	0. 661 *** (0. 0306)	0. 740 *** (0. 0310)	0. 750 *** (0. 0312)	0. 690 *** (0. 0291)	0. 769 *** (0. 0289)	0. 777 *** (0. 0292)
N	527	527	527	527	527	527
LogL	1060. 0257	1077. 2965	1073. 8510	1038. 2914	1059. 8750	1055. 8229

注：（1）＊＊＊、＊＊、＊ 分别表示在 1%、5%、10% 的水平下显著，括号中数字为标准误；（2）wq 是基于 QUEEN 一阶邻接权重矩阵，wd2 表示距离倒数平方权重矩阵，wed 表示经济距离权重矩阵，具体说明详见第 3 章。

在全国的基础上，为了更好地探讨农业技术效率和农业 TFP 增长的空间绝对 β 收敛，继续分析东中西三大俱乐部是否也和全国一样存在绝对 β 收敛。为了确保结果的稳定性，仍然利用三种空间权重矩阵，利用固定效应的空间杜宾模型进行回归，结果如表 6 - 4 所示。

从表中结果来看，空间相关性系数均为正，基本稳定在 0.6 左右，且在 1% 的显著性水平上通过检验，三大俱乐部的农业技术效率和农业 TFP 增长存在较强的空间相关性。就农业技术效率来说，三大俱乐部的收敛系数均为负，

表 6 - 4　中国低碳农业技术效率和农业 TFP 增长的俱乐部收敛估计结果

地区	空间权重矩阵	农业技术效率			农业 TFP		
		wq	wd2	wed	wq	wd2	wed
东部	lnTE	- 0. 0155 (0. 0290)	- 0. 0463 (0. 0309)	- 0. 0321 (0. 0300)			
	lnTFP				- 0. 846 *** (0. 0743)	- 0. 850 *** (0. 0742)	- 0. 844 *** (0. 0743)
	W * lnTE	0. 0553 * (0. 0321)	0. 102 *** (0. 0378)	0. 0902 ** (0. 0373)			
	W * lnTFP				0. 674 *** (0. 0886)	0. 680 *** (0. 0861)	0. 665 *** (0. 0875)
	ρ	0. 602 *** (0. 0461)	0. 681 *** (0. 0469)	0. 672 *** (0. 0482)	0. 664 *** (0. 0414)	0. 721 *** (0. 0415)	0. 712 *** (0. 0423)
	N	187	187	187	187	187	187
	LogL	430. 52	436. 69	432. 74	424. 88	431. 45	428. 18

续表

地区	空间权重矩阵	农业技术效率			农业 TFP		
		wq	wd2	wed	wq	wd2	wed
中部	lnTE	−0.167** (0.0675)	−0.211*** (0.0688)	−0.209*** (0.0688)			
	lnTFP				−0.996*** (0.0891)	−1.022*** (0.0882)	−1.023*** (0.0883)
	W*lnTE	0.163** (0.0736)	0.202*** (0.0728)	0.202*** (0.0731)			
	W*lnTFP				0.764*** (0.0964)	0.825*** (0.0966)	0.819*** (0.0962)
	ρ	0.620*** (0.0448)	0.668*** (0.0441)	0.663*** (0.0442)	0.647*** (0.0418)	0.691*** (0.0418)	0.685*** (0.0419)
	N	136	136	136	136	136	136
	LogL	275.03	281.36	280.71	268.16	273.41	272.77
西部	lnTE	−0.0641* (0.0355)	−0.0561 (0.0355)	−0.0638* (0.0355)			
	lnTFP				−0.888*** (0.0711)	−0.956*** (0.0711)	−0.957*** (0.0710)
	W*lnTE	0.0778* (0.0402)	0.0856* (0.0447)	0.0902** (0.0445)			
	W*lnTFP				0.633*** (0.0875)	0.737*** (0.0820)	0.754*** (0.0835)
	ρ	0.589*** (0.0536)	0.664*** (0.0494)	0.668*** (0.0491)	0.628*** (0.0487)	0.689*** (0.0444)	0.694*** (0.0446)
	N	204	204	204	204	204	204
	LogL	367.84	379.60	380.55	361.91	377.97	377.66

注：（1）***、**、*分别表示在 1%、5%、10%的水平下显著，括号中数字为标准误；（2）wq 是基于 QUEEN 一阶邻接权重矩阵，wd2 表示距离倒数平方权重矩阵，wed 表示经济距离权重矩阵，具体说明详见第 3 章。

与初始的农业技术效率增长率呈现负相关，表明农业技术效率朝着均衡稳态的水平发展。但东部地区未能通过显著性检验，东部地区不存在绝对 β 收敛，中西部地区存在绝对 β 收敛，中西部的收敛速度分别为 0.183、0.066，中部地区的收敛速度高于全国水平，明显高于西部地区。农业 TFP 增长率收敛系数均为负，在1%的显著性水平上通过检验，三大俱乐部均存在绝对β收敛。

6.2.4　农业生产率条件β收敛检验

6.2.4.1　空间计量模型的设定

β条件收敛是指每个空间单元的经济特征与自然禀赋条件存在差异，会使得低碳约束下农业生产率收敛于各自的稳态值，由于每个空间单元的结构不同，收敛的稳态水平也有差异。在绝对β收敛的基础上，分析β条件收敛需要对农业生产率发展的稳态进行控制，需要将影响农业生产率的因素纳入空间计量模型中，即在农业生产率的β条件收敛模型中考虑不同区域的经济发展水平、农村受教育水平、农业开放度、农业公共投资、农业产业结构以及地理环境方面的差异。因此，在β绝对收敛方程基础上加上相关的控制变量，$X_{i,t}$表示控制变量，这里选取控制变量详见第4章说明。

$$Ln\left(\frac{TE_{i,t+1}}{TE_{i,t}}\right) = \rho \sum_{j=1}^{n} w_{ij}Ln\left(\frac{TE_{i,t+1}}{TE_{i,t}}\right) + \beta LnTE_{i,t} + \lambda \sum_{j=1}^{n} w_{ij}LnTE_{i,t}$$

$$+ \delta X_{i,t} + \varphi \sum_{j=1}^{n} w_{ij}X_{i,t} + u_i + v_t + \varepsilon_{i,t} \qquad (6-5)$$

式（6-5）中，如果β显著为负，表明农业生产率水平较低的省份增长速度比农业生产率水平高的省份速度更快，表明存在β收敛，反之，则不收敛。文中所使用的空间权重矩阵的具体情况详见第3章说明。农业技术效率和农业TFP增长的空间相关性检验已在第5章详细论述，这里不再赘述。

6.2.4.2　空间计量模型的选择

为了检验农业技术效率的β条件收敛，需要选择适当的空间计量模型，同样为了避免回归方程中因滞后项使OLS结果有偏，故采用MLE对式（6-5）进行估计。利用Hausman检验、似然值以及赤池信息准则来选择固定效应还是随机效应，检验结果如表6-5所示。以农业技术效率的结果为例，豪斯曼检验值为58.53，且P值为0.0000<0.01，在1%的显著性水平上拒绝原假设，应该选择固定效应模型。另外通过似然值最大和AIC、BIC最小原则也可得出固定效应模型较好。另外，采用Wald检验识别空间杜宾模型是否退化成SAR模型或SEM。Wald检验的估计值155.03，P值为0.0000<0.1，在1%的显著性水平都拒绝H_0：$\lambda=0$原假设，杜宾模型不能退化成空间滞后模型。类似地，Wald检验估计值为100.03，其P值为0.0000<0.01，在1%显著性水平上拒

绝 H_0：$\lambda + \rho\beta = 0$ 原假设，杜宾模型不能退化成空间误差模型。根据上述的检验结果，农业技术效率的空间收敛应该选择空间杜宾模型较好。故农业技术效率收敛性检验应该选择固定效应的空间杜宾模型。同样农业 TFP 增长的检验结果显示，也应该选择固定效应的空间杜宾模型。因此，本章的最终选择固定效应的空间杜宾模型来对农业技术效率和农业 TFP 的收敛性进行判定。

表 6-5 估计模型选择

分类	模型类别	似然值	AIC	BIC	结论
农业技术效率	fe	1175.258	-2314.515	-2237.705	
	re	1107.242	-2174.484	-2089.14	固定效应
	Hausman 检验	chi2（17）=58.53	Prob > = chi2 = 0.0000		
	SDM 是否退化（瓦尔德检验）	chi2（8）=155.03	Prob > = chi2 = 0.0000		拒绝退化成 SAR
		chi2（8）=100.03	Prob > = chi2 = 0.0000		拒绝退化成 SEM
农业TFP增长	fe	1115.942	-2195.884	-2119.074	
	re	1035.282	-2030.563	-1945.219	固定效应
	Hausman 检验	chi2（17）=47.22	Prob > = chi2 = 0.0001		
	SDM 是否退化（瓦尔德检验）	chi2（8）=155.03	Prob > = chi2 = 0.0000		拒绝退化成 SAR
		chi2（8）=100.03	Prob > = chi2 = 0.0000		拒绝退化成 SEM

6.2.4.3 全国以及三大俱乐部农业生产率空间 β 条件收敛

利用固定效应的空间杜宾模型对全国的农业技术效率和农业 TFP 增长的收敛性进行判断，结合三种空间权重矩阵，利用 MLE 对式（6-5）进行估计，结果如表 6-6 所示。从表中数据可以看到，ρ 均为正，且在 1% 的显著性水平上通过检验，进一步验证了模型设定时考虑空间相关性是必要的，且很合理。从回归的结果来看，以农业技术效率为例，三种空间权重矩阵的结果均在 1% 的显著性水平通过检验，且系数值也小于 0。影响农业技术效率收敛性的控制变量在 1% 的显著性水平都通过了检验，仅农村劳动力平均受教育年限在 5% 的显著性水平通过检验，显然各个地区的资源禀赋差异、农业结构变化以及经济发展水平影响农业技术效率的收敛，考虑资源禀赋差异后的农业技术效率的收敛速度为 0.333，显然收敛于自身稳态水平的速度明显提高。因此，中国省区市低碳约束下的农业技术效率和农业 TFP 增长率的增速均与初始值呈相反的关系，也即是低水平的农业生产率地区的增速要高于水平高的地区，内部差异逐渐缩小，最终各省份收敛于自身的稳态水平。

表6-6　　中国低碳农业技术效率及农业 TFP 增长的条件 β 收敛检验

权重矩阵	农业技术效率			农业 TFP		
	wq	wd2	wed	wq	wd2	wed
lnTE	-0.283 *** (0.0247)	-0.281 *** (0.0243)	-0.279 *** (0.0241)			
Open	-0.0153 *** (0.00335)	-0.0171 *** (0.00331)	-0.0171 *** (0.00332)	-0.0158 *** (0.00381)	-0.0179 *** (0.00372)	-0.0186 *** (0.00371)
Edu	-0.00530 ** (0.00229)	-0.00255 (0.00221)	-0.00221 (0.00222)	0.00108 (0.00249)	0.00191 (0.00240)	0.00218 (0.00240)
lnEl	0.148 *** (0.0146)	0.160 *** (0.0154)	0.157 *** (0.0153)	0.107 *** (0.0163)	0.107 *** (0.0168)	0.112 *** (0.0167)
Fis	-0.533 *** (0.0700)	-0.525 *** (0.0717)	-0.549 *** (0.0720)	-0.189 ** (0.0739)	-0.193 *** (0.0745)	-0.205 *** (0.0743)
Pr	-0.385 *** (0.0595)	-0.401 *** (0.0603)	-0.406 *** (0.0606)	-0.428 *** (0.0673)	-0.378 *** (0.0664)	-0.403 *** (0.0670)
Ar	-0.339 *** (0.0621)	-0.380 *** (0.0629)	-0.379 *** (0.0630)	-0.200 *** (0.0643)	-0.175 *** (0.0632)	-0.181 *** (0.0638)
lnTFP				-1.118 *** (0.0425)	-1.135 *** (0.0422)	-1.143 *** (0.0419)
W * lnTE	0.142 *** (0.0329)	0.155 *** (0.0327)	0.165 *** (0.0344)			
W * lnTFP				0.420 *** (0.0781)	0.490 *** (0.0791)	0.498 *** (0.0781)
ρ	0.562 *** (0.0352)	0.609 *** (0.0374)	0.614 *** (0.0376)	0.504 *** (0.0409)	0.573 *** (0.0415)	0.587 *** (0.0411)
N	527	527	527	527	527	527
R^2	0.5209	0.5233	0.4767	0.7062	0.7297	0.7289
LogL	1175.26	1188.08	1187.68	1115.94	1134.49	1135.42

注：（1）***、**、* 分别表示在1%、5%、10%的水平下显著，括号中数字为标准误；（2）wq是基于 QUEEN 一阶邻接权重矩阵，wd2 表示距离倒数平方权重矩阵，wed 表示经济距离权重矩阵，具体说明详见第3章；（3）限于篇幅，控制变量的间接效应未呈现在表中。

在全国的基础上，继续考察三大俱乐部是否也和全国一样存在条件 β 收敛。结合三种空间权重矩阵，利用固定效应的空间杜宾模型进行回归，结果如表6-7所示，表中呈现了两种权重矩阵的农业技术效率收敛性回归结果。从结果来看，空间相关性均为正，基本稳定在0.5左右，且在1%的显著性水平上通过检验，三大俱乐部的农业技术效率存在较强的空间相关性。三大俱乐部的收敛系数均为负，与初始的农业技术效率增长率呈现负相关，表明农业技术效率地朝着自身均衡稳态水平发展。东中西三大俱乐部的收敛速度分别为0.102、0.868、0.587，三大俱乐部收敛的速度存在较大的差异，中部地区的收敛速度最高，形成中部最高、西部次之、东部最低的格局。如表6-8所示，农业TFP增长率收敛系数均为负，且在1%的显著性水平上通过检验，三大俱乐部均存在条件β收敛，说明东中西三大俱乐部的农业TFP增长会逐渐趋近于自身的稳态水平，最终收敛。

表6-7 中国低碳农业技术效率俱乐部收敛估计结果

权重矩阵	基于 QUEEN 一阶邻接权重矩阵			经济距离权重矩阵		
	东部	中部	西部	东部	中部	西部
lnTE	-0.0966 ***	-0.580 ***	-0.444 ***	-0.112 ***	-0.609 ***	-0.394 ***
	(0.0341)	(0.0705)	(0.0498)	(0.0310)	(0.0700)	(0.0477)
Open	-0.00755 *	1.017 ***	0.0654	-0.00516	1.005 ***	0.0443
	(0.00389)	(0.277)	(0.0636)	(0.00347)	(0.264)	(0.0607)
Edu	0.0117	-0.00827	-0.0101 ***	0.000755	-0.00684	-0.0086 ***
	(0.00716)	(0.00710)	(0.00351)	(0.00725)	(0.00686)	(0.00327)
lnEl	0.0954 ***	0.230 ***	0.360 ***	0.0842 ***	0.209 ***	0.316 ***
	(0.0341)	(0.0463)	(0.0415)	(0.0293)	(0.0448)	(0.0395)
Fis	-0.439 ***	-0.396 ***	-0.725 ***	-0.516 ***	-0.391 ***	-0.661 ***
	(0.146)	(0.126)	(0.124)	(0.147)	(0.122)	(0.117)
Pr	-0.176 **	-0.340 **	-0.428 ***	-0.158 **	-0.353 **	-0.412 ***
	(0.0767)	(0.142)	(0.117)	(0.0724)	(0.142)	(0.116)
Ar	-0.142 *	-0.248	-0.250 **	-0.140 **	-0.308 **	-0.224 *
	(0.0749)	(0.153)	(0.122)	(0.0713)	(0.153)	(0.115)
W * lnTE	0.0990 **	0.193 **	0.289 ***	0.104 **	0.215 **	0.213 ***
	(0.0483)	(0.0819)	(0.0654)	(0.0485)	(0.0869)	(0.0708)

续表

权重矩阵	基于 QUEEN 一阶邻接权重矩阵			经济距离权重矩阵		
	东部	中部	西部	东部	中部	西部
ρ	0.577 *** (0.0499)	0.405 *** (0.0630)	0.533 *** (0.0585)	0.641 *** (0.0503)	0.426 *** (0.0671)	0.565 *** (0.0638)
N	187	136	204	187	136	204
R^2	0.3145	0.7351	0.5425	0.3299	0.7569	0.5886
LogL	450.47	326.61	426.72	454.29	332.00	435.9

注:(1) ***、**、* 分别表示在 1%、5%、10% 的水平下显著,括号中数字为标准误;
(2) 限于篇幅,控制变量的间接效应未呈现在表中。

表6-8　　　　中国低碳农业 TFP 增长率俱乐部收敛估计结果

权重矩阵	基于 QUEEN 一阶邻接权重矩阵			经济距离权重矩阵		
	东部	中部	西部	东部	中部	西部
lnTFP	-0.994 *** (0.0738)	-1.256 *** (0.0854)	-1.111 *** (0.0691)	-0.987 *** (0.0739)	-1.254 *** (0.0834)	-1.124 *** (0.0694)
Open	-0.0132 *** (0.00396)	0.553 * (0.328)	-0.0510 (0.0729)	-0.00970 *** (0.00363)	0.456 (0.322)	-0.0566 (0.0685)
Edu	0.00693 (0.00721)	0.00324 (0.00738)	0.000631 (0.00378)	-0.00131 (0.00746)	0.00356 (0.00726)	0.00320 (0.00343)
lnEl	0.0540 * (0.0305)	0.190 *** (0.0534)	0.174 *** (0.0408)	0.0590 ** (0.0291)	0.160 *** (0.0520)	0.144 *** (0.0372)
Fis	-0.145 (0.139)	-0.515 *** (0.152)	-0.162 (0.126)	-0.297 ** (0.146)	-0.464 *** (0.149)	-0.205 * (0.120)
Pr	-0.260 *** (0.0765)	-0.405 ** (0.167)	-0.587 *** (0.137)	-0.225 *** (0.0741)	-0.344 ** (0.167)	-0.494 *** (0.134)
Ar	-0.188 *** (0.0693)	-0.0524 (0.172)	-0.0682 (0.139)	-0.132 * (0.0677)	-0.0247 (0.173)	-0.0952 (0.132)
W * lnTFP	0.487 *** (0.100)	0.478 *** (0.118)	0.130 (0.139)	0.607 *** (0.107)	0.454 *** (0.122)	0.275 * (0.141)
ρ	0.581 *** (0.0472)	0.480 *** (0.0549)	0.358 *** (0.0745)	0.669 *** (0.0481)	0.490 *** (0.0588)	0.449 *** (0.0733)
N	187	136	204	187	136	204

权重矩阵	基于 QUEEN 一阶邻接权重矩阵			经济距离权重矩阵		
	东部	中部	西部	东部	中部	西部
R^2	0.5973	0.7437	0.7204	0.5581	0.7665	0.7321
$LogL$	448.34	298.52	399.72	447.92	302.70	409.72

注：（1）＊＊＊、＊＊、＊分别表示在 1%、5%、10% 的水平下显著，括号中数字为标准误；
（2）限于篇幅，控制变量的间接效应未呈现在表中。

综上所述，在样本周期内，全国以及三大俱乐部内部低碳约束下的农业生产率不存在 σ 绝对收敛，但农业生产率存在绝对 β 收敛。除了东部地区农业技术效率的绝对 β 收敛迹象不明显外，全国范围内以及三大俱乐部内部均存在条件 β 收敛，各个省份的农业生产率朝着自身均衡稳态水平不断趋近，但区域内追赶效应的速度存在差异。

6.3 低碳农业生产率随机收敛性检验

与经典收敛方法不同（β 收敛、σ 收敛），随机性收敛关注经济体之间的差距是否在长期内能保持较稳定的变化路径，不再关注生产率增长的绝对差异，随机收敛反映了经济单元之间的长期收敛情况，可以用来检验省份之间农业生产率的差异是否会长期存在。现有研究的重心集中在一定区域内，比如全国或者东、中、西部，主要识别特定区域农业生产率的收敛特征，忽视了区域内部子样本收敛情况的判断。虽然特定区域可能不收敛，但区域内部仍然存在一个子区域，其区域内部的各省份存在共同趋势，也就是说，特定区域的全局性发散并不能否定局部存在收敛子集的可能。接下来，以农业生产率为例，基于随机收敛的视角，利用面板单位根检验中国农业生产率发展的敛散性，并遵循子集分析路径识别区域内可能存在的收敛俱乐部。

6.3.1 随机收敛的检验方法

在现有的研究中，大多采用单位根检验的方法，本章采用卡里诺和米尔斯（1996）提出的收敛检验框架。依据检验的结果来判断，如果存在单位根则表明经济单元的农业生产率是发散的。反之，经济单元的农业生产率是收敛的。基本思路是首先设定 N 个经济单元，当共同趋势 α_t 与有限参数 $\mu_1, \mu_2, \cdots, \mu_n$ 存在，使得式（6-6）成立，则 N 个经济单元的农业生产率收敛于共同趋势 α_t。

$$\lim_{k \to 0} E_t(y_{n,t+k} - \alpha_{t+k}) = u_n(n = 1,2,\cdots,N) \qquad (6-6)$$

式（6-6）中，$y_{n,t}$ 表示第 n 个省份 t 时期的农业生产率，α_t 是所有经济单元农业生产率发展的共同趋势。随机检验两两配对的方式可能会带来单位根检验"势"值过低的问题，使得单位根检验的可靠性降低。对于 N 个经济单元，平均式（6-6）可以得到式（6-7）：

$$\lim_{k \to 0} E_t(\bar{y}_{t+k} - \alpha_{t+k}) = \frac{1}{N} \sum_{n=1}^{N} u_n \qquad (6-7)$$

$$\bar{y}_t = \frac{1}{N} \sum_{n=1}^{N} y_{nt} \qquad (6-8)$$

式（6-6）和式（6-7）中的 α_t 无法观测到，所以必须剔除共同趋势 α_t。可以通过将式（6-6）减去式（6-7），这样可以得到式（6-9）：

$$\lim_{k \to 0} E_t(y_{n,t+k} - \bar{y}_{t+k}) = u_n - \frac{1}{N} \sum_{n=1}^{N} u_n \qquad (6-9)$$

对于每一个经济单元，而且仅当 $y_{n,t+k} - \bar{y}_{t+k}$ 是平稳序列时，这 N 个经济单元存在收敛趋势，具体评定标准依据是式（6-10）中的参数 β_n 是否为 0 来确定。

$$\Delta(y_{n,t} - \bar{y}_t) = \delta_n + \beta_n(y_{n,t-1} - \bar{y}_{t-1}) + \frac{1}{N} \sum_{k=1}^{p} \varphi_{n,k} \Delta(y_{n,t-k} - \bar{y}_{t-k}) + \mu_{n,t}$$

$$(6-10)$$

其中，n、t 分别是 $n = 1,2,\cdots,N$；$t = 1,2,\cdots,T$。β_n 表示地区效应，参数 $\varphi_{n,k}$ 使得 $\sum_n \varphi_{n,k} L^n$ 的根都位于单位圆外部，L 为滞后算子，假定 $N \to \infty$，式（6-10）中 μ 在各个经济单元间均不存在相关关系。因此，可以通过检验经济单元面板数据序列 $(y_{n,t} - \bar{y}_t)$ 是否平稳来判断各经济单元的农业生产率是否存在随机收敛。当 $\beta_n < 0$ 时，$(y_{n,t+k} - \bar{y}_{t+k})$ 为平稳序列，农业生产率差距 $(y_{n,t} - \bar{y}_t)$ 是个平稳的随机过程，说明所有经济单元存在趋同均衡水平运动，对区域 n 的冲击是暂时的，随时间的推移会逐渐消失，经济单元农业生产率发

展趋于共同趋势，农业生产率存在随机性趋同；反之，如果 $\beta_n = 0$，则 $(y_{n,t} - \bar{y}_t)$ 是非平稳序列，外部冲击效应会不断累积，农业生产率呈现随机发散趋势，最终农业生产率偏离共同趋势。

6.3.2　全局性随机收敛检验

随机收敛的判断一般采用面板单位根检验，常见的方法有 IPS 检验（Im et al.，2003）和哈德利检验（Hadrid，2000）等[①]。比起单变量的单位根检验，面板单位根检验的结果阐释存在模糊性[②]，崔志勇（2002）提出了验证性分析（confirmatory analysis，CA）方法解决了这一问题，通过对不同类型面板单位根检验结果进行比较分析，试图得出较为稳健的结论。如表 6 - 9 所示，CA 有这样几种可能结果。具体为：第Ⅰ种类型结论表示序列的平稳性无法判断；第Ⅱ种类型结论表明所有序列均是平稳序列，存在随机收敛；第Ⅲ种类型结果表明所有序列存在单位根，不存在随机收敛；第Ⅳ种类型结果表明部分序列随机收敛，结论不确定。

表 6 - 9　　　　　　　　　　验证性分析（CA）结果类型

序号	IPS 检验结果	哈德利检验结果	类型
1	不能拒绝原假设	不能拒绝原假设	Ⅰ
2	拒绝原假设	不能拒绝原假设	Ⅱ
3	不能拒绝原假设	拒绝原假设	Ⅲ
4	拒绝原假设	拒绝原假设	Ⅳ
IPS 检验	H0：所有面板单位包含单位根		
哈德利检验	H0：所有面板单位均为平稳过程		

基于以上的分析，验证性分析方法谨慎地阐释了面板单位根检验结论，得出了较为稳健的结论。本章基于 CA 分析方法对中国农业生产率是否收敛进行了随机收敛检验。首先，将各省的农业生产率自然对数值减去全国均值的自然

[①]　IPS 检验的原假设为所有序列存在单位根，而哈德利检验的原假设为所有序列为平稳序列。

[②]　如果 IPS 检验结果拒绝原假设，序列不存在单位根，但并不是意味着所有序列都是平稳的，同样哈德利检验结果拒绝原假设，序列存在单位根，但并不意味着所有序列都有单位根的存在，依赖单一的检验标准势必会对实证结果的准确把握带来不利影响。

对数值，然后，利用得到的面板数据进行单位根检验，通过结论来判定 31 个省区市作为整体是否存在趋同发展，检验的结论如表 6 – 10 所示。结果显示，全国所有省份的农业技术效率 IPS 检验和哈德利检验均在 1% 的显著性水平拒绝了原假设，属于验证性分析结论中Ⅳ型，这可能由于部分序列是平稳序列，部分是随机发散的。从验证性分析的结论中可以看出，虽然不能得出全局性共同收敛趋势，但区域内部省份可能存在一个或者多个子集，而该子集可能存在随机收敛，这些收敛的子集可能成为收敛俱乐部。如表 6 – 11 所示，全国的农业 TFP 增长同样也属于验证性分析结论中Ⅳ型，部分序列平稳和部分序列发散，其内部可能存在收敛俱乐部。

表 6 – 10　　　　　　　低碳农业技术效率的全局性收敛检验结果

区域	IPS	Prob	Hadrid	Prob	CA 结果
全国	– 2.6498	0.0040	16.1398	0.0000	Ⅳ
东部	– 0.1582	0.4371	11.8149	0.0000	Ⅲ
中部	– 2.6296	0.0043	4.6199	0.0000	Ⅳ
西部	– 1.0145	0.1552	9.0014	0.0000	Ⅲ

注：（1）全国省份的单位根检验的面板数据是基于各省农业技术效率的对数值减去全国均值的自然对数值；（2）三大区域的单位根检验的面板数据是基于各省农业技术效率自然对数值减去各自对应区域的均值的自然对数值。

表 6 – 11　　　　　　　低碳农业 TFP 增长的全局性收敛检验结果

区域	IPS	Prob	Hadrid	Prob	CA 结果
全国	– 8.6965	0.0000	1.9349	0.0265	Ⅳ
东部	– 5.1494	0.0000	2.7831	0.0027	Ⅳ
中部	– 3.6503	0.0001	– 0.6754	0.7503	Ⅱ
西部	– 6.6086	0.0000	0.5209	0.3012	Ⅱ

注：（1）全国省份的单位根检验的面板数据是基于各省农业 TFP 的对数值减去全国均值的自然对数值；（2）三大区域的单位根检验的面板数据是基于各省农业技术效率自然对数值减去各自对应区域的均值的自然对数值。

相对于全国农业技术效率均值的收敛趋势，区域内部的省份是否存在收敛趋势，本章采用 ADF、PP 和 KPSS 等单变量单位根检验方法，分省份考察农业技术效率的随机收敛趋势，单变量检验结论如表 6 – 12 所示。ADF 检验结果显示，仅有 8 个省份的序列通过了显著性检验，拒绝了其原假设，这 8 个序列是平稳的。其中，只有湖北在1%的显著性水平上拒绝了原假设，福建、广西、海南和宁夏4个省区在5%的显著性水平上拒绝了原假设，在10%的显著性水平上拒绝原假设的省份有黑龙江、江苏和湖南。PP检验结果显示，仅有7个省区市的序列通过了显著性检验，拒绝了其原假设，这7个序列是平稳的。其中，福建和海南在1%的显著性水平上拒绝了原假设，天津、黑龙江、江苏、湖南和宁夏在5%的显著性水平上拒绝了原假设。从KPSS检验结果来看，一共有15个省区市通过了显著性检验，拒绝了序列是平稳序列的原假设。其中，山东、青海和宁夏在1%的显著性水平上拒绝了原假设，北京、天津、河北、黑龙江、安徽、福建、江西、广东和贵州一共9个省区市在5%的显著性水平上拒绝了原假设，湖北、广西和陕西在10%的显著性水平拒绝了原假设。

表6－12 低碳农业技术效率的单变量单位根检验结果

省区市	ADF	PP	KPSS	省区市	ADF	PP	KPSS
北京	2.6581	2.8101	0.6806 **	湖北	-5.3704 ***	-0.9120	0.1296 *
天津	-1.9854	-3.8845 **	0.1619 **	湖南	-2.9802 *	-4.2781 **	0.1142
河北	0.4806	0.5898	0.1641 **	广东	-2.7013	-3.1447	0.1678 **
山西	0.1753	0.1609	0.0962	广西	-3.2499 **	0.2269	0.1206 *
内蒙古	1.2886	1.5313	0.1211	海南	-2.5134 **	-2.8130 ***	0.1042
辽宁	-2.5731	-2.4320	0.0958	重庆	-0.3728	-0.2851	0.1084
吉林	-2.9159	-2.8183	0.1182	四川	0.1300	0.1598	0.1137
黑龙江	-2.7159 *	-3.0459 **	0.2067 **	贵州	-1.0267	-0.4455	0.1611 **
上海	-0.8031	-0.6910	0.1092	云南	1.5459	1.5822	0.1014
江苏	-3.4625 *	-3.4363 **	0.1185	西藏	1.3568	1.4781	0.1183
浙江	-0.2016	-0.0815	0.0783	陕西	-2.7538	-2.7518	0.1239 *
安徽	0.9899	-0.4934	0.1700 **	甘肃	-2.8162	1.1417	0.0817
福建	-3.7675 **	-7.7122 ***	0.1606 **	青海	-0.9113	-0.8761	0.0780 ***
江西	-2.5502	-2.5502	0.1577 **	宁夏	-3.4897 **	-3.4897 **	0.0615 ***
山东	-0.3962	-0.4109	0.1079 ***	新疆	-2.0578	-2.0578	0.0972
河南	1.0572	1.0961	0.1093				

注：***、**、*分别表示在1%、5%、10%的水平下显著。

如表6－13所示，农业TFP增长的单变量收敛情况，仅天津、江苏和陕西3个省市的ADF未能拒绝单位根的原假设，PP检验显示天津、江苏、陕西、山西和甘肃未能拒绝存在单位根的原假设，大部分省区市的农业 TFP 增长序列都是平稳的，KPSS 检验结果显示，有 14 个省区市拒绝了平稳序列的原假设。

表 6－13　　　　低碳农业 TFP 增长的单变量单位根检验结果

省区市	ADF	PP	KPSS	省区市	ADF	PP	KPSS
北京	− 3.3580 **	− 3.3533 **	0.1598 **	湖北	− 3.7498 **	− 3.7385 **	0.1289 *
天津	− 1.9589	− 1.7168	0.1933 **	湖南	− 4.0369 ***	− 4.1005 ***	0.2774
河北	− 3.9252 ***	− 3.9229 ***	0.3135	广东	− 3.3633 ***	− 3.3002 ***	0.1424
山西	3.7866 **	− 2.9925	0.1093	广西	− 3.3738 **	− 3.6786 *	0.1343
内蒙古	− 4.2432 ***	− 5.4490 ***	0.2437	海南	− 3.9101 **	− 4.1880 **	0.1205 *
辽宁	− 3.9595 ***	− 3.9958 ***	0.1045	重庆	− 3.5290 ***	− 3.4836 ***	0.4425 ***
吉林	− 3.1845 **	− 2.8114 *	0.1345 *	四川	− 3.4789 ***	− 3.4789 ***	0.0889
黑龙江	− 3.9964 **	− 4.0785 **	0.1386 *	贵州	− 4.3667 **	− 4.4271 **	0.0768
上海	− 3.6100 **	− 7.4977 ***	0.1253 **	云南	− 4.6326 ***	− 4.6411 ***	0.1102
江苏	− 3.2391	− 3.2282	0.1713 **	西藏	− 3.5286 **	− 3.4928 **	0.1317 *
浙江	− 4.4360 **	− 4.7330 ***	0.16443	陕西	− 0.8250	− 3.0672	0.1895
安徽	− 3.9498 **	− 4.0042 ***	0.0911	甘肃	− 3.7987 **	− 2.6458	0.1050
福建	− 4.6303 ***	− 4.6710 ***	0.2943	青海	− 3.5851 *	− 3.5719 *	0.0987
江西	− 2.3689 **	− 2.3689 **	0.5000 **	宁夏	− 6.6505 ***	− 9.4778 ***	0.3743 *
山东	− 6.3777 ***	− 8.9963 ***	0.5000 **	新疆	− 5.0057 ***	− 5.0022 ***	0.2839
河南	− 4.1335 ***	− 4.6791 ***	0.5000 **				

注：*** 、** 、* 分别表示在 1% 、5% 、10% 的水平下显著。

通过以上分析，在全局性随机收敛不确定的情况下，通过单变量的单位根检验，明确了部分地区仍然存在随机收敛的事实，也验证了全局随机发散并不影响子集收敛的可能。

6.3.3　随机收敛的俱乐部识别

接下来，以三大俱乐部的空间尺度为例，利用各自所在地区的均值为基础来对三大地区农业生产率的随机收敛进行检验，结果如表 6－10 所示。东部以及西部地区的 IPS 检验未能通过显著性检验，不能拒绝其原假设，存在单位根，而哈德利检验均在 1% 的显著性水平上拒绝了原假设，序列不平稳，属于

CA 分析中的第Ⅲ种类型，也就是说相对于各自区域的均值来看，各省份的农业技术效率是随机发散的。中部地区 IPS 检验和哈德利检验均在 1% 的显著性水平上拒绝原假设，属于 CA 分析中第Ⅳ种类型，说明可能存在部分省份随机收敛。从分区域检验的结果来看，中国农业发展的演变过程中，农业技术效率有可能形成随机收敛的俱乐部。因此，需要对三大地区内部的收敛俱乐部进一步识别。

在中国农业发展过程中，是否存在多个省域的农业技术效率朝着某一特定共同趋势收敛呢？这是理论上急需回答的问题，具有现实迫切性，妥善解决这一问题有利于区域经济协调发展，为拟定区域农业现代化协调发展政策提供更为客观的现实情景。现有文献主要关注某一特定区域是否存在随机收敛，忽视了发散区域内部可能仍然存在某些省份，这些省份农业技术效率存在共同的收敛趋势，区域内部这样的子集也是非常值得关注的。识别区域内部的子集收敛可以采用 CA 分析方法（Choi，2002；邵军，2008），具体的分析思路为：依据先验信息选择一个随机收敛的子集，然后向子集中增加新的省份序列，若产生的新序列随机收敛，则保留新增的省份，否则剔除，不断尝试重复该过程，最终确定收敛俱乐部。通过研究现有文献发现，序贯分析存在两点不足：一是初始先验子集的选择缺乏客观性；二是在序贯分析中采用全国均值作为每一个子集序列的检验基准是否科学（邵军，2008），这也值得探讨。

为了更好地探讨子集分析路径，准确识别特定区域内部农业技术效率收敛俱乐部，本书借鉴了刘华军等（2017）的做法。以三大俱乐部中东部来阐述分析过程，把东部地区的 11 个省份看成一个整体，检验结果显示农业技术效率并不存在随机收敛，然后验证东部地区内部的子集是否存在随机收敛。于是在东部地区中选择 10 个省份，并检验其随机收敛性；如随机收敛存在，则收敛的子集确定，如果不存在，进而再选择 9 个省份作为子集进一步验证其收敛性……，不断重复这一过程，直到收敛的子集出现。由此共需要检验 $\binom{11}{10}$ + $\binom{10}{9}$ + $\binom{9}{8}$ +…组集合的随机收敛性。

表 6 – 14 至表 6 – 16 采用序贯分析给出了东中西部地区随机收敛俱乐部判断的结果。从表中结果可以看出，东部地区内部仅河北、浙江和福建 3 个省份构成了一个收敛子集，其农业技术效率有向其局部均值收敛的共同趋势，增加

任何一个东部省份都会破坏其收敛性；中部地区的山西、吉林、黑龙江、安徽、江西共 5 个省份构成了一个子集，其农业技术效率有向其均值共同收敛的趋向，而湖南、江西、安徽和黑龙江四省中的任何 3 个省在子集中，都存在收敛的共同趋向，4 个省份都在子集中，这种共同趋向就会被破坏；西部地区广西、重庆、云南、甘肃和宁夏 5 个省区市构成的一个子集，其农业技术效率有向其局部均值收敛的共同趋向，广西、内蒙古和重庆这 3 个省区市中任意 2 个在子集中都存在会向其均值收敛的共同趋向，但 3 个省区市一并存在子集中，收敛趋向就会被破坏。中部地区的湖南、江西、安徽和黑龙江四省是否同属于中部地区的收敛子集不能得出一致的结论，西部地区的广西、内蒙古和重庆也同样存在这一问题。

表 6 - 14　　　东部地区低碳农业技术效率随机收敛俱乐部检验结果

地区	IPS	P 值	Hadrid	P 值	CA
E1 *	- 0. 1582	0. 4371	11. 8149	0. 0000	Ⅲ
E2 = E1 - 北京	- 1. 1609	0. 1228	10. 7118	0. 0000	Ⅲ
E3 = E2 - 上海	- 1. 9405	0. 0262	9. 7955	0. 0000	Ⅳ
E4 = E3 - 天津	- 1. 1949	0. 1161	8. 3818	0. 0000	Ⅲ
E4 = E3 - 海南	- 1. 4615	0. 0719	7. 363	0. 0000	Ⅲ
E5 = E4 - 河北	- 2. 1917	0. 0142	4. 1050	0. 0000	Ⅳ
E6 = E5 - 浙江	- 0. 5825	0. 2801	7. 4896	0. 0000	Ⅲ
E6 = E5 - 广东	- 1. 2763	0. 1009	6. 2808	0. 0000	Ⅲ
E7 = E6 - 辽宁	- 2. 0206	0. 0217	4. 678	0. 0000	Ⅳ
E8 = E7 - 广东	- 1. 7286	0. 0419	2. 9932	0. 0014	Ⅳ
E9 = E8 - 河北	- 1. 8219	0. 0342	2. 7698	0. 0028	Ⅳ
E9 = E8 - 山东	- 3. 4896	0. 0002	1. 5834	0. 0567	Ⅱ

注：* E1 包括北京、天津、河北、辽宁、上海、江苏、浙江、福建、山东、广东、海南。

表 6 - 15　　　中部地区低碳农业技术效率随机收敛俱乐部检验结果

地区	IPS	P 值	Hadrid	P 值	CA
M1 *	- 2. 6296	0. 0043	4. 6199	0. 0000	Ⅳ
M2 = M1 - 山西	- 0. 7510	0. 2263	4. 8012	0. 0000	Ⅲ

地区	IPS	P 值	Hadrid	P 值	CA
M3 = M1 - 湖北	- 1.9725	0.0243	4.4599	0.0000	IV
M4 = M3 - 湖南	- 0.1102	0.5439	4.3105	0.0000	III
M5 = M3 - 河南	- 2.5810	0.0049	1.7978	0.0361	IV
M6 = M5 - 吉林	- 2.8478	0.0022	2.0887	0.0184	III
M7 = M5 - 黑龙江	- 3.7603	0.0001	1.6416	0.0503	II
M8 = M5 - 安徽	- 2.0019	0.0226	1.5012	0.0666	II
M9 = M5 - 江西	- 3.3097	0.0005	1.5046	0.0662	II
M9 = M5 - 湖南	- 3.2920	0.0005	1.1534	0.1244	II

注: * M1 包括山西、吉林、黑龙江、安徽、江西、河南、湖北、湖南。

表 6 - 16   西部地区低碳农业技术效率随机收敛俱乐部检验结果

地区	IPS	P 值	Hadrid	P 值	CA
W1 *	- 01.0145	0.1552	9.0014	0.0000	III
W2 = W1 - 内蒙古	- 1.1145	0.1325	8.9628	0.0000	III
W3 = W1 - 贵州	- 2.5792	0.0050	6.3606	0.0000	IV
W4 = W2 - 宁夏	- 1.5371	0.0621	6.9477	0.0000	III
W5 = W2 - 陕西	- 1.9405	0.0262	9.7955	0.0000	IV
W6 = W5 - 重庆	- 2.4912	0.0064	5.4862	0.0000	IV
W6 = W5 - 西藏	- 3.0237	0.0012	4.5333	0.0000	IV
W7 = W6 - 四川	- 3.2303	0.0006	3.1417	0.0008	IV
W8 = W7 - 广西	- 3.7715	0.0001	2.7292	0.0032	IV
W9 = W7 - 青海	- 3.1858	0.0007	2.5597	0.0052	IV
W10 = W9 - 新疆	- 3.0646	0.0011	1.7157	0.0431	IV
W11 = W10 - 宁夏	- 2.98374	0.0023	2.2014	0.0139	IV
W12 = W10 - 广西	- 3.2189	0.0006	1.1990	0.1153	II
W13 = W10 - 重庆	- 3.3184	0.0005	1.3168	0.0940	II
W13 = W10 - 内蒙古	- 3.2851	0.0005	1.1706	0.1209	II

注: * W1 包括内蒙古、广西、重庆、四川、贵州、云南、西藏、陕西、甘肃、青海、宁夏、新疆。

同样以三大地区的空间尺度为例，分别使用各自所在地区的均值为基础来对三大地区农业生产率的随机收敛进行检验，结果如表 6 - 11 所示，东部地区

IPS 检验和哈德利检验均在 1% 的显著性水平上拒绝原假设，属于 CA 分析中第Ⅳ种类型，说明可能存在部分省区市随机收敛。中部和西部地区的 IPS 检验在 1% 的显著性水平上拒绝了原假设，哈德利检验未能拒绝原假设，中、西部地区各省区市相对于自身区域均值随机收敛。分区域检验的结果显示，东部地区的农业 TFP 增长有可能形成随机收敛的俱乐部，而将中、西部作为一个整体来看，其农业 TFP 增长有朝其均值收敛的共同趋向。因此，需要进一步对东部地区区域内部的收敛俱乐部进行识别。如表 6-17 所示，东部地区内部随机收敛俱乐部由辽宁、上海、江苏、浙江、广东、海南构成，它们为 1 个收敛子集，在这个收敛子集基础上添加北京、天津、河北、福建中任何 3 个仍收敛，但同时添加 4 个则收敛被破坏，无法做出一致判断。

表 6-17　　　东部地区低碳农业 TFP 增长随机收敛俱乐部检验结果

地区	IPS	P 值	Hadrid	P 值	CA
E1 *	-5.1494	0.0000	2.7831	0.0027	Ⅳ
E2 = E1 - 北京	-5.2460	0.0000	2.5490	0.0054	Ⅳ
E3 = E2 - 上海	-4.6917	0.0000	2.8695	0.0021	Ⅳ
E4 = E2 - 天津	-5.5504	0.0000	1.9225	0.0273	Ⅳ
E5 = E2 - 山东	-4.8109	0.0000	1.9479	0.0257	Ⅳ
E6 = E5 - 北京	-5.4003	0.0000	1.5423	0.0615	Ⅱ
E7 = E5 - 河北	-2.9219	0.0017	1.6223	0.0524	Ⅱ
E8 = E5 - 福建	-5.4181	0.0000	1.5338	0.0625	Ⅱ
E9 = E5 - 天津	-5.5473	0.0000	1.0780	0.1405	Ⅱ

注：* E1 包括北京、天津、河北、辽宁、上海、江苏、浙江、福建、山东、广东、海南。

6.4　低碳农业生产率增长分布动态分析

前文中利用绝对收敛、条件收敛以及随机收敛分析了低碳约束下的中国农业生产率收敛性，探讨了中国农业生产率省域间的水平差异，了解了俱乐部收敛的情况。但不能很好地展现低碳约束下中国农业生产率收敛的长期性和动态演变情况，不能显示多重稳态水平下的分层收敛和多峰收敛。而增长动态分布法（dynamic distribution approach）可以解决这一问题（Quah, 1993），通过概率分布密度判断收敛的区间和集聚的程度，并通过转换概率矩阵和遍历来揭示农业生产率收敛过程动态演变趋势（石风光等，2010）。

6.4.1 低碳农业生产率增长分布分析工具

增长动态分布的常用分析方法有两种：核密度函数估计模型和马尔科夫链法。前者是将农业生产率序列作为连续状态处理，通过核密度估计量来刻画农业生产率整体分布形态以及演变趋势；后者将序列作为离散状态处理，主要分析农业生产率分布内部区域各省份相对位置的动态演变及其发生概率，以此说明农业生产率整体分布的长期演进趋势。

6.4.1.1 核密度函数估计方法

核密度分布（kernel density distribution）方法是通过核密度估计量来分析中国 31 个省区市农业生产率的分布情况，主要以观察核密度曲线中波峰的个数及其曲线位移的方式来判断农业生产率的演进情况，反映各省份农业生产率的分布形态以及随时间演变的趋势。如果核密度曲线是"单峰"状态，则说明省份农业生产率增长有唯一的均衡点；如果核密度曲线图呈现出"双峰"或者"多峰"，则说明区域经济单元的农业生产率向两点或多点收敛，区域差异明显，具体情况如表 6-18 所示。非参数的核密度参数估计主要用来估计随机变量密度函数，是一种非参数估计方法，是由普拉基特（Plackett，1971）和西尔弗曼（Silverman，1986）提出的，其优势是回归函数形式较为自由、因变量和自变量的分布无须太多限制，适用性非常广（叶阿忠，2003）。

表 6-18　　　　核密度曲线形态与差距程度对应关系

类别	差距变大	差距变小
波峰高度	下降	上升
波峰宽度	变宽	变窄
波峰偏度	左偏	右偏
波峰数量	增加	减少

资料来源：武鹏等（2010）研究，经作者适当整理。

随机向量 X 密度函数为 $f(x) = f(x_1, x_2, \cdots, x_i, \cdots, x_n)$，$X_1, X_2, \cdots, X_i, \cdots, X_n$ 为一组独立同分布的样本，则这组样本核密度估计为：

$$f(x) = \frac{1}{nh} \sum_{i=1}^{n} K\left(\frac{x - X_i}{h}\right) \tag{6-11}$$

式（6-11）中，N 是样本观测值的数目。$K(\cdot)$ 表示核密度函数，它是一种加权函数或平滑转换函数，核密度函数是对称函数，且 $\int k(x)\,dx = 1$。常数 h 是带宽或是平滑系数，由于核密度函数对带宽非常敏感，选择最佳的带宽 h 对于最终的结果尤为重要，决定了核密度估计的精度和核密度曲线的平滑程度。核密度要估计的是一个函数 $f(x)$，估计核密度函数产生均方误差（MISE），计算见式（6-12）：

$$MISE(f_h) = E \int \{f_h(x) - f(x)\}^2 \, dx \tag{6-12}$$

根据 Silverman 准则，带宽应该是最优的 $MISE$，当 $n \to \infty$ 时的近似值代替，用 $AMISE$ 表示。因此，带宽（h）的最优值 h_{opt} 计算见式（6-13）：

$$h_{opt} = \left[\frac{\int K(z)^2 dz}{n(\int z^2 K(z)\,dz)^2 (\int f^n(x)^2 dx)}\right]^{\frac{1}{5}} \tag{6-13}$$

核密度函数形式有很多种，主要包括高斯正态核函数（gaussian kernel function）、三角核函数（triangular）、二次核（quadratic）、四次核（quartic）以及伊番科尼科夫（epanechnikov）核函数等。其中应用最为广泛的是伊番科尼科夫核函数，即 $K(u) = 0.75(1 - u^2)I(|u| \leq 1)$，本章也选用这种方法进行估计。实践中，一般带宽设定为 $h = 0.9SN^{-0.8}$（其中，N 为样本数，S 为样本标准差）。

6.4.1.2　传统的马尔科夫链

核密度估计方法的优势是能够刻画出农业生产率整体演变动态，但很难描述区域内部各省份的农业生产率相对位置动态演变以及变动发生的概率大小，不能很好地展现农业生产率整体动态演进的方向。马尔科夫链方法可以关注区域农业生产率分布的状态变化，能够反映低碳约束下农业生产率的内部动态变化（何江等，2006）。

马尔科夫链（markov chain）是一种随机时间序列方法，研究时间和状态均为离散的随机转移过程，要求区域经济增长"无后效性"，区域经济增长未来的取值情况与过去的取值无关。本章中将各省连续的农业生产率变量离散为 K 类型，然后计算各种类型概率分布及其历年变化，最终得到各省农业生产率动态演变过程的转移概率矩阵，从而判断农业生产率的收敛性。

将某一段时间内中国农业生产率属性值分布在一个 $1 \times K$ 的概率向量中，记为 $P_t = [P_{1,t}, P_{2,t}, \cdots, P_{n,t}]$。因此，不同年份农业生产率值之间的转移可以用一个 $K \times K$ 阶的马尔科夫转移概率矩阵 $M_{k \times k}$ 来表示，矩阵中的元素 m_{ij} 表示特定区域从 t 到 $t+1$ 年过程中状态 i 类型转移到状态 j 类型的概率，计算见式 (6-14)：

$$m_{ij} = \frac{n_{ij}}{n_i} \qquad (6-14)$$

其中，n_{ij} 表示在样本周期内，由初始年份状态 i 类型在下一年转移到状态 j 类型的省份数量之和，n_i 是状态 i 类型所有省份数量之和。若某省份下一年的变量所处状态 i 比起初始年份状态较低，则省份向下转移；若下一年的状态不变，则该省份转移是平稳的；若其比初始年份状态更高，则省份向上转移（蒲英霞等，2006；石慧，2010）。

在农业生产率转移概率矩阵的基础上，可以得到农业生产率的稳定分布矩阵（ergodic distribution），即转换概率矩阵长期稳定时，低碳约束下农业生产率的分布状态演进为一种稳态，是沿着某种趋势形成的一种均衡（石风光，2010）。稳定分布矩阵 $\boldsymbol{\pi} = [\pi_1, \pi_2, \pi_3, \cdots, \pi_N]$，可以联合式（6-15）和式（6-16）求出唯一解。

$$\pi_j = \sum_i^N \pi_i m_{ij}; \; j = 1, 2, \cdots, N \qquad (6-15)$$

$$\pi_j > 0, \sum_i^N \pi_j = 1 \qquad (6-16)$$

依据稳定分布状态，可以判断未来区域间农业生产率是否能实现协同发展。若 π 分布集中，则可以认为区域农业生产率集聚于一个区间，省份之间的农业生产率差异最终可以消失，若 π 分布分散，则说明省份间农业生产率的差异一直存在（董亚娟等，2009）。

6.4.1.3 加权空间马尔科夫链

空间马尔科夫链（spatial markov chain）是在传统马尔科夫链的基础上，

引入"空间滞后"概念，将区域地理等要素的区域背景纳入区域农业生产率动态演变中，更好地研究区域背景对邻近地区内部动态演变的影响，试图把握其动态演变规律。该方法一方面通过空间权重矩阵表示区域以及邻近区域的空间关系，另一方面通过加权权重矩阵计算了邻近省份的空间滞后算子。在不同空间滞后条件下构建马尔科夫转移矩阵，可以有效地探索不同区域背景下区域农业生产率的发展状况，清楚地揭示区域内部俱乐部成员动态演变的形式及其过程（Rey，2001）。空间马尔科夫转移概率矩阵以区域 i 在初始年份 t 的空间滞后类型（k 种类型）为条件，将传统的 $k \times k$ 矩阵转化为 k 个 $k \times k$ 条件转移概率矩阵。对于第 k 个条件矩阵来说，元素 $m_{ij}(k)$ 表示以区域在 t 年的空间滞后类型 k 为背景，在初始年份 t 属于 i 类型，在 $t+1$ 年份转移为 j 类型的空间转移概率。一般来说，"空间滞后值"采用邻近地区观测值的加权平均（Koo，2005），可定义为 $\sum_j w_{ij} x_j$，其中，x_j 为地区的观测值，w_{ij} 空间权重矩阵的元素，$i,j = 1,2,\cdots,n$。本章所用到的权重矩阵是基于 QUEEN 的一阶邻接权重矩阵，具体设定方法见第 3 章的详细说明。

6.4.2 低碳农业生产率动态演变趋势：核密度函数估计结果

采用增长分布的方法绘制了中国低碳约束下农业技术效率和农业 TFP 增长的核密度曲线图，其中横轴是农业生产率值，纵轴是核密度值。

以 1997 年、2003 年、2009 年和 2015 年为考察的剖面，如图 6-6 所示，其是中国低碳约束下的农业技术效率核密度估计结果。第一，1997~2015 年，中国农业技术效率的"双峰"分布态势比较明显，一个主峰位于农业技术效率低水平区间，第二个主峰明显低于第一个主峰，而且距离相对较远，说明少数几个省市（上海、北京、天津、福建、浙江、广东）的农业技术效率处于高水平区间，差距较大。第二，从位置上看，中国低碳约束下的农业技术效率核密度曲线整体向左偏移，说明在低碳约束下中国农业技术效率整体下滑；从波峰的高度来看，整体呈现上升趋势，说明处于低水平区间的省份逐渐增加，2015 年的核密度曲线的第二主峰基本消失，说明少数省市（北京和上海）的农业技术效率水平较大，差距有扩大的趋势。第三，图中 4 个年份的核密度曲线基本保持"双峰"结构，高峰逐渐上升，低峰逐渐下降，这说明农业技术效率低值集聚有收敛的趋势，高值集聚在下降，2015 年基本成为"单峰"结构。

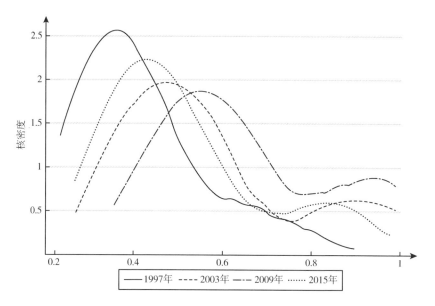

图 6-6　部分年份中国低碳农业技术效率的核密度动态演进情况

以 1998 年、2003 年、2009 年和 2015 年为考察的剖面，如图 6-7 所示，呈现了中国低碳约束下的农业 TFP 增长的核密度估计结果。第一，1998～2015 年，中国农业 TFP 增长的"单峰"分布态势比较明显，1998 年出现了"双峰"结构，一个主峰位于农业 TFP 增长的低水平区间，第二个主峰稍低于第一个主峰，

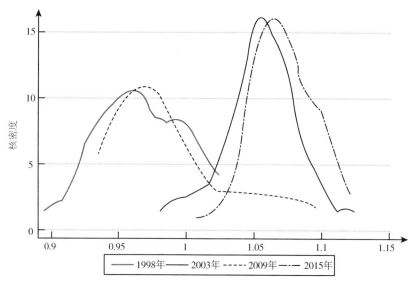

图 6-7　部分年份中国低碳农业 TFP 增长的核密度动态演进情况

而且距离相对较近，说明少数几个省市（青海、上海、浙江、福建、云南、北京、天津）的农业 TFP 增长处于高水平区间。第二，从位置上看，中国低碳约束下农业 TFP 增长的核密度曲线整体向右偏移，说明在低碳约束下中国农业 TFP 增长整体逐渐改善；从波峰的高度来看，整体呈现上升趋势，且右移，说明中国省份农业 TFP 增长有集聚的趋势，且往高值水平集聚；第三，从波宽来看，其整体收窄，显示出农业 TFP 增长集聚程度呈现逐步加强的趋势。

6.4.3　低碳农业生产率动态演变趋势：马尔科夫链的分析结果

在利用核密度函数分析农业生产率动态演变的基础上，进一步利用马尔科夫链分析中国农业生产率省域间差异的未来演进趋势。将第 4 章测算的农业生产率离散化为 4 种类型：（1）低生产率地区：低碳约束下的农业生产率值处在样本的 1/4 分位数以下的省份；（2）中低生产率地区：低碳约束下的农业生产率值处在样本的 1/4 分位数之上且在 1/2 分位数以下的省份；（3）中高生产率地区：低碳约束下的农业生产率值处在样本的 1/2 分位数之上且在 3/4 分位数以下的省份；（4）高生产率地区：低碳约束下的农业生产率值处在样本的 3/4 分位数之上的省份。

如表 6-19 所示，得出了 1997 年和 2015 年中国农业技术效率的分类情况。相比之下，各省农业技术效率的状态发生了较大变化，低水平农业技术效率由 2 个省份增加到 20 个，中低、中高以及高水平状态的数量分别减少了 8 个、5 个、5 个，中国农业技术效率省份状态整体向低水平趋势演变，农业技术效率状态向下偏移。1998 年和 2015 年的农业 TFP 增长分类情况如表 6-20 所示，1998 年低、中低两种类型向 2015 年的中低、中高两种类型转移，中高类型省份较多，与 1998 年相比各省的农业 TFP 增长明显向上偏移，这与农业 TFP 整体增长是相符的。

表 6-19　　　　　　各省低碳农业技术效率所属状态

类型	1997 年		2015 年	
	N	省区市	N	省区市
低	2	贵州、甘肃	20	甘肃、西藏、贵州、云南、宁夏、青海、河南、山西、新疆、陕西、四川、内蒙古、广西、安徽、江西、湖南、黑龙江、重庆、吉林、河北

类型	1997 年		2015 年	
	N	省区市	N	省区市
中低	13	青海、陕西、宁夏、云南、西藏、四川、山西、安徽、河南、江西、广西、内蒙古、新疆	5	海南、湖北、山东、辽宁、广东
中高	7	重庆、湖北、湖南、黑龙江、河北、吉林、山东	2	天津、江苏
高	9	海南、江苏、辽宁、广东、浙江、福建、天津、北京、上海	4	福建、浙江、北京、上海

表 6-20 低碳约束下的各省农业 TFP 增长所属状态

类型	1998 年		2015 年	
	N	省区市	N	省区市
低	9	内蒙古、宁夏、吉林、山西、陕西、山东、黑龙江、重庆、海南	0	
中低	22	河南、河北、江苏、新疆、湖南、辽宁、广西、江西、四川、贵州、安徽、甘肃、湖北、广东、西藏、天津、北京、云南、福建、浙江、上海、青海	6	新疆、内蒙古、甘肃、黑龙江、辽宁、陕西
中高	0		25	新疆、内蒙古、甘肃、黑龙江、辽宁、陕西、安徽、江西、河北、青海、海南、河南、山西、云南、吉林、四川、西藏、湖南、山东、宁夏、广西、福建、江苏、广东、天津、浙江、湖北、重庆、上海、北京、贵州
高	0		0	

6.4.3.1 时间特征

为了分时段观察中国农业生产率的动态演进情况，将整个样本分为 1997 ~

2006年和2006~2015年两个子样本，并计算了中国农业技术效率分时期及整体马尔科夫链转移矩阵，如表6-21所示。表中的n_i表示初始时期各类型中的省份数量，对角线上的转移概率表示省份农业技术效率在不同时期状态类型保持不变的概率大小，非对角线上概率表示不同时期省份状态类型向上或向下转移的概率大小。

表6-21　　　　　　　低碳农业技术效率的马尔科夫转移矩阵

时间段	类型	样本数 n_i	低	中低	中高	高
1997~2006	低	41	0.976	0.024	0.000	0.000
	中低	137	0.051	0.949	0.000	0.000
	中高	30	0.000	0.200	0.767	0.033
	高	71	0.000	0.000	0.042	0.958
2006~2015	低	88	0.943	0.057	0.000	0.000
	中低	109	0.156	0.844	0.000	0.000
	中高	35	0.000	0.114	0.857	0.029
	高	41	0.000	0.000	0.128	0.872
1997~2015	低	129	0.953	0.047	0.000	0.000
	中低	246	0.098	0.902	0.000	0.000
	中高	65	0.000	0.154	0.815	0.031
	高	112	0.000	0.000	0.076	0.924

通过表中数据可以发现，中国农业技术效率状态类型转移在两个阶段有三个特征：第一，对角线上的概率明显高于非对角线上的概率值，其中在1997~2006年对角线元素的最大值为0.976，在2006~2015年对角线元素的最大值为0.943，在整体样本区间内的对角线元素最大值为0.953，均接近于1。分阶段来看，省份农业技术效率状态不发生转移的概率至少为76.7%，整体来看，这一概率为81.5%。第二，各省份不同状态类型之间的转移概率小，其中，1997~2006年中高型转移为中低型的概率最大为20%，2006~2015年中低型转移低型的概率最大为15.6%，整个区间的中高型转为中低型概率最大为15.4%。在任一阶段，中国省份的农业技术效率跨越式转移不存在，不可能出现高型直接转移为低型或者低型转移为高型。第三，中国省域农业技术效率存在"俱乐部收敛"的现象。初期属于低水平，在后期的年份中维持原有状态的概率为0.943，向中低型转移的最大概率5.7%，表明低水平的农业生产率

极有可能陷入"低水平陷阱"。期初属于农业生产率高水平省份,维持原有状态类型的最低概率0.815,这说明区域存在收敛的趋势。对于农业 TFP 增长的情况则不同,如表6－22 所示,低水平的农业 TFP 增长状态向上转移概率较大,高水平的农业 TFP 增长向下转移概率较大,中低和中高水平的农业 TFP 增长状态转移相对稳定。

表6－22　　　　　　　低碳农业 TFP 增长的马尔科夫转移矩阵

时间段	类型	样本数 n_i	低	中低	中高	高
1998～2006	低	20	0.300	0.700	0.000	0.000
	中低	146	0.034	0.685	0.281	0.000
	中高	81	0.012	0.321	0.667	0.000
	高	0	0.000	0.000	0.000	0.000
2006～2015	低	3	0.000	0.667	0.333	0.000
	中低	50	0.000	0.100	0.820	0.080
	中高	173	0.029	0.139	0.769	0.064
	高	24	0.042	0.208	0.542	0.208
1998～2015	低	23	0.261	0.696	0.043	0.000
	中低	196	0.026	0.536	0.418	0.020
	中高	254	0.024	0.197	0.736	0.043
	高	24	0.042	0.208	0.542	0.208

6.4.3.2　空间分布特征

改革开放以后,中国实行差异化的发展政策,让一部分地区先富起来,这导致了中国区域发展不平衡,东中西部地区发展格局基本上反映了中国经济发展的空间差异。为了掌握1997～2015 年中国农业技术效率状态转移的空间分布格局,将可能状态转移分成三种状态:向下转移、平移、向上转移,将样本区间分成两段:1997～2006 年和2006～2015 年,如表6－23 所示。从表中信息可以得出:1997～2006 年,大多省份维持了原有的状态类型,向下转移的省份一共有14 个,主要位于东北、华中和西南地区。2006～2015年,维持状态类型不变的省份只有10 个,主要位于西南地区和华中的部分地区,而向下转移的省份多达到21 个。从整个样本周期来看,中国农业技术效率的状态空间向下转移趋势较为明显,呈现出俱乐部收敛的态势。

表 6 – 23 1997～2015 年中国低碳农业技术效率状态转移空间分布格局

状态转移类别	1997～2006 年	2006～2015 年
向下转移	河北、山西、辽宁、吉林、黑龙江、湖北、湖南、海南、重庆、云南、西藏、陕西、青海、宁夏	河北、辽宁、吉林、黑龙江、湖南、海南、重庆、陕西、天津、内蒙古、江苏、浙江、安徽、福建、江西、山东、河南、广东、广西、四川、新疆
平移	北京、天津、内蒙古、上海、江苏、浙江、安徽、福建、江西、山东、河南、广东、广西、四川、贵州、甘肃、新疆	山西、湖北、云南、西藏、青海、宁夏、北京市、上海、贵州、甘肃
向上转移	无	无

资料来源：表中数据是基于前文测算的数据经过整理得到。

为了进一步分析农业 TFP 空间状态转移情况，同样将样本周期分为两段：1998～2006 年和 2006～2015 年，转移状态一共分为三种：向下转移、平移、向上转移，依据前文的方法计算了两阶段农业 TFP 的状态转移情况，如表 6 – 24 所示。在 1998～2006 年，农业 TFP 增长向上转移省份较多，而在 2006～2015 年趋于平稳的省份明显增多，而状态转移仍然向上的省份有 13 个，农业 TFP 增长的整体趋势向好。

表 6 – 24 1998～2015 年中国低碳农业 TFP 状态转移空间分布格局

状态转移类别	1998～2006 年	2006～2015 年
向下转移	西藏	陕西、甘肃
平移	河北、辽宁、江苏、安徽、江西、河南、广东、青海、新疆	辽宁、新疆、北京、天津、内蒙古、黑龙江、上海、浙江、福建、山东、湖北、湖南、广西、四川、贵州、云南
向上转移	北京、天津、山西、内蒙古、吉林、黑龙江、上海、浙江、福建、山东、湖北、湖南、广西、海南、重庆、四川、贵州、云南、陕西、甘肃、宁夏	西藏、河北、江苏、安徽、江西、河南、广东、青海、山西、吉林、海南、重庆、宁夏

资料来源：表中数据是基于前文测算的数据经过整理得到。

中国各省域的农业技术效率状态转移在空间单元并不是孤立的，它与邻近省份的地理环境、技术水平和农业发展的状况密不可分。表 6-23 反映了中国省份农业技术效率状态转移的空间分布格局，但未能联合考虑邻近省份的转移情况，不能反映省份转移与邻近省份之间的关系，为了弥补了这一缺陷，同样将样本周期分为两个阶段：1997～2006 年和 2006～2015 年。转移状态分为：两者都向下、一下一稳、两者平稳，根据前文的方法计算了中国省域低碳农业技术效率状态转移以及邻近地区状态转移情况，如表 6-25 所示。

表 6-25　　　　　1997～2015 年中国低碳农业技术效率状态转移以及
邻居转移的空间分布格局

状态转移类别	1997～2006 年	2006～2015 年
两者都向下	无	辽宁、吉林、黑龙江、山东、广东、海南
一下一稳	北京、天津、河北、山西、内蒙古、辽宁、吉林、黑龙江、安徽、江西、山东、河南、湖北、湖南、广东、广西、海南、重庆、四川、贵州、云南、西藏、陕西、甘肃、青海、宁夏、新疆	北京、天津、河北、山西、内蒙古、安徽、江西、河南、湖北、湖南、广西、重庆、四川、贵州、云南、西藏、陕西、甘肃、青海、宁夏、新疆、上海、江苏、浙江、福建
两者平稳	上海、江苏、浙江、福建	无

资料来源：表中数据是基于前文测算的数据经过整理得到。

从表 6-25 中可以看出：第一，两个阶段均不存在邻近省份及其自身的农业技术效率都向上转移的情况，或者一个向上转移另一个平稳或向下转移的情况。第二，1997～2006 年所有省份自身以及邻近省份农业技术效率至少有一个状态转移是平稳的，两者均平稳的省份仅有 4 个省份，全部位于华东地区。第三，2006～2015 年中国农业技术效率状态转移情况基本稳定，但两个状态都平稳的 4 个省份转为一个向下一个向平稳状态转移。同时状态转移均向下省份一共出现了 6 个，主要位于东北地区和华南地区。第四，区域收敛性的动态变化受到区域之间地理位置等要素的交互影响。

进一步利用前文中的数据探索本省及邻近省份的农业 TFP 状态转移情况，如表 6-26 所示，可以看出农业 TFP 增长在两个阶段一上一稳的状态占主导，也显示了农业 TFP 在本省内部以及对邻近省份的溢出效应，这些区域容易形成集聚。

表 6 - 26　　1998 ~ 2015 年中国低碳农业 TFP 状态转移以及邻居转移的空间分布格局

状态转移类别	1998 ~ 2006 年	2006 ~ 2015 年
一下一稳一上	新疆、西藏、青海、四川	新疆、青海、甘肃、四川、重庆、陕西
一上一稳	北京、天津、河北、山西、内蒙古、安徽、江西、河南、湖北、湖南、广西、重庆、陕西、甘肃、上海、江苏、浙江、福建、辽宁、吉林、黑龙江、山东、广东、海南	北京、天津、河北、山西、内蒙古、安徽、江西、河南、湖北、湖南、广西、贵州、云南、西藏、宁夏、上海、江苏、浙江、福建、辽宁、吉林、黑龙江、山东、广东、海南
一上一下	云南	无
两者都向上	贵州、宁夏	无

资料来源：表中数据是基于前文测算的数据经过整理得到。

6.4.3.3　基于加权空间马尔科夫链的低碳农业技术效率状态转移分布特征

中国省域的农业发展存在较强的空间相关性，这在第 5 章中已经详细说明。如果忽视地理等要素的空间交互影响，会大大减弱结论的可靠性。因此，将区域背景加入马尔科夫转移矩阵中尤为必要，以不同省域的空间滞后类型为条件，分别构建两个阶段的空间马尔科夫转移矩阵，如表 6 - 27 所示。

表 6 - 27　　1997 ~ 2015 年中国低碳农业技术效率的空间马尔科夫转移矩阵

区域背景	类型	1997 ~ 2006 年 n_i	低	中低	中高	高	2006 ~ 2015 年 n_i	低	中低	中高	高
低	低	1	1.000	0.000	0.000	0.000	9	1.000	0.000	0.000	0.000
	中低	17	0.118	0.882	0.000	0.000	2	0.000	1.000	0.000	0.000
	中高	0	0.000	0.000	0.000	0.000	57	0.000	0.053	0.860	0.088
	高	0	0.000	0.000	0.000	0.000	4	0.000	0.000	0.500	0.500
中低	低	33	0.939	0.061	0.000	0.000	38	0.947	0.053	0.000	0.000
	中低	66	0.121	0.879	0.000	0.000	59	0.119	0.864	0.017	0.000
	中高	18	0.000	0.000	1.000	0.000	12	0.000	0.250	0.750	0.000
	高	0	0.000	0.000	0.000	0.000	8	0.000	0.000	0.125	0.875
中高	低	5	1.000	0.000	0.000	0.000	10	0.900	0.100	0.000	0.000
	中低	36	0.028	0.972	0.000	0.000	17	0.118	0.882	0.000	0.000
	中高	22	0.000	0.182	0.818	0.000	0	0.000	0.000	0.000	0.000
	高	0	0.000	0.000	0.000	0.000	0	0.000	0.000	0.000	0.000

续表

区域背景	类型	1997~2006 年					2006~2015 年				
		n_i	低	中低	中高	高	n_i	低	中低	中高	高
高	低	0	0.000	0.000	0.000	0.000	34	0.971	0.029	0.000	0.000
	中低	8	0.000	1.000	0.000	0.000	28	0.143	0.821	0.036	0.000
	中高	34	0.000	0.059	0.882	0.059	1	0.000	1.000	0.000	0.000
	高	39	0.000	0.000	0.179	0.821	0	0.000	0.000	0.000	0.000

　　通过比较表 6-21 与表 6-28，可以了解邻近省份区域环境对该区域的农业技术效率状态类型变动的影响。可以看出：第一，不同区域背景在中国省域农业技术效率收敛的动态演变中有非常重要的作用。明显看到同一阶段内的 4 个条件矩阵不同，同时也不等于该时期的传统马尔科夫转移矩阵。不同区域背景下中国农业技术效率的转移概率并不相同，相比区域背景为低水平而言，区域背景为高水平农业技术效率向下转移的概率更低，如第一段时期的 $p_{21/1} < p_{21/3}$。反之，相比区域背景为低水平而言，区域背景为高水平区域农业技术效率向上转移的概率更高，如第二时期的 $p_{23/2} < p_{23/4}$。第二，不同区域背景在农业技术效率转移中的作用结果不同。低水平的农业生产率区域背景对该省份的农业技术效率有负面影响，该区域状态类型向下转移的概率小于被低水平农业生产率包围的向下转移概率，如第一时期的 $p_{21} < p_{21/1}$，落后地区更容易导致周边地区的农业技术效率下滑。若某省份周围是高水平农业技术效率区域，周围区域的农业技术、农业推广体系等环境良好，对其状态向上转移有正向作用，如第一时期的 $p_{12/2} > p_{12}$，$p_{23/4} > p_{23}$，表明高水平的农业技术效率区域对邻近省份有正向的辐射和溢出效应，带动其向上转移。第三，空间马尔科夫矩阵为中国区域内部"俱乐部"的农业技术效率状态转移提供了空间上的解释。第一时期的以低水平农业生产率省份为邻转移状态不变的概率为 1，而不考虑邻近区域省份的低水平农业生产率背景，则概率为 0.976，显然低水平农业生产率的邻近省份对其产生了负面影响，低水平农业生产率的省份更容易集聚，低水平农业生产率形成的"落后型俱乐部"会进一步扩大。农业 TFP 增长的空间马尔科夫转移状态如表 6-28 所示，农业 TFP 增长状态转移波动较大，尤其是 1998~2006 年期间，整体来看，维持稳定状态的概率大于向上或向下转移概率。

表 6 - 28　1998 ~ 2015 年中国低碳农业 TFP 增长的空间马尔科夫转移矩阵

区域背景	类型	1998 ~ 2006 年					2006 ~ 2015 年				
		n_i	低	中低	中高	高	n_i	低	中低	中高	高
中低	低	6	0.000	0.500	0.500	0.000					
	中低	82	0.073	0.451	0.402	0.073					
	中高	118	0.000	0.110	0.737	0.153					
	高	26	0.000	0.000	0.885	0.115					
中高	低	0	0.000	0.000	0.000	0.000	0	0.900	0.100	0.000	0.000
	中低	2	0.000	0.000	0.000	1.000	18	0.118	0.882	0.000	0.000
	中高	13	0.000	0.154	0.769	0.077	79	0.000	0.000	0.000	0.000
	高	1	0.000	0.000	0.000	1.000	164	0.000	0.000	0.000	0.000
高	低						0	0.000	0.000	0.000	0.000
	中低						0	0.000	0.000	0.000	0.000
	中高						2	0.000	0.000	1.000	0.000
	高						16	0.000	0.000	0.188	0.813

注：表中空白部分表示在该时间段内初始年份没有这种类型。

6.4.3.4　关于空间马尔科夫链的说明

由于数据可得性，本书选取的中国省级层面的数据，样本截面只有 31 个，时间维度一共 19 年，样本量较小。在计算马尔科夫矩阵的过程中，对于结论的把握可能存在一定的误差，但大体能反映出中国低碳农业生产率的空间动态演变过程。

6.5　本章小结

本章利用第 4 章测算的低碳农业生产率，在分析低碳农业生产率空间分布特征的基础上，进一步验证低碳农业生产率分布差异的收敛性。第一，利用 σ 绝对收敛和 β 绝对收敛检验了中国低碳农业生产率的绝对收敛，也是识别各省份的低碳农业生产率的差异是否会逐渐消失；第二，利用 β 条件收敛分析方法检验了中国低碳农业生产率的条件收敛，也是识别各省份低碳农业生产率在考虑各省本身资源禀赋差异的情况下收敛性；第三，利用面板单位根方法对中国低碳农业生产率的随机收敛性进行了检验，判定中国低碳农业生产率的区域差异是否会长期存在；第四，利用核密度函数、马尔科夫链等增长动态分布分析方法分别刻画了中国低碳农业生产率的整体演变动态以及区域内部动态演变的趋势。主要结论如下。

（1）在整个样本周期内，全国以及东中西三大俱乐部内部低碳约束下的农业生产率不存在 σ 绝对收敛，除了东部地区农业技术效率的绝对 β 收敛迹象不明显外，低碳农业生产率存在绝对 β 收敛。全国范围内以及三大俱乐部内部均存在条件 β 收敛，各个省份的低碳农业生产率朝着自身均衡稳态水平不断趋近，但区域内追赶效应的速度存在差异。

（2）采用随机收敛判定了中国低碳农业生产率的省域差异是否长期存在，从 CA 分析的结论得出并不存在全局性共同收敛趋势，但区域内部部分省份可能存在随机收敛，中国低碳农业生产率省域分化的可能性大，在未来可能形成一个或多个俱乐部收敛。在此基础上，通过单变量的单位根检验，明确了部分地区仍然存在随机收敛的事实。通过对东中西三大地区内部的 CA 分析，得出东部地区内部仅河北、浙江和福建 3 个省份构成子集的农业技术效率有向其局部均值收敛的共同趋势；中部地区的山西、吉林、黑龙江、安徽、江西共 5 个省份构成的子集有向其均值共同收敛的趋向；西部地区的广西、重庆、云南、甘肃和宁夏 5 个省区市构成的子集有向其局部均值收敛的共同趋向；但中部地区的湖南、江西、安徽、黑龙江四省是否同属于中部地区的收敛子集以及西部地区的广西、内蒙古和重庆三省是否同属于收敛子集存在不确定性。

（3）低碳约束下的农业技术效率核密度函数曲线向左偏移，峰的高度上升，宽度减小，双峰逐渐消失，整体呈现出收敛的趋势，但农业技术效率整体下滑；低碳约束下农业 TFP 增长的核密度曲线向右偏移，峰高不断上升，宽度减小，农业 TFP 增长的集聚趋势进一步加强，向高值集聚的趋势较为明显。

（4）通过马尔科夫链分析了中国农业技术效率的内部动态变化状况，就时间维度来说，各省份的农业技术效率状态转移的概率较小，存在"俱乐部收敛"的现象。就空间维度来说，无论是考虑两个阶段，还是考虑邻近省份的背景条件，省域农业技术效率状态向下转移的省份逐渐增多，而且在考虑邻近省份条件后，在第二阶段出现了自身以及邻近省份的状态转移均向下的省份主要位于东北地区和华南地区。就加权的空间马尔科夫链来说，从空间上阐释了中国区域内部"俱乐部"的农业技术效率状态转移，中国农业技术效率演变整体上受到了区域条件的影响，落后地区更容易使周边地区的农业技术效率下滑，高水平的农业技术效率区域对邻近省份有正向的辐射和溢出效应。样本中低水平低碳农业生产率的省份更容易积聚，低水平低碳农业生产率形成"落后型俱乐部"且有进一步扩大的趋势。

第 7 章

中国低碳农业生产率影响因素分析

通过第 6 章的研究发现，中国低碳农业生产率省域间的差异并没有随时间逐渐缩小。为什么低碳农业生产率省域间的差异如此之大？是什么因素影响了低碳约束下的中国农业生产率提升？这些问题是理论急需要回答的问题，也是现实发展中迫切需要解决的问题。本章将在低碳约束下探讨中国省域间低碳农业生产率的关键影响因素，为政府科学制定决策提供理论依据。因此，考虑到农业生产要素的空间流动以及其产生的空间交互效应，在探讨低碳农业生产率的影响因素时，应该采用空间计量模型来捕捉这种交互效应，客观并准确把握低碳农业生产率的关键影响因素，掌握其空间交互的规律。本章主要讨论以下问题：第一，通过文献整理提出影响因素的理论分析框架，说明低碳农业生产率各因素的空间交互机制；第二，阐述研究方法并对数据进行处理，主要阐述各种空间计量模型的差异，为后续选择合适的空间面板模型奠定基础；第三，对低碳农业生产率的空间相关性检验；第四，实证分析低碳约束下的中国低碳农业生产率影响因素，探讨各因素空间交互效应的大小；第五，对研究结论进行了小结。

7.1 理论分析框架

在农业碳排放约束下测算的农业生产率涵盖的信息，一方面考虑了资源节约和环境友好；另一方面考虑了农业生产率增长。因此，农业生产率的影响因素可能来自影响农业产出的要素、影响农业碳排放以及资源节约的要素。在探讨影响因素时，现有文献主要来自两个方面：第一，行业层面主要围绕种植业全要素生产率的影响因素（祖立义等，2008）。包括大豆的全要素生产率影响因素（李碧芳，2010），油菜、大豆、花生等三类油料作物的全要素生产率的主要影响因素（陈静等，2013），粮食全要素生产率的影响因素（马林静等，2014）。第二，产业层面聚焦农业 TFP 增长展开讨论，发现地理因素、对外开放水平、科技水平、工业化进程等对农业生产率有显著的正向影响（王钰等，2010）；财政支农以及农业市场化等对农业生产率也有正向影响（方福前等，2010），联产承包责任制、农产品价格体制、农业公共支出等均是农业生产率的重要影响因素（李谷成，2014）。

综上所述，研究切入的视角不同，确定的影响因素也有差异。行业层面包括农用物资投入、劳动力投入、经济发展水平、受教育情况、自然灾害等。产业层面包括公共投资、工业化水平、农村教育、城市化水平、市场化程度、对外开放度、农业科技水平、制度创新等。本章重在探讨农业产业方面的影响因素，结合农业生产率的内涵和资源环境经济学的相关理论，确定低碳约束下的农业生产率影响因素为空间地理因素、农村居民收入水平、对外开放度、农村人力资本、农村制度、农业产业结构等方面。

（1）空间地理因素。托布勒（Tobler，1970）认为空间关联性是普遍存在的，即空间单元的任何经济地理现象在空间上都是关联的，距离越近，相关性就越强。反之，距离越远，相关性就越弱。空间效应包括空间相关性和空间异质性，是通过研究在一定距离范围内所表现出的空间依赖性，以及在一定距离方向上所表现出的异质性和变异性，来反映空间效应变化的不平衡性（Anselin，1998）。如果忽视区域经济单元之间的空间联系和未观测到的经济单元异质性对农业生产的作用，可能会因模型设定导致计量结果有偏，依据这一结果的政策建议可能会偏离现实需要，甚至与现实相背离（吴玉鸣，2010）。

由于空间经济单元不是孤立存在的，区域之间往往存在空间维度的交互作用和时间维度的相关性。随着农业现代化水平的不断提高，空间经济单元之间的产业联系、贸易交往、技术溢出和人口流动等生产要素的空间交互日益频繁，低碳约束下农业生产率水平的高低不仅仅决定于其自身，而且受到了邻近省份的要素以及低碳农业生产率带来的回馈效应（吴义根等，2017）。因此，在探索低碳农业生产率的关键因素时，应该将空间地理因素考虑在内，将地理因素纳入估计模型，运用空间计量模型来捕捉这种空间交互对低碳农业生产率的影响。

（2）农村居民收入水平。农村居民的收入水平决定了农户经济行为，其影响农业的生产方式、农业技术的推广、农业资源的利用方式以及农业生产技术效率的改进。农户在利己原则下采取有利于自身的行为，当农村居民收入处在较低的水平时，随着收入的不断提高，农村经济实力逐渐增强，采用低碳农业技术的意愿增加，农业推广体系逐步完善，推广效率逐步提升。通过合理配置农用物资以及妥善经营管理农业生产活动，来提升低碳农业生产率。当收入进入较高水平时，因为经济发展水平高提升了低碳技术，更加完善了农业技术推广体系，但随着农村居民收入的逐步提升，国家城镇化水平的不断提高，农民工市民化的各种配套措施日益完善，解决了新型农民工城镇化的后顾之忧。在快速城镇化的背景下，大量收入水平较高的农民工进入城市，坚守在农村的劳动力整体素质下降。因此，农民的经营管理水平、利用低碳技术的能力以及绿色消费观念都会出现下降趋势，导致消耗的资源和环境不降反升。农村居民收入水平对低碳农业生产率的影响可能是存在倒"U"型关系。

（3）农村制度。中国农业增长的一个主要推动因素是制度创新（Lin，1992），而影响中国农业经济发展的主要政策为农村财政政策和价格政策（乔榛等，2006；李谷成，2009）。第一，财政支农政策。政策一方面提高了农田水利、农业推广体系建设等农业公共设施资金支持，提高了农业生产的效率，保障了农业经济增长所需资金（李焕彰等，2004）；另一方面财政支农政策改变了农户的生产行为、改变了农业生产资料与农产品的相对价格，农户根据价格的相对变化，调整资源的利用方式，改变农业的生产结构。是否会增加农药、化肥以及机械的使用来替代劳动力的投入，这种替代效应大小与要素成本直接相关，而这些要素的使用决定了要素投入和农业碳排放的大小，其直接影响低碳农业生产率。一般来说，农业公共投资有利于农业基础设施的不断提高、农业技术水平的不断提升、农业技术推广体系的不断完善，从而推动了低碳农业生产率的提升。但财政支农资金在各经济单元使用中难免存在重复建设、无效建设以及寻租行为，这无疑导致资金使用的效率很低，对低碳农业生产率的提升非常有限，甚至产生负向影响。第二，农业价格政策。农业价格政策主要体现在控制农产品的价格和控制农业生产资料的价格两个方面。前者实施主要包括保护价收购政策，如通过支付购销企业粮食风险基金，由赊购企业按照最低保护价敞开收购农户手中的粮食。后者主要是通过制定补贴政策来实现，2004 年之前，采用间接补贴的方法，如通过减免农业生产资料企业的税收来实现。2004 年以后，采用直接补贴的办法，对农户购买农机进行直接补贴。农业生产价格政策的实施提高了农户的收益、增加了农户生产的积极性，价格补贴破坏了市场的价格机制，造成各种生产要素资源配置出现扭曲，农业生产中的农用物资等资源利用效率下降。农业价格政策对低碳农业生产率的预期影响为负。

（4）农业开放度。通过对外开放，使得资源在部门之间进行合理再配置，减少甚至取消各种扭曲的贸易政策，农业技术进步获得了提高，正向地促进了农业生产发展，带来了长期稳定的效应（Stiglitz，1987；Khan，1987）。对外开放使得大量的农产品进入，一方面，迫使本地的农业企业增加农业技术和新产品的开发力度，通过提升自身的竞争水平实现低碳农业生产率提升；另一方面，大量农产品进口导致本地很多清洁型的农业生产企业因竞争而退出市场，市场农业企业的清洁度大幅下降，因而低碳农业生产率开始下降。现有文献对农业开放度与低碳农业生产率的关系也进行了一些探讨，从变量的选择和研究结论来看，均未形成一致意见（吴贤荣等，2014；李谷成等，2014）。农业开放度对低碳农业生产率的影响预期不能确定。

（5）农业产业结构变动。只要不同部门间的生产率存在绝对差异或其增速存在差异，那么要素由低水平部门流向高水平部门时，总的生产率就会提升（Peneder，2002）。中国低碳农业生产率变动的一个非常重要来源是农业产业结构调整，钟甫宁等（2000）认为农业结构调整对中国农业增长的贡献约为60%。其中，农林牧渔产业之间的调整贡献为 33%。但也可以看到，不同产业的资源消耗和农业碳排放不同，农业产业结构变化必然带来农用物资消耗和农业碳排放的变化，产业中农用物资消耗多和农业碳排放量大的行业比重增加，必然会导致低碳农业生产率下降。因此，农业产业结构的调整对生产率影响的预期不明，需要通过本书的实证分析来验证。

（6）农村人力资本。农户的人力资本越高，就越有能力重新配置物质资本使其达到最优，能有效运用新技术与知识溢出（Schultz，1975）；人力资本高的农户对资源的配置能力强，通过自身对资源管理能够高效地分配生产要素，而且吸收市场信息的能力较好，并能自觉运用于市场（Appleton et al.，1996），这都能正向作用于低碳农业生产率。同时区域人力资本水平越高，该地区的人们更加渴望高质量生活，农户对绿色的需求会增加环保意识，在农业生产中更愿意采用低碳农业技术来实现自己对绿色的需求。因此，农村人力资本对低碳农业生产率预期影响为正。

7.2 研究方法：空间面板杜宾模型

随着农业现代化水平的提升，中国农业市场体系逐渐完善，空间经济单元的开放程度日益提高，这都为空间经济单元的农业生产活动交流、农产品贸易和技术传播提供便利的条件。如果忽视空间的交互性，直接使用经典 OLS 回归，会因模型设定偏误对实证结果产生影响，这样实证结果无法对现实做出应有的解释，因而制定的政策将脱离现实，无任何实际效果甚至有害（吴玉鸣，2006）。空间计量经济学考虑了空间数据相关性和区域之间的非均衡性，通过设定空间权重矩阵来考量空间交互对经济行为的影响，这样模型设定更贴近现实。首先，进行空间相关性检验；其次，在此基础上选择合适的空间面板模型；最后，利用确定的面板模型进行估计。

7.2.1 空间面板杜宾模型概述

空间计量模型最早是用来分析截面数据的，一般的空间计量模型有三种形式（吴义根等，2017）：空间杜宾模型（SDM）、空间滞后模型（SAR）、空间误差模型（SEM）。空间杜宾模型考虑到了因变量和自变量的空间依赖关系，本区域的因变量不仅受到本区域自变量变动的影响，还受到了来自邻近区域的因变量和自变量变动带来的影响。空间杜宾模型是讨论空间回归的起点，截面 SDM 模型延伸至面板数据模型后见式（7-1）：

$$Y_t = \rho W Y_t + \alpha_t \iota_N + X_t \beta + W X_t \theta + \varepsilon \qquad (7-1)$$

其中，Y_t 为因变量向量，X_t 为解释变量向量，W 为空间权矩阵，α_t 为常数项参数，ι_N 为参数项向量，β、θ 为待估计参数，ε 为残差项；ρ 为空间自回归系数，反映了邻近省份低碳农业生产率的空间溢出效应，参数的显著性反映了低碳农业生产率的空间相关性，参数值的大小则反映了空间溢出效应和扩散效应的平均强度；$X_t \beta$ 为区域内解释变量对被解释变量的影响；$\rho W Y_t$ 为空间滞后项，反映邻近区域被解释变量对区域被解释变量的影响；$W X_t \theta$ 反映了邻近区域解释变量对区域被解释变量的空间影响（吴义根等，2017）。

当 $\theta = 0$ 时，SDM 模型退化为 SAR 模型，模型不包括解释变量的交互影响，此时模型形式退化成式（7-2）：

$$Y_t = \rho WY_t + \alpha_t \iota_N + X_t\beta + \varepsilon \qquad (7-2)$$

其中，ε 为随机扰动误差项，可包括时期效应和空间个体效应。假定地理位置环境不变，时期效应考虑时间（政策、周期等）变化对均值水平的影响（何江等，2006）；空间个体效应是假定时间不变的情况下，空间地理位置（经济发展水平、农业产业结构）变化对均值水平的影响。

当 $\theta + \rho\beta = 0$ 时，SDM 模型退化成 SEM 模型，与空间自回归模型 SAR 不同的是，SEM 模型认为空间影响存在于扰动误差项中，其含义是邻近区域解释变量的变动对被解释变量的误差冲击，这会对区域被解释变量产生空间影响。此时，模型形式退化成式（7-3）：

$$Y_t = X_t\beta + \varepsilon, \varepsilon = \lambda W\varepsilon + u \qquad (7-3)$$

其中，λ 是残差的自回归系数，反映了空间误差的外溢程度。从式（7-3）可以看出，一个省份受到一个随机冲击，首先直接对本省的低碳农业生产率产生了影响，然后通过误差项对邻近省份的低碳农业生产率产生间接影响。

综上所述，考虑空间经济单元各要素之间的交互作用，模型设定中考虑了经济单元之间广泛联系的现实。另外，碳排放、环境污染等生态指标兼有时间效应和空间效应（许和连、邓玉萍，2012），考虑到农业生产率的这种类似特性，确定其估计模型如下：

$$y_{it} = \rho \sum_{j=1}^{n} W_{ij}y_{jt} + \alpha_i \iota_N + \beta x_{it} + \theta \sum_{j=1}^{n} W_{ij}x_{it} + u_i + u_n + \varepsilon \qquad (7-4)$$

首先，在式（7-4）中，y_{jt} 为邻近省份的低碳农业生产率；x_{it} 为各空间单元低碳农业生产率的影响因素；W_{ij} 为空间加权矩阵，是 $n \times n$ 对称阵，主要用来反映空间经济单元之间的依赖水平和相关关系，具体地，空间权重矩阵的对角线为 0，非对角线元素 w_{ij} 表示了空间单元 i 和空间单元 j 之间经济和社会关系。$\sum_{i \neq j} W_{ij}\ln y_{jt}$ 的系数 ρ，是反映因变量在空间单元之间是"相互促进"还是"相互抑制"的指标（王美今等，2010）。如果 $\rho > 0$ 且通过显著性检验，说明各省份之间存在溢出效应；若 $\rho < 0$ 且通过显著性检验，则说明各省份之间相互竞争的关系，即为"相互抑制"。由于环境污染外部效应以及污染主体就近

转移已被广泛认同，在模型设定中考虑这一特性尤为必要。

其次，探索邻近省份的制度等要素变动对本省低碳农业生产率的影响，用式（7-4）中 $\sum_{i \neq j} W_{ij} \ln x_{it}$ 来表示。从经济意义上说，一个省的经济发展水平、产业结构、制度等要素的调整会通过省域之间的要素流动和商品贸易影响到邻近省份的生产活动和消费行为，进而影响邻近省份的低碳农业生产率。这种影响可以通过空间计量模型来捕捉，但容易被忽视。

空间计量模型需要的空间权重矩阵在第 3 章已经详细说明，这里不再赘述。

7.2.2 空间面板杜宾模型的估计方法

由于空间相关性和空间异质性存在，样本不再满足经典 OLS 回归的假设，如果采用经典最小二乘估计，模型估计的结果会存在偏差（Anselin，1988a），目前常见的估计方法有参数法和非参数法。比较常用的方法是采用参数法中的极大似然估计法，莱萨格和佩斯（Lesage & Pace，2009）总结出随机扰动误差项 ε 没有自相关和异方差时（$\Omega = I_n$），SDM 模型（或 SAR 模型）对数似然函数见式（7-5）：

$$L = -(n/2)\ln(\pi\sigma^2) + \ln|I_n - \rho W| - \frac{e'e}{2\sigma^2} \qquad (7-5)$$

其中，$e = Y - \rho w Y - Z\theta$，$Z = [\tau X W X]$，$\theta = [\alpha \ \beta_1 \ \beta_2]'$，$\alpha$ 是常数估计值，式（7-5）为空间杜宾模型的对数似然函数，当 Z 中不包含 WX 时，式（7-5）为 SAR 模型的对数似然函数，此时 θ 中不包含 β_2。

SEM 模型的扰动项中存在空间相关性，其对数似然函数见式（7-6）：

$$L = -(n/2)\ln(\pi\sigma^2) + \ln|I_n - \lambda W| - \frac{e'e}{2\sigma^2}$$
$$e = (I_n - \lambda W)(Y - X\beta) \qquad (7-6)$$

7.2.3 空间溢出效应的估计方法

一般的线性回归模型估计参数反映了解释变量变化对被解释变量的影响，但存在空间滞后项时，参数的解释变得非常复杂，一般回归估计的参数不能代表自变量对因变量的影响大小，应该从求解偏微分的角度，把自变量对因变量

的影响分解为直接效应和间接效应，从而更好地描述空间交互影响（Lesage &
Pace，2009）。这种方法用直接效应衡量区域内自变量对该地区的因变量平均
效应，间接效应衡量了邻近区域自变量对本区域的平均效应。以空间杜宾模型
为例，将其改写为式（7-7）：

$$(I_n - \rho W)Y = X\beta + WX\theta + \alpha\iota_n + \varepsilon$$

$$Y = \sum_{r=1}^{k} S_r(W)x_r + V(W)\alpha\iota_n + V(W)\varepsilon \qquad (7-7)$$

式（7-7）中，

$$S_r(W) = V(W)(I_n\beta_r + W\theta_r)$$

$$V(W) = (I_n - \rho W)^{-1} = I_n + \rho W + \rho^2 W^2 + \rho^3 W^3 + \cdots$$

以矩阵的形式表示为式（7-8）：

$$
\begin{pmatrix} y_1 \\ y_2 \\ \vdots \\ y_n \end{pmatrix} = \sum_{r=1}^{k}
\begin{pmatrix}
S_r(W)_{11} & S_r(W)_{12} & \cdots & S_r(W)_{1n} \\
S_r(W)_{21} & S_r(W)_{22} & \cdots & S_r(W)_{1n} \\
\vdots & & \ddots & \vdots \\
S_r(W)_{n1} & S_r(W)_{n2} & \cdots & S_r(W)_{1n}
\end{pmatrix}
\begin{pmatrix} x_1 \\ x_2 \\ \vdots \\ x_n \end{pmatrix}
+ V(W)\alpha\iota_n + V(W)\varepsilon
$$

$$(7-8)$$

则：

$$y_i = \sum_{r=1}^{k} \left[S_r(W)_{i1}x_{1r} + S_r(W)_{i2}x_{2r} + \cdots + S_r(W)_{in}x_{nr} \right] + V(W)_i\alpha\iota_n + V(W)_i\varepsilon$$

$$(7-9)$$

因此，$\dfrac{\partial y_i}{\partial x_{ir}} = S(W)_{ii}$ 表示直接效应，是解释变量 x 对被解释变量 y 产生的

平均效应；$\dfrac{\partial y_i}{\partial x_{jr}} = S(W)_{ij}$ 表示间接效应，是解释变量 x 对其他空间单元被解释

变量 y 产生的平均效应。

7.2.4 空间面板模型检验和模型选择

为了选择恰当的空间计量模型，估计前要做两个方面的工作：第一，确定
面板回归模型选择固定效应与否；第二，在确定固定效应还是随机效应的基础

上，选择合适的空间面板模型（SDM、SAR 或 SEM 模型）。

通过空间豪斯曼（Hausman）检验选择固定效应还是随机效应，或者使用似然值、赤池信息准则、施瓦茨准则来判断。对于 SDM、SAR 或 SEM 模型可以采用瓦尔德检验来实现，具体检验步骤如图 7 - 1 所示。根据已有空间计量文献，检验一般采用从具体到一般的方法或从一般到具体的方法（Florax et al.，2003；Mur & Angulo，2009），文中检验程序混合了这两种方法。首先，估计非空间模型是为了判断本身是采用空间滞后模型还是空间误差模型（即从具体到一般的方法）。然后，估计空间面板杜宾模型来检验是否简化为空间滞后模型或空间误差模型（即从一般到具体的方法）。选择空间面板杜宾模型需要拒绝两个 H_0。即 $H_0: \theta = 0$ 和 $H_0: \theta + \delta\beta = 0$。[①] 通过以上的统计检验，最终选择空间面板杜宾模型，且结果是稳健的如图 7 - 1 所示。

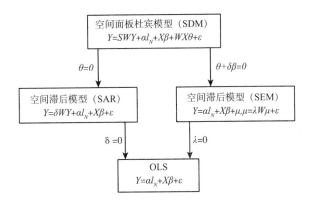

图 7 - 1　空间面板计量模型选择思路

7.3　变量与数据

7.3.1　变量处理

（1）农村居民收入水平。个人收入变化会改变其对资源环境质量的偏好，人均收入水平能很好地体现收入变化对资源环境的影响（张晖等，2009）。因此，本章采用不变价格的农村家庭居民人均收入来反映农村居民收入水平的变

---

① 如果瓦尔德检验拒绝 "$H_0: \theta = 0$"，则空间杜宾模型不能简化成空间滞后模型；同样，如果瓦尔德检验拒绝 "$H_0: \theta + \delta\beta = 0$"，则空间杜宾模型不能简化成空间误差模型。

动，采用农村居民消费价格指数，将指数调整为以 1997 年为基年的定比指数，再将名义农村家庭居民人均收入转换为实际人均收入。为了消除数据的非平稳性，对实际的人均收入取自然对数，同时考察实际农村居民人均收入与低碳农业生产率的关系是否存在倒"U"，并在回归方程中加入其二次项。

（2）农村制度。财政支农政策是通过财政支农资金来衡量的，如果用绝对数字显然不能很好地反映国家用于支农财政资金力度。因此，本章采用地方政府财政支出中用于财政支农所占的比重来表现。其中，财政支农资金包括用于农村生产、农业综合开发和农林水利等支出，总支出为地方政府财政一般预算支出。农业价格政策借鉴了其他学者的做法（李谷成，2009；席利卿等，2010），采用农产品价格指数①与农业生产资料价格指数的比值来体现。这个比值同时考虑农业投入品价格变动与政府补贴作用带来的影响。为了消除价格带来的影响，将两种指数统一转换到以 1997 年为基年的不变指数。

（3）农业开放度。对外开放度主要有两种测算方法，一种是通过考察一国体制和贸易政策的开放性来反映，一般用国内市场价格与国外市场价格相比的扭曲程度（Dollar，1992）等方法来衡量；另一种是通过对外开放的经济活动结果来间接衡量。本章借鉴了一些学者的做法（吴贤荣等，2014；李谷成等，2014），利用各省农业进口值占农业生产总值的比重来衡量。利用历年的人民币对美元的平均汇价将各省农业进口值折算为人民币。

（4）农业产业结构变动。农业主要由农、林、牧、渔四大产业部门组成，不同产业部门的生产效率存在差异，显然其结构调整会对低碳农业生产率产生影响。本章从两个方面来衡量农业产业结构变化：种植业所占比重（pr）和畜牧业所占比重（ar）。种植业是导致农业碳排放一个重要的部门，种植业比重变化是导致农业碳排放量变化的原因之一，种植业内结构调整是农业碳排放发生变化的另一原因。本章采用种植业的总产值与农林牧渔业总产值比来衡量。畜牧业是导致碳排放的另一个重要部门，畜禽肠道发酵和粪便是产生碳排放的主要源头，畜牧业的较快发展会造成农业碳排放的增加。另外，畜牧业内部结构变化也是导致碳排放变动的一个原因，主要是大牲畜与小牲畜的此消彼长，且两者的碳排放中大牲畜更多。本章采用畜牧业的产值与农林牧渔总产值比重

---

　　①　由于统计口径的变化，1997~2001 年采用农产品收购价格指数，2002~2015 年采用农产品生产价格指数。

来衡量。

（5）农村人力资本。人力资本变量是通过劳动力的平均受教育年限间接核算得到，考虑简洁，本书采用农村居民家庭劳动力的平均受教育年限作为人力资本的替代变量。具体的计算式为：

$$Edu = prop_0 \times 0 + prop_1 \times 6 + prop_2 \times 9 + prop_3 \times 12 + prop_4 \times 12 + prop_5 \times 16$$

$$(7-10)$$

式（7-10）中，$prop_i(i = 0,1,2,3,4,5)$ 表示不同受教育程度的劳动力人口比重，具体已经在前文中详细说明。

7.3.2 数据来源

本次研究对象为中国 31 个省区市，由于数据的可得性，未能包含中国台湾、香港和澳门特别行政区，时间跨度为 1997 ~ 2015 年。所用到的相关原始数据均来自中华人民共和国国家统计局的国家数据库（http：//data. stats. gov. cn/）、1998 ~ 2016 年《中国农村统计年鉴》、1998 ~ 2016 年《中国统计年鉴》、1998 ~2015年《中国农业统计资料》以及历年的各省统计年鉴。

7.3.3 变量的统计性描述

根据上述理论模型的阐述，低碳约束下农业生产率影响因素变量计算方法以及预期的影响方向如表 7-1 所示。低碳约束下农业生产率各影响因素的基本统计描述如表 7-2 所示。

表 7-1 　　　　　　　　中国低碳农业生产率影响因素变量选择说明

变量名称	符号	计算方法	预期方向
农村居民收入	Inc	不变价格的农村居民人均纯收入	U 型
财政政策	Fis	地方财政支农与财政一般预算总支出比	+／－
价格政策	Pric	农产品价格指数与农业生产资料价格指数比	－
农业开放度	Open	农产品进口总额与农林牧渔总产出之比	+／－
种植业比重	Pr	种植业产值与农林牧渔总值之比	－
畜牧业比重	Ar	畜牧业产值与农林牧渔总值之比	－
农村人力资本	Edu	农村劳动力平均受教育年限	+

表 7 - 2　　　　中国低碳农业生产率影响因素变量的描述性统计概况

区域	变量名称	样本数（个）	均值	标准差	最小值	最大值
全国	农村居民家庭人均收入（元）	558	4295.0	2631.9	1213.3	16115.8
	财政支农比重	558	0.0858	0.0363	0.009	0.18
	农产品与农业生产资料价格比	558	1.0020	0.1798	0.6914	1.7648
	农业开放度	558	0.1482	0.5502	0.0000	5.1586
	种植业比重	558	0.5297	0.0892	0.338	0.776
	畜牧业比重	558	0.3173	0.0913	0.118	0.581
	人力资本	558	7.9489	1.1964	2.2761	11.5887
东部	农村居民家庭人均收入（元）	198	6093.5	3097.8	2008.3	16115.8
	财政支农比重	198	0.0666	0.0317	0.014	0.171
	农产品与农业生产资料价格比	198	1.0040	0.1905	0.7042	1.5769
	农业开放度	198	0.3970	0.8702	0.0005	5.1586
	种植业比重	198	0.4757	0.0614	0.338	0.633
	畜牧业比重	198	0.2810	0.0906	0.145	0.529
	人力资本	198	8.6377	0.5988	7.3922	10.582
中部	农村居民家庭人均收入（元）	144	3882.8	1772.9	1827.0	8029.1
	财政支农比重	144	0.0908	0.0313	0.012	0.169
	农产品与农业生产资料价格比	144	1.0011	0.1280	0.7613	1.4409
	农业开放度	144	0.0089	0.0101	0.00006	0.0521
	种植业比重	144	0.5432	0.0687	0.413	0.703
	畜牧业比重	144	0.3269	0.0558	0.229	0.477
	人力资本	144	8.291	0.5062	7.3284	11.5887
西部	农村居民家庭人均收入（元）	216	2921.2	1439.9	1213.3	7295.4
	财政支农比重	216	0.1001	0.0358	0.009	0.18
	农产品与农业生产资料价格比	216	1.0008	0.1991	0.6914	1.7648
	农业开放度	216	0.0129	0.0434	0.000003	0.4265
	种植业比重	216	0.5702	0.0979	0.376	0.776
	畜牧业比重	216	0.3441	0.1000	0.118	0.581
	人力资本	216	7.0893	1.3970	2.2761	9.1773

7.4　空间面板杜宾模型估计结果

7.4.1　空间面板模型的检验和选择

依据第 5 章的低碳农业生产率检验结果，应该使用空间计量模型。根据本书设定的两个检验步骤：首先，回答固定效应还是随机效应。根据豪斯曼检验的结果，如表 7 - 3 所示，chi2（17）= 61.98，且 P 值为 0.0000，应该选择固定效应模型较好。根据 AIC、BIC 以及似然值的检验结果，也同样是选择固定效应模型较好。其次，回答如何确定 SAR、SEM 和 SDM 模型。如果选择空间面板杜宾模型（SDM）需要拒绝两个假设：H_0：$\theta = 0$ 和 H_0：$\theta + \delta\beta = 0$，如果接受原假设，则使用 SAR 模型或 SEM 模型。进行空间计量模型估计时，考虑到其存在滞后项，模型内生性会导致 OLS 估计的参数是有偏的或是无效的，所以采用 MLE 对 SDM 模型进行估计，表 7 - 3 中结果显示：Wald 检验（估计值 57.96，P 值 0.0000）表明：拒绝空间杜宾模型能简化成空间滞后模型原假设 H_0：$\theta = 0$。类似的，瓦尔德检验（估计值 73.18，P 值为 0.0000）表明：拒绝空间杜宾模型能简化成空间误差模型原假设 H_0：$\theta + \delta\beta = 0$，应该选择使用 SDM 模型，结果是稳健的。

表 7 - 3　　　　　　　　　　　　估计模型选择

分类	模型类别	似然值	AIC	BIC	结论
农业 TFP 增长	fe	1150.615	- 2265.23	- 2187.392	固定效应
	re	1089.667	- 2139.333	- 2052.846	
	豪斯曼检验	chi2（17）=61.98	Prob > chi2 = 0.0000		
	SDM 是否退化（瓦尔德检验）	chi2（8）=57.96	Prob > chi2 = 0.0000		拒绝退化成 SAR
		chi2（8）=73.18	Prob > chi2 = 0.0000		拒绝退化成 SEM

注：表中结果是基于 QUEEN 的一阶邻近权重矩阵计算得出。

根据上述结果，本章选择固定效应的空间杜宾模型，在空间杜宾模型中考虑了空间固定效应、时间效应和双向固定效应，结果如表 7 - 4 所示。根据第 4 章的结论，低碳农业生产率明显存在区域差异，东部地区的低碳农业生产率高于中西部地区，所以忽视低碳农业生产率的地区差异会导致结果有偏差。模型（2）是时间固定效应模型。考虑时期的影响，忽略了低碳农业生产率客观存在的区域差异，估计的结果相对较差。模型（3）是空间和时间双向固定效应模型。从 R 方统计量来看，空间固定效应模型的拟合度最高。从似然值以及 AIC、BIC 来看，双向固定效应模型似然值最大，AIC 和 BIC 最小，次优是空间固定效应模型。但从空间相关性来看，模型（1）在 1% 的显著性水平通过检验，模型（2）在 5% 的显著性水平通过检验，而模型（3）未能通过显著性检验。但比较三个模型的似然值以及 AIC 和 BIC，差异不大，模型回归系数的符号基本一致，系数的大小也非常接近。综合考虑，接下来的分析采用空间固定效应的杜宾模型的结果。值得注意的是，在考虑空间固定和时间固定的模型（3）中，因为避免了个体效应和时间效应对估计结果的影响，结果应该更为符合客观现实。虽然似然值、AIC 和 BIC 也显示最优，但空间相关性系数未能通过显著性检验。地区固定效应考虑了地区背景变化对低碳农业生产率的影响，时间效应考虑随时间变化对低碳农业生产率的影响，如突发的时间、周期性波动等。时间变化对低碳农业生产率的影响不仅仅停留在当期，还会影响未来若干期，从而导致包含时间效应的双向固定效应模型估计结果不是最理想的。

表 7 - 4　　　　　中国低碳农业生产率多效应 SDM 模型估计结果

变量	模型（1）		模型（2）		模型（3）	
	空间固定效应		时间固定效应		双向固定效应	
lnInc	0. 290 ***	(0. 0822)	- 0. 124	(0. 0782)	0. 240 ***	(0. 0790)
lnInc2	- 0. 0169 ***	(0. 00492)	0. 00701	(0. 00469)	- 0. 0145 ***	(0. 00474)
Fis	- 0. 206 **	(0. 0802)	- 0. 243 ***	(0. 0664)	- 0. 246 ***	(0. 0753)
Pric	- 0. 0166	(0. 0148)	0. 0169 *	(0. 00944)	- 0. 0116	(0. 0138)
Open	- 0. 0143 ***	(0. 00375)	0. 00202	(0. 00298)	- 0. 0142 ***	(0. 00359)
Pr	- 0. 295 ***	(0. 0662)	- 0. 0668 ***	(0. 0218)	- 0. 286 ***	(0. 0665)
Ar	- 0. 117 *	(0. 0670)	- 0. 0316	(0. 0200)	- 0. 140 **	(0. 0641)
Edu	0. 00118	(0. 00265)	0. 0000767	(0. 00171)	0. 00211	(0. 00244)
W. lnInc	0. 0850	(0. 168)	0. 0997	(0. 166)	0. 0915	(0. 201)
W. lnInc2	- 0. 00388	(0. 0100)	- 0. 00801	(0. 00977)	- 0. 00856	(0. 0126)
W. Fis	- 0. 0935	(0. 154)	- 0. 631 ***	(0. 239)	- 0. 382	(0. 262)

变量	模型（1）		模型（2）		模型（3）	
	空间固定效应		时间固定效应		双向固定效应	
W. Pric	0. 134 ***	（0. 0343）	0. 0430	（0. 0323）	0. 104 **	（0. 0418）
W. Open	0. 0304 ***	（0. 00635）	0. 00504	（0. 00676）	0. 0154 *	（0. 00828）
W. Pr	0. 177	（0. 113）	0. 0551	（0. 0879）	0. 00674	（0. 184）
W. Ar	0. 343 ***	（0. 128）	0. 0586	（0. 0638）	0. 148	（0. 188）
W. Edu	− 0. 00221	（0. 00702）	− 0. 00394	（0. 00595）	− 0. 00265	（0. 00706）
W. rho	0. 619 ***	（0. 0395）	− 0. 187 **	（0. 0810）	− 0. 0895	（0. 0797）
N	558		558		558	
R^2	0. 6095		0. 2020		0. 0535	
LogL	1161. 692		1155. 488		1235. 848	
AIC	− 2287. 383		− 2274. 977		− 2435. 696	
BIC	− 2209. 545		− 2197. 138		− 2357. 858	

注：（1）***、**、*分别表示在 1%、5%、10% 的水平下显著，括号中数字为标准误；（2）表中结果是基于经济距离权重矩阵计算得出。

7.4.2 低碳约束下中国农业生产率空间杜宾模型估计的结果

由于模型存在空间滞后项，OLS 回归结果是有偏的。因此，使用 Stata/MP14. 2 软件对 SDM 模型进行 MLE 估计，采用固定效应的 SDM 模型，基于一阶邻近权重矩阵、距离倒数平方权重矩阵、经济距离权重矩阵进行估计。估计结果如表 7 - 5 所示，从三种权重矩阵的估计来看，LogL 值、AIC、BIC 基本一致，而且参数的符号及显著性完全一致，大小也非常接近。固定效应 SDM 模型下的 ρ 值都显著为正，这说明了设定的空间计量模型是可取的，也是必要的。

表 7 - 5 　中国低碳农业 TFP 增长 SDM 模型多空间权重矩阵估计结果

变量	一阶邻近权重矩阵		距离倒数平方权重矩阵		经济距离权重矩阵	
lnInc	0. 238 ***	（0. 0809）	0. 274 ***	（0. 0817）	0. 290 ***	（0. 0822）
lnInc2	− 0. 0125 **	（0. 00487）	− 0. 0161 ***	（0. 00488）	− 0. 0169 ***	（0. 00492）
Fis	− 0. 190 **	（0. 0784）	− 0. 195 **	（0. 0802）	− 0. 206 **	（0. 0802）

续表

变量	一阶邻近权重矩阵		距离倒数平方权重矩阵		经济距离权重矩阵	
Pric	− 0.0188	(0.0148)	− 0.0170	(0.0148)	− 0.0166	(0.0148)
Open	− 0.0129 ***	(0.00380)	− 0.0139 ***	(0.00374)	− 0.0143 ***	(0.00375)
Pr	− 0.293 ***	(0.0660)	− 0.285 ***	(0.0655)	− 0.295 ***	(0.0662)
Ar	− 0.117 *	(0.0668)	− 0.115 *	(0.0664)	− 0.117 *	(0.0670)
Edu	− 0.000246	(0.00269)	0.00111	(0.00264)	0.00118	(0.00265)
W. lnInc	0.0897	(0.126)	0.0885	(0.170)	0.0850	(0.168)
W. lnInc2	− 0.00523	(0.00742)	− 0.00402	(0.0101)	− 0.00388	(0.0100)
W. Fis	− 0.0792	(0.122)	− 0.0745	(0.144)	− 0.0935	(0.154)
W. Pric	0.125 ***	(0.0215)	0.131 ***	(0.0328)	0.134 ***	(0.0343)
W. Open	0.0314 ***	(0.00961)	0.0264 ***	(0.00675)	0.0304 ***	(0.00635)
W. Pr	0.0395	(0.107)	0.132	(0.112)	0.177	(0.113)
W. Ar	0.255 **	(0.121)	0.285 **	(0.135)	0.343 ***	(0.128)
W. Edu	− 0.00953	(0.00638)	− 0.00473	(0.00746)	− 0.00221	(0.00702)
rho	0.553 ***	(0.0359)	0.617 ***	(0.0384)	0.619 ***	(0.0395)
N	558		558		558	
R^2	0.5757		0.5946		0.6095	
LogL	1150.615		1162.188		1161.692	
AIC	− 2265.23		− 2288.375		− 2287.383	
BIC	− 2187.392		− 2210.537		− 2209.545	

注：（1）***、**、* 分别表示在 1%、5%、10% 的水平下显著，括号中数字为标准误；
（2）表中结果是基于空间固定效应的 SDM 模型估计的结果。

在选择空间固定效应模型的基础上，大多数实证研究都采用空间模型的点估计方法来考察空间溢出效应。莱萨格和佩斯（2009）认为根据点估计的参数测度影响程度是不准确的，可以采用求解偏微分的方法，求出省域的自变量发生变化时对邻近省份产生的平均溢出效应。这为测度和检验空间溢出效应提供了有效的思路和坚实的基础（Elhorst，2010）。通过求解偏微分的方式，呈现了各经济因素对于低碳农业生产率影响的空间分解结果，如表 7 - 6 所示。这种影响包括直接效应（direct effect）和间接效应（indirect effect），前者是省域内各影响因素对低碳农业生产率的影响，后者是邻近省份的各影响因素对本省低碳农业生产率的影响，这两种效应之和就是总效应。直接效应的影响途径有两种：一种是因素对本省自身低碳农业生产率的直接影响，可以用模型中各因素的系数估计，另一种是因素对邻近省份低碳农业生产率的影响，进而对本省的低碳农业生产率产生空间回馈效应。间接效应的有效途径也有两种：一种是邻近省份各因素改变对本省低碳农业生产率的影响，另一种是邻近省份各因

表7-6　　　　　　　　基于空间固定效应的 SDM 模型空间效应分解

分类	变量	一阶邻近权重矩阵		距离倒数平方权重矩阵		经济距离权重矩阵	
直接效应	lnInc	0.283 ***	(0.0926)	0.318 ***	(0.0936)	0.334 ***	(0.0947)
	lnInc2	-0.0150 ***	(0.00556)	-0.0185 ***	(0.00559)	-0.0193 ***	(0.00566)
	Fis	-0.218 ***	(0.0797)	-0.218 ***	(0.0796)	-0.232 ***	(0.0795)
	Pric	0.00166	(0.0149)	0.000695	(0.0146)	0.00124	(0.0147)
	Open	-0.00869 *	(0.00451)	-0.0113 ***	(0.00405)	-0.0112 ***	(0.00401)
	Pr	-0.310 ***	(0.0670)	-0.286 ***	(0.0671)	-0.290 ***	(0.0673)
	Ar	-0.0799	(0.0739)	-0.0797	(0.0720)	-0.0744	(0.0721)
	Edu	-0.00219	(0.00317)	0.000322	(0.00300)	0.000798	(0.00299)
间接效应	lnInc	0.488 *	(0.263)	0.685	(0.430)	0.708	(0.436)
	lnInc2	-0.0268 *	(0.0155)	-0.0372	(0.0255)	-0.0385	(0.0259)
	Fis	-0.402 *	(0.232)	-0.505	(0.313)	-0.577 *	(0.339)
	Pric	0.242 ***	(0.0454)	0.303 ***	(0.0766)	0.314 ***	(0.0803)
	Open	0.0493 **	(0.0210)	0.0436 **	(0.0183)	0.0534 ***	(0.0176)
	Pr	-0.244	(0.201)	-0.0910	(0.257)	0.00462	(0.260)
	Ar	0.401	(0.260)	0.541	(0.343)	0.686 **	(0.330)
	Edu	-0.0208	(0.0137)	-0.0109	(0.0192)	-0.00433	(0.0184)
总效应	lnInc	0.771 **	(0.321)	1.004 **	(0.483)	1.042 **	(0.492)
	lnInc2	-0.0419 **	(0.0189)	-0.0557 *	(0.0286)	-0.0578 **	(0.0292)
	Fis	-0.620 **	(0.268)	-0.723 **	(0.341)	-0.809 **	(0.365)
	Pric	0.243 ***	(0.0519)	0.304 ***	(0.0814)	0.315 ***	(0.0852)
	Open	0.0406 *	(0.0242)	0.0323	(0.0209)	0.0422 **	(0.0201)
	Pr	-0.555 **	(0.224)	-0.377	(0.280)	-0.285	(0.282)
	Ar	0.321	(0.303)	0.461	(0.379)	0.612 *	(0.365)
	Edu	-0.0230	(0.0158)	-0.0106	(0.0209)	-0.00354	(0.0201)
rho		0.553 ***	(0.0359)	0.617 ***	(0.0384)	0.619 ***	(0.0395)

注：***、**、*分别表示在1%、5%、10%的水平下显著，括号中数字为标准误。

素改变对邻近省份低碳农业生产率的影响，间接对本省的低碳农业生产率产生影响（吴义根等，2017）。

根据表 7 - 5 中的结果和上述的相关分析，采用经济距离权重矩阵的结果来进行分析，主要考虑经济距离权重矩阵包含了地理邻近和经济邻近的特征，更贴近客观现实。表 7 - 6 中的结果呈现了各影响因素的空间溢出效应的分解情况。

（1）空间地理因素。目前已经有很多学者对农业领域内的空间效应进行了研究，文献的结论显示空间地理因素是中国低碳农业生产率的一个很重要影响因素（吴玉鸣，2010；王钰等，2010；石慧等，2011；程琳琳等，2016；汪言在等，2017）。表 7 - 6 中结果显示 ρ 为 0.619，在 1% 的显著性水平上通过检验。在低碳约束的背景下，空间地理因素对中国低碳农业生产率存在显著的正向溢出效应，说明中国低碳农业 TFP 增长存在空间相关性，一个省份低碳农业 TFP 增长不仅仅与本省的农村经济发展水平、农业结构、农村制度等因素息息相关，还与邻近地区社会经济环境背景以及低碳农业生产率密切联系，这种联系一定程度上是通过农产品贸易、地理环境与技术扩散实现的。随着农业市场化程度的加深，农业生产要素在区域之间的流动性加速，省份之间的农业生产联系越来越紧密，邻近区域的低碳农业生产率相互依赖的现象会更明显。

（2）农村居民收入。农村居民收入水平符合预期，其对低碳农业生产率的直接影响和间接影响均是倒"U"型。从理论上来说，随着农村居民收入的不断增加，农民的环保意识逐渐增强，并且农业增长主要来自先进技术和现代化的经营管理。实践中，农村居民家庭人均收入的增加意味着农村的经济实力增强，经济实力的增强促进了农业经济与环境的协调发展。回归结果显示，农村居民家庭人均收入与低碳农业 TFP 增长之间存在倒"U"型关系，与理论相符。在控制其他因素的前提下，低碳农业 TFP 增长的直接效应的拐点为 5727 元（以 1997 年为基年的不变价），说明农村居民家庭人均纯收入在 5727 元之前，低碳农业 TFP 增长随着农村居民收入的增加而增加，当农村居民家庭收入达到 5727 元后，低碳农业 TFP 增长随着收入增加而减少；低碳农业 TFP 增长的间接效应的拐点为 9846 元，但未能通过显著性检验；低碳农业 TFP 增长的总效应的拐点为 8217 元，通过了 5% 的显著性水平检验。

如表 7-7 所示，列出了 2015 年中国农村居民家庭人均收入排在前六位的省市以及全国的均值，从表中可以看出 2015 年全国农村居民家庭人均收入的平均值为 8127 元，已经超过了低碳农业 TFP 增长直接效应的"U"型拐点（5727 元），虽尚未达到其间接效应的"U"型拐点（9846 元），但已经非常接近低碳农业 TFP 增长总效应的拐点（8217 元）。因此，中国农村居民收入与低碳农业 TFP 增长之间存在"U"型关系，但从 2015 年的数据来看，仅甘肃、青海、贵州这三个省份的农村居民家庭人均收入处于左半段，其余 28 个省区市的人均收入已经进入右半段，也就是说大部分省份随着农村居民家庭人均收入的不断增加，其低碳农业生产率呈现下降趋势。但从农村居民家庭人均收入的总效应来看，大部分省份的仍处于左半段，仅有 8 个省份处于右半段。

表 7-7　　2015 年中国农村居民家庭人均收入排名前六位的省份及全国的均值

地区	上海	浙江	北京	天津	江苏	广东	全国均值
农村居民人均收入（元）	16116	15238	14285	12835	11162	10243	8127
排名	1	2	3	4	5	6	

资料来源：（1）表中农村居民家庭人均收入是基于 1997 年的不变价计算得到的；（2）作者根据平均后的农村居民人均收入整理得到。

（3）农村制度。财政支农比重对低碳农业 TFP 增长的直接效应和间接效应均为负，且通过了显著性检验。这表明财政支农在地方政府财政支出中比例越高，低碳农业 TFP 增长率越低，说明财政支农政策并未很好地推动农业经济与环境协调发展。由于财政支农政策对邻近区域的示范作用，这种示范效应一方面是政府层面的支出比率和支出的倾向；另一方面是财政支农资金的用法以及效率。而这两个方面的趋同都通过农户产业结构和技术选择等经济行为对资源环境带来不利影响，进而对邻近省份的低碳农业 TFP 增长呈现出负向影响。事实上，农业支持政策与农业生产带来的环境退化有一定联系（Bonnieux et al.，1988），尤为明显的是农业财政政策与化肥的施用量呈现出正相关（Lewandrowski et al.，1997；杜江等，2009）。如果不调整财政支农政策，其实很难达到现农业经济与资源环境协调发展的目的。

农村价格制度。代表农村价格制度的变量是衡量农产品价格变化的指数与衡量农业生产资料价格变化的指数之比，其对低碳农业生产率的直接影响为正，但未能通过显著性检验。政府为了保护农民种粮的积极性，确保农民收入的稳定增长。一方面中央政府对农业生产资料行业进行各种补贴和税费减免，农业生产资料的低价格政策让农户农业生产的成本下降；另一方面通过限制农产品的价格，采用保护价收购农户手中的农产品。这两项举措改善了农产品的供求关系，促进了农业产出大幅增加，提高了农户从事农业生产的积极性，从而有利于农业低碳技术的扩散，有助于农户对农业生产经营进行自觉管理，促进了低碳农业生产率的改善。同时农业生产资料的低价格政策导致农业生产资料会被过度使用，导致资源浪费和农业碳排放增加，由于各种施肥技术的不断推广以及田间管理水平的提高，农用物资使用效率也明显提高。综合以上两种效应，最终价格政策有利于低碳农业生产率的提高，但效果还不明显。农业价格政策的间接效应显著为正，也就是说一个省的农业价格政策变化促进了邻近省份的低碳农业生产率提高，原因来自两方面：一方面农业价格政策的溢出效应，这是因为一个省农业价格政策极易被邻近省份模仿；另一方面农业价格政策导致了该省的农产品产出大幅增加，可以减少对邻近省份的农产品需求，减少邻近省份的资源和环境的消耗，因而提升了邻近省域的低碳农业生产率，间接效应明显高于直接效应。因此，农村价格制度对全国低碳农业生产率的提升是积极的。

（4）农业开放度。农业开放度对低碳农业 TFP 增长的直接影响显著为负，即农业进口总额与农业总产出之比越大，对低碳农业 TFP 增长的影响就越大。虽然进口农产品的同时能够转移一部分农业碳排放，但对本地的农业生产造成很大挤占，进口农产品隐含的碳较少，挤占后的国内农业企业的碳排放平均水平提高，一定程度上不利于中国低碳农业生产率的提高。农业开放度对低碳农业 TFP 增长的间接效应显著为正，一个地区的进口的农业产品越多，那么其对邻近省份的农产品需求下降，这样会降低邻近省份资源的竞争水平，有利于资源的合理配置，从而提升低碳农业生产率。

（5）农业结构。种植业结构对低碳农业生产率的直接影响显著为负，符合预期。种植业比重上升，农业生产活动中所使用的农用物资投入明显增加，过度使用资源环境抑制了低碳农业生产率的提升。种植业比重对邻近省份低碳农业生产率的影响为负，但未能通过显著性检验，说明种植业结构对邻近省份溢出效应不明显。畜牧业结构对低碳农业生产率的影响为负但不显著，符合预期。畜牧业比重的变化对低碳农业生产率的影响不明显。一方面是畜牧业比重变化对低碳农业生产率的影响为负向；另一方面是大牲畜、小牲畜内部变化对低碳农业生产率的影响，但这种影响的方向不明。综合这两个方面的影响后，畜牧业比重变化对低碳农业生产率的影响还未显现出来。畜牧业结构变化对邻近省份的示范效应还是比较明显的，由于农民逐利需求，农户会对牲畜养殖适当调整，也就是说邻近省份大小牲畜的结构可能相反。牲畜结构对本省低碳农业生产率产生负向影响，邻近省份由于结构颠倒对其低碳农业生产率产生正向影响，而且间接效应比较大，导致总效应也为负。

（6）农村人力资本。农村居民家庭平均受教育年限对低碳农业 TFP 增长的直接影响为正但不显著，间接影响为负但也不显著。这说明一个地区人力资本的提高对本省的低碳农业生产率的影响不明显。目前中国农村劳动力中以初中文化及以下水平为主，高中文化程度的农村劳动力占比较低，这都抑制了农村人力资本的提升对低碳农业生产率的正向影响，原因是低碳农业发展最为关键因素是高层次的人才。一是其绿色观念较强，二是能够掌握并运用农业低碳技术。而间接效应为负，主要是随着农村人力资本的提升，农户自我保护的意识以及对环境的渴望，倾向于把资源高消耗、环境污染中的农业企业迁移至邻近省份，这样可能会导致邻近省份农业企业的碳排放平均水平上升，进而抑制了低碳农业生产率的提升，目前可能这种愿望不够强烈，导致这种影响尚未显现出来。

7.4.3 东中西三大俱乐部低碳农业生产率空间杜宾模型估计的结果

前面基于多权重矩阵角度考虑了低碳农业 TFP 增长的影响因素，而且每个因素的直接效应和间接效应大小以及方向存在差异。为了探寻低碳农业生产率影响因素的空间俱乐部差异，继续对三大俱乐部的低碳农业生产率进行估计。为了在同样的条件下进行比较，同样基于空间固定效应的 SDM 模型对东中西三大俱乐部的低碳农业生产率的影响因素进行回归，如表 7 - 8 至表 7 - 10 所示，均基于三种权重矩阵回归的结果。从表中结果可以看出，从似然值、AIC 和 BIC 来看，三种权重矩阵的结果非常接近，其中，一阶邻接权重矩阵估计结果的相对最差，其余两种几乎只有微小的差距，从拟合优度来看，距离权重矩阵的拟合优度最高。结合估计的结果，保持和全国层面一致，接下来的效应分解以经济距离权重矩阵为例。

表 7 – 8　　　基于一阶邻接空间权重矩阵三大俱乐部低碳农业
TFP 增长 SDM 模型估计结果

变量	东部地区		中部地区		西部地区	
lnInc	0.264	(0.175)	– 0.464	(0.857)	– 0.448	(0.445)
lnInc2	– 0.0163	(0.0104)	0.0304	(0.0519)	0.0291	(0.0264)
Fis	– 0.276	(0.176)	– 0.478 ***	(0.152)	– 0.125	(0.143)
Pric	0.0143	(0.0205)	0.104 **	(0.0403)	– 0.00116	(0.0313)
Open	– 0.0132 ***	(0.00379)	0.436	(0.318)	– 0.0411	(0.0800)
Pr	– 0.197 **	(0.0812)	– 0.146	(0.146)	– 0.586 ***	(0.153)
Ar	– 0.0899	(0.0805)	– 0.0227	(0.158)	– 0.190	(0.152)
Edu	0.0109	(0.00801)	0.00356	(0.00837)	0.00480	(0.00475)
W. lnInc	– 0.236	(0.251)	1.596 *	(0.896)	0.872	(0.560)
W. lnInc2	0.0163	(0.0147)	– 0.0970 *	(0.0545)	– 0.0554	(0.0338)
W. Fis	0.133	(0.225)	– 0.0958	(0.196)	– 0.0121	(0.189)
W. Pric	0.00834	(0.0295)	0.161 ***	(0.0537)	0.0834	(0.0575)
W. Open	0.0126 **	(0.00533)	0.206	(0.483)	0.0931	(0.124)
W. Pr	– 0.0624	(0.0949)	0.224	(0.177)	0.131	(0.240)
W. Ar	0.0325	(0.113)	0.554 ***	(0.196)	– 0.0160	(0.300)
W. Edu	– 0.00609	(0.0109)	0.0151	(0.0170)	0.000990	(0.0113)
rho	0.564 ***	(0.0485)	0.437 ***	(0.0568)	0.497 ***	(0.0617)
N	198		144		216	
R^2	0.5574		0.6887		0.4855	
LogL	461.1592		311.3171		394.8424	
AIC	– 886.3184		– 586.6342		– 753.6849	
BIC	– 827.1295		– 533.1775		– 692.9299	

注：*** 、** 、* 分别表示在 1%、5%、10% 的水平下显著，括号中数字为标准误。

表 7-9　　基于距离倒数平方空间权重矩阵三大俱乐部低碳农业
TFP 增长 SDM 模型估计结果

变量	东部地区		中部地区		西部地区	
lnInc	0. 355 **	(0. 159)	-0. 539	(0. 798)	-0. 476	(0. 364)
lnInc2	-0. 0251 ***	(0. 00947)	0. 0353	(0. 0484)	0. 0275	(0. 0214)
Fis	-0. 495 ***	(0. 167)	-0. 434 ***	(0. 146)	-0. 212	(0. 137)
Pric	0. 0266	(0. 0206)	0. 0870 **	(0. 0390)	0. 0171	(0. 0301)
Open	-0. 00842 **	(0. 00348)	0. 442	(0. 306)	0. 0225	(0. 0745)
Pr	-0. 232 ***	(0. 0801)	-0. 158	(0. 142)	-0. 480 ***	(0. 144)
Ar	-0. 108	(0. 0784)	-0. 0445	(0. 154)	-0. 165	(0. 140)
Edu	0. 00633	(0. 00777)	0. 00382	(0. 00814)	0. 00222	(0. 00426)
W. lnInc	-0. 491 *	(0. 261)	1. 647 *	(0. 883)	0. 596	(0. 472)
W. lnInc2	0. 0339 **	(0. 0154)	-0. 100 *	(0. 0536)	-0. 0327	(0. 0285)
W. Fis	0. 249	(0. 229)	-0. 238	(0. 242)	-0. 0249	(0. 207)
W. Pric	0. 0527	(0. 0372)	0. 196 ***	(0. 0613)	0. 102	(0. 0735)
W. Open	0. 00900 **	(0. 00361)	0. 0610	(0. 473)	0. 0992	(0. 136)
W. Pr	0. 0825	(0. 107)	0. 265	(0. 191)	0. 376	(0. 282)
W. Ar	0. 0776	(0. 107)	0. 636 ***	(0. 208)	0. 675 *	(0. 357)
W. Edu	0. 00562	(0. 00858)	0. 0109	(0. 0167)	-0. 0158	(0. 0195)
rho	0. 639 ***	(0. 0498)	0. 471 ***	(0. 0599)	0. 549 ***	(0. 0631)
N	198		144		216	
R^2	0. 5885		0. 7055		0. 5603	
LogL	470. 3748		315. 8909		409. 8705	
AIC	-904. 7496		-595. 7817		-783. 741	
BIC	-845. 5607		-542. 3251		-722. 986	

注：*** 、** 、* 分别表示在 1% 、5% 、10% 的水平下显著，括号中数字为标准误。

表7-10 基于经济距离空间权重矩阵三大俱乐部低碳农业

TFP 增长 SDM 模型估计结果

变量	东部地区		中部地区		西部地区	
lnInc	0.381**	(0.158)	-0.526	(0.791)	-0.505	(0.366)
lnInc2	-0.0267***	(0.00942)	0.0344	(0.0479)	0.0292	(0.0216)
Fis	-0.543***	(0.165)	-0.429***	(0.147)	-0.208	(0.135)
Pric	0.0265	(0.0204)	0.0913**	(0.0391)	0.0181	(0.0300)
Open	-0.00820**	(0.00354)	0.438	(0.306)	0.0175	(0.0740)
Pr	-0.233***	(0.0803)	-0.152	(0.142)	-0.501***	(0.145)
Ar	-0.109	(0.0790)	-0.0320	(0.154)	-0.185	(0.141)
Edu	0.00471	(0.00779)	0.00347	(0.00814)	0.00186	(0.00431)
W. lnInc	-0.487*	(0.255)	1.672*	(0.878)	0.723	(0.471)
W. lnInc2	0.0337**	(0.0150)	-0.102*	(0.0533)	-0.0405	(0.0285)
W. Fis	0.355	(0.234)	-0.275	(0.245)	-0.0494	(0.207)
W. Pric	0.0588	(0.0374)	0.206***	(0.0620)	0.0990	(0.0743)
W. Open	0.00866***	(0.00336)	0.0120	(0.481)	0.139	(0.186)
W. Pr	0.0711	(0.106)	0.262	(0.188)	0.416	(0.280)
W. Ar	0.0723	(0.101)	0.632***	(0.202)	0.656*	(0.357)
W. Edu	0.00560	(0.00786)	0.0102	(0.0164)	-0.0170	(0.0186)
rho	0.630***	(0.0509)	0.464***	(0.0597)	0.549***	(0.0633)
N	198		144		216	
R²	0.5923		0.7061		0.5639	
LogL	468.8019		315.8243		409.9579	
AIC	-901.6039		-595.6485		-783.9159	
BIC	-842.4151		-542.1919		-723.1608	

注：***、**、*分别表示在1%、5%、10%的水平下显著，括号中数字为标准误。

利用经济距离权重矩阵，采用空间固定效应的 SDM 模型对三大俱乐部低碳农业生产率的影响因素方程进行了估计。通过求解偏微分的方式，呈现了各经济因素对三大俱乐部的低碳农业生产率影响的空间分解结果，如表7-11所示。

表 7 - 11　　　　　　　　基于空间固定效应的 SDM 模型空间效应分解

变量		东部地区		中部地区		西部地区	
直接效应	lnInc	0. 314	(0. 200)	- 0. 129	(0. 713)	- 0. 413	(0. 371)
	lnInc2	- 0. 0221 *	(0. 0117)	0. 0106	(0. 0432)	0. 0240	(0. 0220)
	Fis	- 0. 531 ***	(0. 178)	- 0. 539 ***	(0. 160)	- 0. 224 *	(0. 131)
	Pric	0. 0525 *	(0. 0273)	0. 155 ***	(0. 0434)	0. 0346	(0. 0336)
	Open	- 0. 00716 *	(0. 00371)	0. 498	(0. 349)	0. 0403	(0. 0859)
	Pr	- 0. 254 ***	(0. 0913)	- 0. 0898	(0. 152)	- 0. 463 ***	(0. 149)
	Ar	- 0. 108	(0. 101)	0. 139	(0. 173)	- 0. 0809	(0. 161)
	Edu	0. 00718	(0. 00810)	0. 00611	(0. 00957)	- 0. 00104	(0. 00632)
间接效应	lnInc	- 0. 531	(0. 617)	2. 325 ***	(0. 880)	0. 997	(0. 798)
	lnInc2	0. 0369	(0. 0357)	- 0. 139 ***	(0. 0535)	- 0. 0549	(0. 0492)
	Fis	0. 00202	(0. 517)	- 0. 789 **	(0. 372)	- 0. 374	(0. 370)
	Pric	0. 189 *	(0. 100)	0. 408 ***	(0. 102)	0. 228	(0. 156)
	Open	0. 00801	(0. 00748)	0. 337	(0. 793)	0. 280	(0. 412)
	Pr	- 0. 170	(0. 241)	0. 331	(0. 304)	0. 343	(0. 566)
	Ar	0. 00605	(0. 285)	1. 011 ***	(0. 341)	1. 194	(0. 790)
	Edu	0. 0199	(0. 0162)	0. 0185	(0. 0266)	- 0. 0347	(0. 0396)
总效应	lnInc	- 0. 217	(0. 757)	2. 196 ***	(0. 632)	0. 584	(0. 880)
	lnInc2	0. 0149	(0. 0437)	- 0. 129 ***	(0. 0384)	- 0. 0309	(0. 0547)
	Fis	- 0. 529	(0. 613)	- 1. 328 ***	(0. 468)	- 0. 598	(0. 412)
	Pric	0. 241 **	(0. 121)	0. 563 ***	(0. 132)	0. 262	(0. 176)
	Open	0. 000853	(0. 00977)	0. 835	(1. 018)	0. 321	(0. 469)
	Pr	- 0. 423	(0. 300)	0. 241	(0. 391)	- 0. 120	(0. 614)
	Ar	- 0. 102	(0. 366)	1. 150 **	(0. 451)	1. 113	(0. 876)
	Edu	0. 0271	(0. 0201)	0. 0246	(0. 0332)	- 0. 0357	(0. 0450)
rho		0. 630 ***	(0. 0509)	0. 464 ***	(0. 0597)	0. 549 ***	(0. 0633)

注：*** 、** 、* 分别表示在 1% 、5% 、10% 的水平下显著，括号中数字为标准误；

资料来源：表中估计结果是依据经济距离权重矩阵估计得出。

通过比较全国和三大俱乐部回归的结果可以发现，三大俱乐部内部确实存在较大的差异。第一，就直接效应来说，东部地区的农村居民人均收入与全国一样存在倒 "U" 型，但中西部就系数来看，恰恰相反。农村居民人均收入对农业生产效率的影响存在 "U" 型结果，但不显著。从农村制度来说，三大俱乐部的财政政策和农村价格政策对低碳农业生产率的影响和全国一致，西部地区的政策效果最小，中部地区政策效果最好，尤其是中部地区的农村价格制度对低碳农业生产率的正向影响最大。农业开放度对低碳农业生产率的影响仅东部地区是显著的，和全国的影响差不多，中西部都未能通过显著性检验。三大俱乐部农业结构变化对低碳农业生产率的影响与全国基本一致，畜牧业对低碳农业生产率的影响和全国一样均未能通过显著性检验，西部地区的种植业结构变化对低碳农业生产率产生的负向影响最大。三大俱乐部的农村人力资本对低碳农业生产率影响未能通过显著性检验。第二，就间接效应来说，东部地区和西部地区的间接效应基本未能通过显著性检验，中部地区的间接效应除农业开放度、种植业结构未能通过显著性检验外，其余均在1%的显著性水平上通过检验。

7.5　本章小结

由于区域间的经济交往日趋紧密，农业生产依赖于自然条件，邻近地区的经济发展水平和技术水平的差异相对较小，为低碳等农业技术扩散和溢出提供了便利的条件。因此，空间地理因素是研究低碳农业生产率不可或缺的影响因素之一，必须在模型设定中予以体现。基于此，本章试图利用空间杜宾模型考虑空间因素对低碳农业生产率的影响，试图捕捉各种影响因素的空间交互效应，并比较三大俱乐部各影响因素的差异。主要结论如下。

（1）空间地理因素对中国低碳农业生产率影响显著。全国以及三大俱乐部表征空间地理因素的 ρ 值均显著为正，在1%的显著性水平通过检验，说明空间地理因素是影响低碳农业生产率的一个非常重要的因素。随着农业市场体系建设日渐成熟，开放度越来越高，农业生产要素的空间流动性逐渐增强，农业生产的空间单元联系日趋紧密，邻近地区的低碳农业生产率的空间依赖性越来越强。

（2）农村居民家庭人均收入与低碳农业 TFP 增长之间存在倒"U"型关系，与理论相符。在控制其他因素的前提下，低碳农业 TFP 增长直接效应的拐点为5727元（以1997年为基年的不变价），低碳农业 TFP 增长总效应的拐点为8217元。现阶段的农村居民人均收入的直接影响处于倒"U"型的右半段，其总效应处于倒"U"型的左半段。也就是说，大部分省份随着农村居民家庭人均收入的不断增加，其直接影响是造成了低碳农业生产率下降，但总效应却促进了低碳农业生产率的提升。

（3）农村财政政策的实施、农业开放度提高、种植业比重加大均造成了本省的低碳农业生产率下降，农业价格政策实施以及农村人力资本对低碳农业生产率改善作用不明显。农村财政政策的实施导致邻近省份的低碳农业生产率下降，而农村价格政策的实施、农业开放度提升和种植业比重加大促进了邻近省份的低碳农业生产率改善。

（4）通过比较全国和三大俱乐部回归结果可以发现，三大俱乐部内部各影响因素的作用大小存在较大的差异。不同影响因素在不同区间内对低碳农业生产率影响效果的显著性不同，而且影响的大小也不同。如中部地区的农村政策实施的直接效应最大，西部地区的种植业结构变动的直接效应较大。

第8章

主要结论与政策建议

为落实党的十九大重大决策部署，2018年中央一号文件提出：必须落实节约优先、保护优先、自然恢复为主的方针，以绿色发展引领乡村振兴。本书采用农业碳排放的约束来反映当前绿色发展的时代背景，将其纳入低碳农业生产率测算的框架，回答了低碳农业生产率的时空分布特征、空间相关性、空间差异的收敛性以及影响低碳农业生产率的关键因素，在此基础上为政府、企业或个人科学决策提供理论依据。

8.1 主要结论

（1）中国农业碳排放呈现阶段性特征，波动幅度大，且省域间的异质性明显，存在空间依赖性，但相关性在减弱，集聚效应有限。

本部分从时间、空间两个维度探讨了中国农业碳排放总量、强度以及结构演变特征。最后利用探索性空间数据分析方法（ESDA）分析了农业碳排放强度的空间相关性，探寻农业碳排放强度的空间集聚区域。主要结论如下。

第一，农业碳排放呈现明显的阶段性特征，波动幅度较大。在整个样本区间内，中国农业碳排放总量呈现"波动上升—快速下降—缓慢上升"的阶段性演变特征。农用物资投入占农业碳排放的份额逐渐增大，在样本周期内的份额大约上升了10%。农业碳排放强度呈现下降趋势，下降幅度达到40.13%，年均递减2.81%，表现出"平稳—波动起伏—平稳"的循环轨迹，增速经历了较大幅度的变动，呈现出深"V"型特征。

第二，农业碳排放的省域异质性明显，呈现出明显的集聚趋势。排在前八位省份的排放量均在1300万吨以上，碳排放总量占全国总量的48.23%。排在后八位省份的排放量基本都在200万吨以下，碳排放总量占全国的总量的5.93%。中国农业碳排放强度分布的整体趋势是西部最高、中部次之、东部最低，西藏农业碳排放强度是北京的23倍多。但中国农业碳排放强度数值大部分在0.5左右，呈现出了集聚趋势。

第三，农业碳排放存在较强的空间相关性，但空间相关性在减弱，集聚效应不明显。样本区间内的莫兰值均显著为正，说明中国农业碳排放总量及其强度存在较强的空间依赖性，但莫兰值呈现出下降趋势，说明其空间依赖性在减弱。从莫兰散点图和相关数据可以看出，低—低型集聚区域在扩大，整体趋势向好。但大部分区域的空间自相关都不显著，集聚效应非常有限。

（2）控制个体异质性后的农业技术效率高于传统随机前沿模型估计结果，考虑碳约束的农业 TFP 与无碳约束的农业 TFP 差额呈现出先降后升的趋势，碳约束农业 TFP 增长属于前沿技术进步的"单轮"驱动模式，有明显的阶段性且空间差异较大。

本部分采用考虑省份个体异质性的固定效应随机前沿模型，测算中国低碳农业技术效率，并利用马姆奎斯特指数分解了低碳农业全要素生产率指数，从时间、空间两个维度探讨了低碳农业生产率的时序特征和空间分布特征，并分三大区域进行了比较。主要结论如下。

第一，控制省份不可观测的个体异质性，并将其从农业技术非效率项中剥离出来，样本周期内中国农业技术效率估计的年平均值为0.562，高于使用传统随机前沿模型估计出来的农业技术效率。从时间维度来看，在样本区间内中国农业技术效率总体上呈现不断下降的趋势；从空间维度来看，在三大俱乐部的内部，农业技术效率同样也呈现出下降的趋势，三大俱乐部之间的差异在扩大，东部地区的农业技术效率明显高于中、西部地区；从整体空间分布来看，高效率集聚区域面积逐渐缩小，未能很好地发挥其溢出效应带动农业技术效率水平低的区域改善，与此相反，低水平农业技术效率集聚区域在不断扩大。

第二，在样本区间内，省域间低碳农业 TFP 增长存在明显的差异，呈现出"东部—西部—中部"依次递减的分布格局。中国低碳农业 TFP 增长的速度较快，年均增长率为4.31%。其中，农业技术进步的贡献率为6.85%，是主要驱动力，而农业技术效率的贡献率为 -2.37%，一定程度上消耗了农业技术进步带来的正效应。

　　第三，低碳农业 TFP 增长与中国农业发展阶段基本吻合，在样本周期内，中国低碳农业 TFP 增长经历了 1997～2003 年的下降、停滞阶段，2004～2009 年的恢复增长阶段和 2010～2015 年的快速增长阶段。从三个时期来看，低碳农业 TFP 呈现逐步上升的趋势，三个子时期低碳农业 TFP 增长波动趋势高度吻合，在每个阶段各省份都有较大的波动，且波动幅度存在差异；分区域来看，第一阶段中部和西部地区的演变趋势和全国一致，而东部地区在这一阶段呈上升趋势，三大区域在第二、第三阶段和全国趋势一致。

　　第四，考虑到碳排放约束的农业 TFP 与无约束的传统农业 TFP 差额整体呈现先降后升的趋势，其间波动较大，碳约束的农业 TFP 从 2012 年开始反超无碳约束的传统农业 TFP。碳约束下东部地区农业 TFP 提升较多，中、西部地区整体略有提升，幅度不大。从分解的结果来看，碳约束的农业技术效率变动速度始终小于传统农业技术效率变动速度，而且农业技术效率整体呈现下降的趋势，碳约束有助于减缓农业技术效率下降。碳约束提高了农业技术进步的速度，推动了低碳农业 TFP 的增长，是增长动力的源泉之一。碳约束的农业全要素生产率这种变化主要来自农业技术的进步和科学种植技术的推广，这种改进一方面来源于中央政府环境规制的倒逼；另一方面得益于中央财政对农业低碳行为的补贴政策引导。

　　（3）中国低碳农业技术效率和农业 TFP 增长均存在较强的空间相关性，但两者的相关性和集聚区域存在差异，两者未能实现协同发展。

　　本部分首先讨论了低碳农业生产率空间相关的经济学作用机理，采用探索性空间数据分析方法（ESDA）分析了中国低碳农业生产率的空间相关性特征，并且进一步对低碳中国农业技术效率和低碳农业 TFP 增长两者的空间互相关关系进行探讨。主要结论如下。

　　第一，通过全局莫兰指数可以看出，中国低碳农业技术效率和低碳农业 TFP 增长率均存在空间相关性。在样本周期内，农业技术效率的空间相关性较强，而低碳农业 TFP 增长的空间相关性相对较弱，两者的空间相关性均呈现出减弱之势，低碳农业 TFP 增长的空间相关性变动幅度较大。

　　第二，通过局部的集聚性和显著性可以看到，农业技术效率的低—低型集聚区域比较稳定，主要集聚在西北地区和西南地区，低水平的农业技术效率形成一条低水平地带，空间溢出效应主要存在于低水平区域之间，存在较强的空间相关性。高水平农业技术效率主要集聚在华东地区，集聚区域略有扩大，高水平农业技术效率地带形成非常有限，溢出效应不明显。低碳农业 TFP 增长的集聚区域不稳定，但其低—低型集聚区域相对稳定。低水平低碳农业 TFP 增长主要集聚在东北、华北和西北地区，形成了一个低水平低碳农业 TFP 增长的地带。通过比较样本周期内农业技术效率和低碳农业 TFP 增长的空间格局，发现两者在空间分布上并未表现出很好的协同性。

第三，通过低碳农业技术效率和低碳农业 TFP 增长的双变量集聚性和显著性概况可以看出，低碳农业技术效率与农业 TFP 增长存在空间关联效应，这种效应变动幅度较大，验证了两者之间未能协调发展的现实，从而不能利用高水平农业技术效率的溢出效应带动低碳农业 TFP 协同发展，尤其是在高—高型集聚区域内，其辐射和扩散效应很弱。

（4）全国以及三大俱乐部均存在条件 β 收敛，不存在全局性的共同收敛趋势，但区域内部存在随机收敛俱乐部；中国区域内部农业技术效率状态转移受区域背景的影响。

本部分主要分析农业生产率分布差异的收敛性。首先，利用新古典收敛方法验证了低碳农业生产率的差异是否会逐渐消失；其次，利用面板单位根的方法判定中国低碳农业生产率的区域差异是否会长期存在；最后，利用核密度函数、马尔科夫链、加权的空间马尔科夫链等增长动态分布的方法分别刻画了中国低碳农业生产率的整体演变动态以及区域内部动态演变的趋势。主要结论如下。

第一，在样本周期内，全国以及东中西三大俱乐部低碳农业技术效率和农业 TFP 增长不存在 σ 绝对收敛。除了东部地区的农业技术效率绝对 β 收敛迹象不明显外，低碳农业生产率存在绝对 β 收敛。全国以及三大俱乐部内部均存在条件 β 收敛，各个省份的低碳农业生产率朝着自身均衡稳态水平不断趋近，但区域内追赶效应的速度存在差异。

第二，从 CA 分析的结论得出并不存在全局性的共同收敛趋势，但在某个区域内部部分省份可能存在随机收敛，在未来可能会形成一个或多个收敛俱乐部。通过单变量的单位根检验，明确了部分地区仍然存在随机收敛的事实。通过对三大俱乐部内部的 CA 分析，得出在东部地区内部，仅河北、浙江和福建 3 个省份构成子集的农业技术效率存在向其局部均值收敛的共同趋向；在中部地区内部，山西、吉林、黑龙江、安徽、江西共 5 个省份构成的子集存在向其均值共同收敛的趋向；在西部地区内部，广西、重庆、云南、甘肃和宁夏 5 个省区市构成子集的农业技术效率存在向其局部均值收敛的共同趋向；但中部地区的湖南、江西、安徽、黑龙江四省是否同属于中部地区的收敛子集存在不确定性；西部地区的广西、内蒙古和重庆 3 个省区市也存在类似不确定性。

第三，低碳约束下的农业技术效率核密度函数曲线向左偏移，峰的高度上升、宽度减小，"双峰"逐渐消失，整体呈现出收敛之势，但农业技术效率整体下滑趋势明显；低碳约束下的农业 TFP 增长的核密度曲线向右偏移，峰的高度不断上升、宽度减小，低碳农业 TFP 增长的集聚趋势加强，向高值集聚的趋势较为明显。

第四，通过马尔科夫链分析了中国农业技术效率的内部动态状况。以时间维度来说，各省份农业技术效率状态转移的概率较小，存在"俱乐部收敛"的现象。以空间维度来说，无论是考虑两个阶段，还是考虑邻近省份的背景条件，省域的农业技术效率状态向下转移的省份逐渐增多，而且在考虑邻近省份背景条件后，在第二阶段出现了自身以及邻近省份状态转移均向下的省份，主要位于东北地区和华南地区。就加权的空间马尔科夫链来说，从空间上阐释了中国区域内部"俱乐部"的农业技术效率状态转移特征，中国农业技术效率演变整体上受区域条件的影响，落后地区更容易导致周边地区的农业技术效率下滑，高水平的农业技术效率区域对邻近省份有正向的辐射和溢出效应。样本中低水平低碳农业生产率的省份更容易积聚，低水平低碳农业生产率形成"落后型俱乐部"，且有进一步扩大的趋势。

（5）地理空间因素是影响低碳农业生产率的一个重要因素，其溢出效应明显，三大俱乐部的影响因素存在差异。

本部分利用空间杜宾模型考虑了地理空间要素，试图利用 SDM 捕捉影响因素的空间交互效应，并比较了三大俱乐部影响因素的差异。主要结论如下。

第一，空间地理因素对中国低碳农业生产率的影响显著。全国以及三大俱乐部的空间地理因素的空间相关系数均显著为正，说明空间地理因素是低碳农业生产率的一个很关键的影响因素。农业市场体系逐渐完善、开放度越来越高，这让农业生产的空间单元联系越来越紧密，因此，邻近地区低碳农业生产率的空间关联性越来越强。

第二，农村居民家庭人均收入与低碳农业 TFP 增长之间倒"U"型关系符号理论预期。在控制其他因素的前提下，低碳农业 TFP 增长直接效应的拐点为 5727 元（以 1997 年为基年的不变价），低碳农业 TFP 增长总效应的拐点为

8217元。在大部分省内，随着农村居民家庭人均收入的不断增加，其导致了本省的低碳农业生产率下降，但其总效应为正，也就是说促进了低碳农业生产率的提升。

第三，农村财政政策的实施会造成本省和邻省低碳农业生产率下降，但农村价格政策仅对邻省的低碳农业生产率有显著的正向影响；农业开放度提高和种植业比重加大却在导致本省低碳农业生产率下降的同时促进了邻近省份低碳农业生产率的提升。

第四，通过比较发现，影响低碳农业生产率各影响因素在不同区域的作用大小存在较大的差异。不同影响因素在不同区域内对低碳农业生产率影响效果的显著性不同，而且影响的大小也不同。

8.2　政策建议

根据上述研究结论，在当前低碳背景下，为实现资源消耗、环境友好和农业经济的协调发展，推进农业可持续发展，提出以下五个方面的建议。

（1）发挥农业价格补贴政策的导向功能，激励符合低碳的农业生产行为。

通过本书的结论可以看出，在样本周期内，中国农村价格制度对于低碳农业生产率的直接效应为正，但不显著，并没有明显改善环境污染程度，对低碳农业生产率的推动作用不明显。因此，以往对化肥、农药的价格补贴政策并未达到预期提高农业产出的效果。可以考虑调整补贴方式，倾向于补贴符合低碳特征的农业生产者、农业公共工程以及农业企业。

第一，补贴符合低碳生产行为的农业生产者。农业经济发展过程中资源环境消耗的大小取决于微观农业生产主体的行为，关键在于农业生产者对利益的权衡。符合低碳农业生产的行为具有正外部性，正常情况下（没有激励）其行为低于社会最优水平，如何将其纠正到帕累托最优状态的水平，政府可对这一环境友好型的生产行为进行补贴，提高微观农业生产者的行为水平，改善资源环境与农业经济发展的协调程度。目前来看，环境友好型的农业生产行为包括采用环境友好型技术的行为（如测土配方、农家肥的施用、病虫害综合防治）；农业废弃物处置行为（如秸秆还田、节水灌溉）；畜禽养殖粪便处理（如沼气处理）。政府可出台激励采用这些环境友好型技术的行为，纠正农业生产者的行为到最优水平上。

第二，补贴减轻资源环境压力的农业工程项目。环境友好型的农业工程项目具有正外部性，类似退耕还林、人工湿地和天然保护林等环境友好型工程，其实施水平的高低取决于农户对自身收益的权衡，一般情况下这类工程的实施会挤占农户受益，实施水平低于社会最优水平。因此，政府可以通过补贴使农户的利益不受损甚至让农户的收益超过土地经营带来的收益，鼓励农户积极参与，从而推动该项目的可持续发展。

第三，补贴符合低碳农业生产行为的企业。有机肥生产企业、有机农产品生产企业的生产行为具有正外部性，由于企业的生产成本高以及农产品的价格高导致了供求行为远低于社会要求的最优水平。为了引导企业的生产行为和农户的消费行为，需要政府加大补贴力度，降低企业资金成本、企业税负等运营成本，提高对企业生产技术研发的支持，通过这些手段降低有机肥和有机农产品的价格，降低农户使用有机肥成本，带动有机农产品和有机肥的需求，从供求两个层面推动农业企业的生产行为到最优水平。

（2）从供求两方面完善农业技术推广体系，实现跨区域联动合作。

第一，加快农业技术推广体系建设，提高农业技术推广范围。农户合理使用自然资源、化肥和农药等前提是需要掌握一定的农业技术，因此，建设农业推广体系尤为重要。随着工业化和城镇化建设的加速，非农转移速度加快，农业生产的主体开始分化，出现了多种新型的组织：农业企业、农民专业合作社、农业专业大户以及行业性服务组织，不同层次的组织对农业推广技术的需求不同，农业推广体系要适应这一形式的变化，构建多层次、多样化的农业推广体系。这就需要扩充农业技术推广的供给者，采用"公益型+经营型"相结合，允许新型农业主体参与到推广体系中，提供多层次、多元化农业技术推广和培训服务。为提供更接地气的服务，可以将农户需求层面纳入推广体系的建设中，尽可能实现农业技术需求与研发相匹配，这样可以提高农业技术推广的效率。通过降低农户使用农业技术的成本来提高农户采用农业社会生产技术的意愿，从而提高推广效率，实现降低资源消耗和减少环境污染的目标。

第二，推动跨区域联动合作，实现区域共赢。中国省域间的低碳农业生产率差异较大，但也可以看到低碳农业生产率存在集聚现象，通过第6章收敛性研究发现存在多种形式的俱乐部，低碳农业生产率状态向下转移概率较大，这并不是我们期望的结果。另外，反映地理空间因素的系数显著为正，说明区域低碳农业生产率对邻近地区产生了溢出效应，主要是源自区域间各种要素的流动性。一方面，在发挥低碳农业生产率正向溢出效应的同时，要避免因为一个地区的环境规制政策产生负向的溢出效应。农业生产者转移自己的生产时往往具有"黏性"，当受到当地政府环境管制时，趋利避害的农业生产者可能会把邻近省份作为转出地，清洁度很低的企业就近转移至邻近省份，这就可能会导致农业企业清洁度的"此消彼长"。另一方面，要重视省域间的统防统治、齐抓共管。各省域在提升自身低碳农业生产率的同时，应加快向落后地区扩散的进程、抑制对邻近省份的空间负溢出，杜绝农业生产主体的"污染一地，转移一地"行为。

（3）转变农业发展方式，实现农业技术进步与技术效率改善"双轮"驱动。

农业要转变原有粗放增长的方式，必须提升低碳农业 TFP 在农业产出中的贡献，实现农业技术进步与技术效率改善的"双轮"驱动模式。第 4 章的研究结论显示中国低碳农业 TFP 实现了增长效应，通过马姆奎斯特指数分解得知，其增长效应来自农业前沿技术进步，而农业技术效率指数未能实现增长效应，属于典型的农业前沿技术进步型"单轮"驱动模式。

要实现农业发展方式由粗放型向集约型增长，必须依赖于低碳农业 TFP 增长的两个源泉：农业前沿技术进步和农业技术效率改善，实现前沿技术进步的同时不能忽视农业技术效率的改善。一方面，农业技术进步意味着农业技术的革新，其中着力点是提供一套现代化的农业生产要素，改变农业投入和技术，这种路径是着眼于生产的投入要素的技术结合形式以及单纯的技术问题，配套政策重心在农业 R&D、农业良种、农业机械化以及现代农业肥料等方面，这是低碳农业 TFP 增长的基础和前提。另一方面，技术效率提升意味着农业技术的改良，也就是消除体制障碍等影响实现前沿技术成果为广大农户所共享的因素。配套政策重在制度创新、机制再设计、农村教育发展、农业技术推广的网络等方面。发挥农业生产主体在农业生产过程中的能动性，通过制度安排让农业前沿技术很方便地在农户中共享、易于农户掌握和应用，这是转变农业发展方式的重要途径。

（4）调整农业结构，发展生态农业和循环农业；调整财政支农结构，提高资金使用效率。

种植业和畜牧业对中国低碳农业生产率影响是负向的，但畜牧业对低碳农业生产率的影响不显著。为了确保粮食安全，只能降低种植业和畜牧业的碳排放来提高低碳农业生产率，种养平衡能够减少农业生产中的物质和能量流失，促进农业经济与生态环境协调发展的双赢结果。生态农业和循环农业通过"减量化、再利用、资源化"的生产方式实现节约资源、洁净生产过程和再生废弃物的目标，并改变了过度依赖资源投入的增长方式，实现"资源—产品—再生资源—产品"的循环经济发展，尽可能达到种植业和养殖业的种养平衡，减少农业碳排放。另外，要提高农户的低碳意识，引导农户在农业生产的投入阶段、生产阶段和输出阶段中自觉运用低碳，提高生态农业和循环农业的"碳减排"效果。

2013～2017 年，中国农林水利支出累计安排超过 8 万亿元，2018 年继续加大支出力度，但财政支农对低碳农业生产率产生了负向影响，原因是支出结构不合理，且资金使用的效率不高。例如，财政支农资金兴修水库，但与水库配套的用于各家各户的延伸水利涉及很少，从而大大限制了资金作用的效果。为了提升财政支农资金的利用效率，可建立合适的管理和监督机制。一方面，要建立规范透明、约束有力的支农资金管理制度。以绿色生态为理念，以评价结果为导向建立资金分配制度，全面提升支农资金的绩效。另一方面，监管重点资金、重点项目、重点区域的财政支农资金，避免寻租、设租的行为发生。

（5）尊重区域差异，构建低碳农业协同发展的监管机制，实现区域平衡。

第 4 章结论显示，中国三大区域的低碳农业生产率分布不均衡，低碳农业TFP 呈现出东部—西部—中部依次降低的分布格局。为了缩小区域间的差异，使之最终收敛于共同趋势，从三个方面开展工作：一是厘清低碳农业生产率发展区域差异的关键因素；二是在尊重区域间差异的基础上制定个性化的政策以促进区域均衡发展；三是考虑地理空间因素产生的交互影响，建立低碳农业协同发展的监管机制实现联动发展。

为了做好这三方面工作，低碳农业生产率的高水平区域要继续提升低碳农业技术效率，提高其正向溢出效应和扩散效应。对于低碳农业生产率的低水平地区而言，一方面通过学习高水平地区的农业技术来提升自身水平，延伸产业链，在提高农业产出水平的同时，控制农业碳排放；另一方面要利用各种清洁度高的资源，提高资源的配置效率，最终实现低碳农业生产快速发展。

8.3　进一步研究的方向

本书试图在低碳约束条件下竭尽全力探索中国低碳农业生产率的测算、空间分布特征、空间收敛性以及影响低碳农业生产率提升的关键因素等问题。采用了一些新的方法，得出了一些有意义的，抑或是有用的结论，但离研究到成功决策还有一段距离。为了尽可能缩短与现实的距离，对以下四个方面进一步深挖和拓展。

（1）低碳农业生产率的测算方法有待于进一步深挖。虽然本书在测算低碳农业生产率的过程中利用固定效应的随机前沿模型考虑了空间单元的异质性对测算带来的影响。也深知地理邻接是产生外部性和一系列相邻效应的关键因素，空间外部性在邻近地区技术扩散中扮演的角色非常重要。显然在测算中国低碳农业生产率时应该在投入和产出变量中考虑其地理空间的交互联系，若忽视投入要素的空间的估算结果是有偏的（李序颖，2004；吴玉鸣，2006）。然而由于笔者的理论水平、实证水平和编程能力有限，在本书的测算过程中，未能将这一因素考虑在内，显然存在瑕疵，需要在后续的研究中逐步完善和推进。

（2）研究尺度需要进一步微观化。本书的研究尺度选择了中国31个省区市19年的宏观数据，基于省级层面得出了一些结论。但省域的内部空间差异也是非常大的，基于省级层面数据得出的结论对于政策制定的针对性还不够强。在后续的研究中，可以进一步将空间单元细化到市，甚至到县一级的空间单元，使其对科学决策的意义更大。

（3）需要从微观层面探索低碳农业生产率的作用机理。本书仅从宏观层面分析省域差异的关键因素，目前研究对微观典型区域的调查很鲜见。在低碳约束条件下，需要选择一些微观企业作为调查的对象，如造纸厂、蔬菜种植业、生猪养殖业等。研究结论需要在宏观的基础上，根据微观层面调查生产者的经济行为数据，从微观层面揭示低碳农业生产率的作用机制，有助于理解个体在处理资源环境问题时的行为，从而为科学决策奠定坚实的基础。

另外，研究的行业仍需要进一步细化，本书研究农业的总量分析，所得出的结论以及政策建议不一定适用于农业内部的每一个细分行业，也无法指导其正确发展。未来可以进一步将其细分到农业内部的各个行业中，得出的研究结论将为科学决策奠定坚实的基础。

（4）虽然本书在研究中做了一些工作，用四大类指标对农业碳排放做了测算：农用物资涉及5个指标、水稻种植涉及3个指标、土壤氧化亚氮涉及7

种农作物、牲畜养殖涉及 11 种。尽管在写作过程中始终小心翼翼，不敢有半点马虎，但运算过程的烦琐难免会对农业碳排放测算的精度产生影响。同时，在农业资本存量的核算中翻阅了大量的资料，摘录了其中的数据，也难免会存在疏漏，未来需要进一步提高数据质量，确保测算的低碳农业生产率更加合理。

参 考 文 献

[1] 白菊红. 农村家庭户主人力资本存量与家庭收入关系实证分析 [J]. 西北农林科技大学学报 (社会科学版)，2004 (5)：46-51.

[2] 蔡昉. 中国经济增长如何转向全要素生产率驱动型 [J]. 中国社会科学，2013 (1)：56-71，206.

[3] 曾国平，罗航艳，曹跃群. 农业效率增进、技术进步区域差异及 TFP 分解 [J]. 重庆大学学报 (社会科学版)，2012，18 (4)：1-8.

[4] 曾国平，黄利，曹跃群. 中国农业全要素生产率：动态演变、地区差距及收敛性 [J]. 云南财经大学学报，2011 (5)：31-38.

[5] 曾先峰，李国平. 中国各地区的农业生产率与收敛：1980-2005 [J]. 数量经济技术经济研究，2008 (5)：81-93.

[6] 陈宏伟，李桂芹，陈红. 中国三次产业全要素生产率测算及比较分析 [J]. 财经问题研，2010 (2)：28-31.

[7] 陈静，李谷成，冯中朝，李然. 油料作物主产区全要素生产率与技术效率的随机前沿生产函数分析 [J]. 农业技术经济，2013 (7)：85-93.

[8] 陈诗一. 能源消耗、二氧化碳排放与中国工业的可持续发展 [J]. 经济研究. 2009，44 (4)：41-55.

[9] 陈苏，胡浩. 中国畜禽温室气体排放时空变化及影响因素研究 [J]. 中国人口·资源与环境. 2016 (7)：93-100.

[10] 陈卫平. 中国农业生产率增长、技术进步与效率变化：1990~2003 年 [J]. 中国农村观察，2006 (1)：18-23.

[11] 陈文胜. 论大国农业转型 [M]. 北京：社会科学文献出版社，2014.

[12] 陈锡文. 解读三农重大政策创新 [N]. 中国经济时报，2012-6-5.

［13］程琳琳，张俊飚，田云，等. 中国省域农业碳生产率的空间分异特征及依赖效应 ［J］. 资源科学，2016 （2）：276 - 289.

［14］崔晓，张屹山. 中国农业环境效率与环境全要素生产率分析 ［J］. 中国农村经济，2014 （8）：4 - 16.

［15］蒂莫西·J. 科埃利. 效率与生产率分析引论 ［M］. 中国人民大学出版社，2008.

［16］习怀宏，陶永勇. 生产要素的配置变化与科技进步——中国 1980 ~ 2001 年农业技术进步率的估计 ［J］. 农业现代化研究，2003 （12）：438 - 442.

［17］董红敏，李玉娥，陶秀萍，等. 中国农业源温室气体排放与减排技术对策 ［J］. 农业工程学报. 2008 （10）：269 - 273.

［18］董亚娟，孙敬水. 区域经济收入分布的动态演进分析——以浙江省为例 ［J］. 当代财经，2009 （3）：25 - 30.

［19］杜江，刘渝. 中国农业增长与化学品投入的库兹涅茨假说及验证 ［J］. 世界经济文汇，2009 （3）：96 - 108.

［20］杜克锐，邹楚沅. 我国碳排放效率地区差异、影响因素及收敛性分析——基于随机前沿模型和面板单位根的实证研究 ［J］. 浙江社会科学，2011 （11）：32 - 43.

［21］范丽霞，李谷成. 全要素生产率及其在农业领域的研究进展 ［J］. 当代经济科学，2012 （1）：109 - 119.

［22］方福前，张艳丽. 中国农业全要素生产率的变化及其影响因素分析——基于 1991 ~ 2008 年 Malmquist 指数方法 ［J］. 经济理论与经济管理，2010 （9）：5 - 12.

［23］弗朗斯瓦·魁奈. 关于手工业劳动 ［M］. 北京：商务印书馆 1979.

［24］付明辉，祁春节. 要素禀赋、技术进步偏向与农业全要素生产率增长——基于 28 个国家的比较分析 ［J］. 中国农村经济. 2016 （12）：76 - 90.

［25］高标，房骄，许清涛. 吉林省农业碳排放量动态分析与预测研究 ［J］. 中国农机化学报. 2014 （1）：310 - 315.

［26］高帆. 中国区域农业全要素生产率的演变趋势与影响因素——基于省际面板数据的实证分析 ［J］. 数量经济技术经济研究，2015 （5）：3 - 19.

［27］葛鹏飞，王颂吉，黄秀路. 中国农业绿色全要素生产率测算 ［J］. 中国人口·资源与环境，2018，28 （5）：66 - 74.

[28] 龚六堂, 谢丹阳. 中国省份之间的要素流动和边际生产率的差异分析 [J]. 经济研究, 2004 (1): 45-53.

[29] 顾海, 孟令杰. 中国农业 TFP 的增长及其构成 [J]. 数量经济技术经济研究, 2002 (10): 1-18.

[30] 郭海红, 张在旭, 方丽芬. 中国农业绿色全要素生产率时空分异与演化研究 [J]. 现代经济探讨, 2018 (6): 85-94.

[31] 郭萍, 余康, 黄玉. 中国农业全要素生产率地区差异的变动与分解——基于 Färe - Primont 生产率指数的研究 [J]. 经济地理, 2013 (2): 141-145.

[32] 郭庆旺, 赵志耘, 贾俊雪. 中国省份经济的全要素生产率分析 [J]. 世界经济, 2005 (5): 46-53, 80.

[33] 韩海彬, 赵丽芬. 环境约束下中国农业全要素生产率增长及收敛分析 [J]. 中国人口, 资源与环境, 2013 (3): 70-76.

[34] 韩晓燕, 翟印礼. 中国农业技术效率的地区差异分析 [J]. 沈阳农业大学学报 (社会科学版), 2005 (2): 139-141.

[35] 何传启. 中国现代化报告 2012——农业现代化研究 [M]. 北京: 北京大学出版社, 2012.

[36] 何江, 张馨之. 中国区域经济增长及其收敛性: 空间面板数据分析 [J]. 南方经济, 2006 (5): 44-52.

[37] 胡鞍钢, 郑京海, 高宇宁, 等. 考虑环境因素的省级技术效率排名 (1999~2005) [J]. 经济学 (季刊), 2008 (3): 933-960.

[38] 胡鞍钢, 郑云峰, 高宇宁. 中国高耗能行业真实全要素生产率研究 (1995~2010) ——基于投入产出的视角 [J]. 中国工业经济, 2015 (5): 44-56.

[39] 胡华江. 中国农业综合生产率地区差异分析 [J]. 农业技术经济, 2002 (3): 53-57.

[40] 胡向东, 王济民. 中国畜禽温室气体排放量估算 [J]. 农业工程学报. 2010 (10): 247-252.

[41] 黄少安, 孙圣民, 宫明波. 中国土地产权制度对农业经济增长的影响——对 1949~1978 年中国大陆农业生产效率的实证分析 [J]. 中国社会科学, 2005 (3): 38-47, 205-206.

[42] 简·丁伯根. 经济政策: 原理与设计 [M]. 北京: 商务印书馆, 1988.

[43] 江激宇, 李静, 孟令杰. 中国农业生产率的增长趋势: 1978～2002 [J]. 南京农业大学学报, 2005, 28 (3): 113-118.

[44] 姜长云. 进一步做好加快转变农业发展方式的大文章 [J]. 中国发展观察, 2012 (5): 52-54.

[45] 蒋和平. 中国特色农业现代化应走什么道路 [J]. 经济学家, 2009 (10): 58-65.

[46] 克鲁格曼著. 萧条经济学的回归 [M]. 文晖, 玉清, 译. 北京: 中国人民大学出版社, 1999.

[47] 孔祥智, 方松海, 庞晓鹏, 马九杰. 西部地区农户禀赋对农业技术采纳的影响分析 [J]. 经济研究, 2004 (12): 85-95, 122.

[48] 孔昕. 基于 Tobit 模型的低碳经济农业生产率增长影响因素实证研究 [J]. 中国农业资源与区划, 2016, 37 (10): 140-145.

[49] 匡远凤, 彭代彦. 中国环境生产效率与环境全要素生产率分析 [J]. 经济研究, 2012 (7): 62-74.

[50] 李碧芳. 基于 SBM-DEA 模型的中国大豆全要素生产率分析 [J]. 河南农业科学, 2010 (3): 116-119.

[51] 李波, 张俊飚. 基于投入视角的中国农业碳排放与经济发展脱钩研究 [J]. 经济经纬. 2012 (4): 27-31.

[52] 李谷成, 陈宁陆, 闵锐. 环境规制条件下中国农业全要素生产率增长与分解 [J]. 中国人口·资源与环境, 2011 (11): 153-160.

[53] 李谷成, 范丽霞, 成刚, 冯中朝. 农业全要素生产率增长: 基于一种新的窗式 DEA 生产率指数的再估计 [J]. 农业技术经济, 2013 (5): 4-17.

[54] 李谷成, 范丽霞, 闵锐. 资源、环境与农业发展的协调性——基于环境规制的省级农业环境效率排名 [J]. 数量经济技术经济研究, 2011 (10): 21-36, 49.

[55] 李谷成, 冯中朝, 范丽霞. 教育、健康与农民收入增长——来自转型期湖北省农村的证据 [J]. 中国农村经济, 2006 (1): 66-74.

[56] 李谷成, 冯中朝, 占绍文. 家庭禀赋对农户家庭经营技术效率的影响冲击——基于湖北省农户的随机前沿生产函数实证 [J]. 统计研究, 2008 (1): 35-42.

[57] 李谷成, 冯中朝. 中国农业全要素生产率增长: 技术推进抑或效率

驱动——一项基于随机前沿生产函数的行业比较研究 [J]. 农业技术经济，2010 (5)：4 - 14.

[58] 李谷成. 中国农村经济制度变迁、农业生产绩效与动态演进——基于 1978 ~ 2005 年省际面板数据的 DEA 实证 [J]. 制度经济学研究，2009 (3)：20 - 54.

[59] 李谷成. 资本深化、人地比例与中国农业生产率增长——一个生产函数分析框架 [J]. 中国农村经济，2015 (1)：14 - 30.

[60] 李谷成. 技术效率、技术进步与中国农业生产率增长 [J]. 经济评论，2009 (1)：60 - 68.

[61] 李谷成. 人力资本与中国区域农业全要素生产率增长——基于 DEA 视角的实证分析 [J] 财经研究，2009 (8)：115 - 128.

[62] 李谷成. 中国农业的绿色生产率革命：1978 ~ 2008 年 [J]. 经济学 (季刊)，2014 (2)：537 - 558.

[63] 李谷成. 中国农业生产率增长的地区差距与收敛性分析 [J]. 产业经济研究，2009 (2)：41 - 48.

[64] 李谷成. 转型期中国农业生产率增长的分解、变迁与分布 [J]. 中国人口·资源与环境，2009 (2)：148 - 152.

[65] 李国志，李宗植. 中国农业能源消费碳排放因素分解实证分析——基于 LMDI 模型 [J]. 农业技术经济，2010 (10)：66 - 72.

[66] 李焕彰，钱忠好. 财政支农政策与中国农业增长：因果与结构分析 [J]. 中国农村经济，2004 (8)：38 - 43.

[67] 李静，孟令杰，吴福象. 中国地区发展差异的再检验要素积累抑或 TFP [J]. 世界经济，2006 (1)：12 - 22.

[68] 李静，孟令杰. 中国农业生产率的变动与分解分析：1978 ~ 2004 年 [J]. 数量经济技术经济研究，2006 (5)：11 - 19.

[69] 李俊杰. 民族地区农地利用碳排放测算及影响因素研究 [J]. 中国人口·资源与环境，2012 (9)：42 - 47.

[70] 李序颖，顾岚. 空间自回归模型及其估计 [J]. 统计研究，2004 (6)：48 - 51.

[71] 李长生，肖向明，S. Frolking，等. 中国农田的温室气体排放 [J]. 第四纪研究，2003，1 (5)：493 - 503.

[72] 梁俊，龙少波．环境约束下中国地区工业全要素生产率增长：2000～2012 年［J］．财经科学，2015（6）：84 - 96.

[73] 林毅夫，李周．发育市场——九十年代农村改革的主线［J］．农业经济问题，1992（9）：8 - 14.

[74] 林毅夫，任若恩．东亚经济增长模式相关争论的在探讨［J］．经济研究，2007（8）：4 - 11.

[75] 林毅夫，苏剑．论中国经济增长方式的转换［J］．管理世界，2007（11）：5 - 13.

[76] 刘晗，王钊，姜松．基于随机前沿生产函数的农业全要素生产率增长研究［J］．经济问题探索，2015（11）：35 - 42.

[77] 刘华军，杜广杰．中国经济发展的地区差距与随机收敛检验——基于 2000～2013 年 DMSP/OLS 夜间灯光数据［J］．数量经济技术经济研究，2017，34（10）：43 - 59.

[78] 刘强．中国经济增长的收敛性分析［J］．经济研究，2001（6）：70 - 77.

[79] 刘小玄，郑京海．国有企业效率的决定因素：1985～1994［J］．经济研究，1998（1）：39 - 48.

[80] 刘勇，孟令杰．测量 Malmquist 生产率指数的 SFA 方法［J］．北京理工大学学报（社会科学版），2002（S1）：42 - 44.

[81] 罗吉文，许蕾．论低碳农业的产生、内涵与发展对策［J］．农业现代化研究，2010，31（6）：701 - 703.

[82] 马林静，王雅鹏，田云．中国粮食全要素生产率及影响因素的区域分异研究［J］．农业现代化研究，2014，35（4）：385 - 391.

[83] 马晓旭．中国低碳农业发展的困境及出路选择［J］．经济体制改革，2011（5）：71 - 74.

[84] 孟令杰．美国农业生产率的增长与启示［J］．农业经济问题，2001（3）：60 - 63.

[85] 米建伟，梁勤，马骅．中国农业全要素生产率的变化及其与公共投资的关系——基于 1984～2002 年分省份面板数据的实证分析［J］．农业技术经济，2009（3）：4 - 16.

[86] 闵继胜，胡浩．中国农业生产温室气体排放量的测算［J］．中国人

口·资源与环境, 2012, 22 (7): 21-27.

[87] 倪冰莉, 张红岩. 中国中部地区农业技术进步、生产效率的构成分析 [J]. 云南财经大学学报, 2010 (2): 140-146.

[88] 欧根·冯·庞巴维克. 资本与利息 [M]. 北京: 商务印书馆, 2010.

[89] 潘丹, 孔凡斌. 中国农业全要素生产率差异与收敛分析——基于环境污染视角 [J]. 江西社会科学, 2013 (9): 43-47.

[90] 潘丹, 应瑞瑶. 中国农业全要素生产率增长的时空变异: 基于文献的再研究 [J]. 经济地理. 2012 (7): 113-117.

[91] 潘丹. 基于资源环境约束视角的中国农业绿色生产率测算及其影响因素解析 [J]. 统计与信息论坛, 2014 (8): 27-33.

[92] 潘家华, 张丽峰. 中国碳生产率区域差异性研究 [J]. 中国工业经济, 2011 (5): 47-57.

[93] 彭代彦, 吴翔. 中国农业技术效率与全要素生产率研究——基于农村劳动力结构变化的视角 [J]. 经济学家, 2013 (9): 68-76.

[94] 蒲英霞, 马荣华, 罗浩, 等. 基于马尔可夫链的江苏省"俱乐部趋同"演变特征 [J]. 南京社会科学, 2006 (7): 110-116.

[95] 齐绍洲, 云波, 李锴. 中国经济增长与能源消费强度差异的收敛性及机理分析 [J]. 经济研究, 2009 (4): 56-64.

[96] 齐玉春, 董云社. 土壤氧化亚氮产生、排放及其影响因素 [J]. 地理学报, 1999 (6): 534-542.

[97] 乔榛, 焦方义, 李楠. 中国农村经济制度变迁与农业增长——对1978~2004 年中国农业增长的实证分析 [J]. 经济研究, 2006 (7): 73-82.

[98] 钱丽, 肖仁桥, 陈忠卫. 碳排放约束下中国省际农业生产效率及其影响因素研究 [J]. 经济理论与经济管理, 2013 (9): 100-112.

[99] 秦鹏, 王芳. 跨界环境污染的形成与危害性 [J]. 经济问题, 2006 (8): 40-41.

[100] 邱晓华, 郑京平, 万东华, 等. 中国经济增长动力及前景分析 [J]. 经济研究, 2006 (5): 4-12.

[101] 曲福田, 卢娜, 冯淑怡. 土地利用变化对碳排放的影响 [J]. 中国人口·资源与环境, 2011, 21 (10): 76-83.

[102] 全炯振. 中国农业全要素生产率增长的实证分析: 1978~2007

年——基于随机前沿分析（SFA）方法 [J]. 中国农村经济, 2009 (9): 36 - 47.

[103] 让·巴蒂斯特·萨伊. 政治经济学概论 [M]. 北京: 华夏出版社, 2014.

[104] 邵军. 中国地区增长是否存在收敛? ——随机框架下的再讨论 [J]. 南方经济, 2008 (5): 23 - 31.

[105] 石风光, 何雄浪. 全要素生产率、要素投入与中国地区经济差距的动态分布分析 [J]. 南京社会科学, 2010 (2): 24 - 30.

[106] 谌莹, 张捷. 碳排放、绿色全要素生产率和经济增长 [J]. 数量经济技术经济研究, 2016 (8): 47 - 63.

[107] 石慧, 王怀明, 孟令杰. 中国地区农业 TFP 差距趋势研究 [J]. 农业技术经济, 2008 (3): 25 - 31.

[108] 石慧, 吴方卫. 中国农业生产率地区差异的影响因素研究——基于空间计量的分析 [J]. 世界经济文汇. 2011 (3): 59 - 73.

[109] 石慧. 中国省区间农业生产率的空间依赖性及分布动态 [J]. 资源科学, 2010, 32 (7): 1323 - 1332.

[110] 时悦, 赵铁丰. 中国农业全要素生产率影响因素分析 [J]. 华中农业大学学报 (社会科学版), 2009 (2): 13 - 15, 55.

[111] 史常亮, 朱俊峰, 揭昌亮. 中国农业全要素生产率增长地区差异及收敛性分析 [J]. 经济问题探索, 2016 (4): 134 - 141.

[112] 史丹. 中国能源效率的地区差异与节能潜力分析 [J]. 中国工业经济, 2006 (10): 49 - 58.

[113] 宋海岩, 刘淄楠, 蒋萍. 改革时期中国总投资决定因素的分析 [J]. 世界经济文汇, 2003 (1): 44 - 56.

[114] 孙良斌, 方向明. 农业生产率增长源泉、瓶颈及影响因素——基于南方五省水稻种植户的实证分析 [J]. 华南理工大学学报 (社会科学版), 2017, 19 (2): 22 - 30, 118.

[115] 唐红侠, 韩丹, 赵由才, 等. 农林业温室气体减排与控制技术 [M]. 北京: 化学工业出版社, 2009.

[116] 唐德祥, 周雪晴. 环境约束下我国西南地区农业全要素生产率度量及收敛性研究 [J]. 科技管理研究, 2016, 36 (4): 251 - 257.

[117] 谭秋成. 中国农业温室气体排放: 现状及挑战 [J]. 中国人口·资

源与环境，2011（10）：69－75.

[118] 田云，张俊飚，李波. 基于投入角度的农业碳排放时空特征及因素分解研究——以湖北省为例 [J]. 农业现代化研究，2011，32（6）：752－755.

[119] 田云，李波，张俊飚. 中国农地利用碳排放的阶段特征及因素分解研究 [J]. 中国地质大学学报（社会科学版），2011（1）：59－63.

[120] 田云，张俊飚，李波. 中国农业碳排放研究：测算、时空比较及脱钩效应 [J]. 资源科学，2012（11）：2097－2105.

[121] 田云，张俊飚. 中国农业生产净碳效应分异研究 [J]. 自然资源学报，2013（8）：1298－1309.

[122] 田云，张俊飚. 中国农业碳排放、低碳农业生产率及其协调性研究 [J]. 中国农业大学学报，2017（5）：208－213.

[123] 田云，张俊飚. 中国省级区域农业碳排放公平性研究 [J]. 中国人口·资源与环境，2013（11）：36－44.

[124] 涂正革，刘磊珂. 考虑能源、环境因素的中国工业效率评价——基于SBM模型的省级数据分析 [J]. 经济评论，2011（2）：55－65.

[125] 涂正革，肖耿. 中国的工业生产力革命——用随机前沿生产模型对中国大中型工业企业全要素生产率增长的分解及分析 [J]. 经济研究，2005（3）：4－15.

[126] 汪小勤，姜涛. 基于农业公共投资视角的中国农业技术效率分析 [J]. 中国农村经济，2009（5）：79－86.

[127] 汪言在，刘大伟. 纳入气候要素的重庆市农业全要素生产率增长时空分布分析 [J]. 地理科学，2017（12）：1942－1952.

[128] 王兵，吴延瑞，颜鹏飞. 中国区域环境效率与环境全要素生产率增长 [J]. 经济研究，2010（5）：95－108.

[129] 王红林，张林秀. 农业可持续发展中公共投资作用研究——以江苏省为例 [J]. 中国软科学，2002（10）：22－26.

[130] 王金田，王学真，高峰. 全国及分省份农业资本存量K的估算 [J]. 农业技术经济，2007（4）：64－70.

[131] 王奇，王会，陈海丹. 中国农业绿色全要素生产率变化研究：1992～2010年 [J]. 经济评论，2012（5）：24－33.

[132] 王珏，宋文飞，韩先锋. 中国地区农业全要素生产率及其影响因

素的空间计量分析——基于 1992～2007 年省域空间面板数据［J］. 中国农村经济，2010（8）：24-35.

［133］王亮. 经济增长收敛假说的存在性检验与形成机制研究［D］. 吉林大学，2010.

［134］王美今，林建浩，余壮雄. 中国地方政府财政竞争行为特性识别："兄弟竞争"与"父子争议"是否并存？［J］. 管理世界，2010（3）：22-31，187-188.

［135］王明星，李晶，郑循华. 稻田甲烷排放及产生、转化、输送机理［J］. 大气科学，1998（4）：218-230.

［136］王小鲁，樊纲. 中国经济增长的可持续性——跨世纪的回顾与展望［M］. 北京：经济科学出版社，2000.

［137］王争，史晋川. 中国私营企业的生产率表现和投资效率［J］. 经济研究，2008（1）：114-126，159.

［138］王志刚，龚六堂，陈玉宇. 地区间生产效率与全要素生产率增长率分解（1978～2003）［J］. 中国社会科学，2006（2）：55-66，206.

［139］温思美，郑晶. 要素流动、结构转型与中国"三农"问题困境［J］. 农业经济问题，2008（11）：4-11，110.

［140］吴方卫. 中国农业资本存量的估计［J］. 农业技术经济，1999（6）：34-38.

［141］吴贤荣，张俊飚，田云，等. 中国省域农业碳排放：测算、效率变动及影响因素研究——基于 DEA-Malmquist 指数分解方法与 Tobit 模型运用［J］. 资源科学，2014（1）：129-138.

［142］吴贤荣，张俊飚. 中国省域农业碳排放：增长主导效应与减排退耦效应［J］. 农业技术经济，2017（5）：27-36.

［143］吴义根，冯开文，李谷成. 人口增长、结构调整与农业面源污染——基于空间面板 STIRPAT 模型的实证研究［J］. 农业技术经济，2017（3）：75-87.

［144］吴义根，冯开文，李谷成. 我国农业面源污染的时空分异与动态演进［J］. 中国农业大学学报，2017，22（7）：186-199.

［145］吴义根，冯开文，曾珍，项桂娥. 外商直接投资、区域生态效率的动态演进和空间溢出——以安徽省为例［J］. 华东经济管理，2017，31（6）：

16 - 24.

[146] 吴义根,曾珍,赵勇,冯开文.安徽省"五化"协调发展效率的时空动态演进 [J]. 统计与信息论坛,2017,32 (10):102 - 110.

[147] 吴玉鸣,李建霞.基于地理加权回归模型的省域工业全要素生产率分析 [J]. 经济地理,2006,26 (5):748 - 752.

[148] 吴玉鸣,李建霞.中国区域工业全要素生产率的空间计量经济分析 [J]. 地理科学,2006 (4):4385 - 4391.

[149] 吴玉鸣.中国省域经济增长趋同的空间计量经济分析 [J]. 数量经济技术经济研究,2006,23 (12):101 - 108.

[150] 吴玉鸣.中国区域农业生产要素的投入产出弹性测算——基于空间计量经济模型的实证 [J]. 中国农村经济,2010 (6):25 - 37,48.

[151] 武鹏,金相郁,马丽.数值分布、空间分布视角下的中国区域经济发展差距 (1952~2008) [J]. 经济科学,2010 (5):46 - 58.

[152] 席利卿,彭可茂.中国农村经济制度变迁与农业周期性增长分析 [J]. 中国人口·资源与环境,2010,20 (4):123 - 129.

[153] 肖大伟.黑龙江省发展低碳农业的模式选择与对策 [J]. 农业现代化研究,2011,32 (6):709 - 712.

[154] 徐现祥,周吉梅,舒元.中国省区三次产业资本存量估计 [J]. 统计研究,2007,24 (5):6 - 13.

[155] 徐现祥,舒元.中国省区经济增长分布的演进 (1978~1998) [J]. 经济学(季刊),2004 (2):619 - 638.

[156] 许广月.碳排放收敛性:理论假说和中国的经验研究 [J]. 数量经济技术经济研究,2010 (9):31 - 42.

[157] 许庆,尹荣梁,章辉.规模经济、规模报酬与农业适度规模经营——基于中国粮食生产的实证研究 [J]. 经济研究,2011,46 (3):59 - 71,94.

[158] 亚当·斯密.国富论 [M]. 上海:上海三联书店,2009.

[159] 杨俊,陈怡.基于环境因素的中国农业生产率增长研究 [J]. 中国人口资源与环境,2011 (6):153 - 157.

[160] 杨正林.农村经济制度变迁与农业增长因素的贡献度 [J]. 改革,2007 (11):49 - 54.

［161］易纲，樊纲，李岩. 中国经济增长与全要素生产率的理论思考 ［J］. 2003（8）：14 - 20.

［162］尹朝静，李谷成，卢毓. 中国农业全要素生产率增长分布的动态演进机制［J］. 统计与信息论坛. 2014（3）：53 - 58.

［163］应瑞瑶，潘丹. 中国农业全要素生产率测算结果的差异性研究——基于Meta回归分析方法［J］. 农业技术经济，2012（3）：47 - 54.

［164］余康，郭萍，章立. 中国农业劳动生产率地区差异动态演进的决定因素——基于随机前沿模型的分解研究［J］. 经济科学，2011（2）：42 - 53.

［165］余康，章立，郭萍. 1989～2009中国总量农业全要素生产率研究综述［J］. 浙江农林大学学报，2012（1）：111 - 118.

［166］张晖，胡浩. 农业面源污染的环境库兹涅茨曲线验证——基于江苏省时序数据的分析［J］. 中国农村经济，2009（4）：48 - 53，71.

［167］张军，吴桂英，张吉鹏. 中国省际物质资本存量估算：1952～2000［J］. 经济研究，2004（10）：35 - 44.

［168］张军，章元. 对中国资本存量K的再估计［J］. 经济研究，2003（7）：35 - 43.

［169］张军，施少华，陈诗一. 中国的工业改革与效率变化——方法、数据、文献和现有的结果［J］. 经济学（季刊），2003（10）：1 - 38.

［170］张乐，曹静. 中国农业全要素生产率增长：配置效率变化的引入——基于随机前沿生产函数法的实证分析［J］. 中国农村经济. 2013（3）：4 - 15.

［171］张淑辉，陈建成. 农业科研投资与农业生产率增长关系的实证研究［J］. 云南财经大学学报，2013（5）：83 - 90.

［172］赵洪斌. 改革开放以来中国农业技术进步率演进的研究［J］. 财经研究，2004（12）：91 - 110.

［173］赵金龙，董谦，许月明. 中国低碳农业发展机制选择［J］. 农业现代化研究，2012，33（3）：313 - 317.

［174］赵蕾，杨向阳，王怀明. 改革以来中国省际农业生产率的收敛性分析［J］. 南开经济研究，2007（1）：107 - 116.

［175］赵蕾，王怀明. 中国农业生产率的增长及收敛性分析［J］. 农业技术经济，2007（2）：93 - 98.

[176] 赵芝俊, 张社梅. 近20年中国农业技术进步贡献率的变动趋势 [J]. 中国农村经济, 2006 (3): 4-12.

[177] 郑恒, 李跃. 低碳农业发展模式探析 [J]. 农业经济问题, 2011, 32 (6): 26-29.

[178] 郑京海, 胡鞍钢, ARNE B. 中国的经济增长能否持续?——一个生产率视角 [J]. 经济学 (季刊), 2008 (3): 777-808.

[179] 郑晶, 温思美. 制度变迁对中国农业增长的影响: 1988~2005 [J]. 改革, 2007 (7): 40-47.

[180] 郑循刚. 西部农业生产全要素生产率增长分解——基于2000~2007 的面板数据 [J]. 软科学, 2010 (9): 79-81.

[181] 郑玉歆, 张晓, 张思奇. 技术效率、技术进步及其对生产率的贡献——沿海工业企业调查的初步分析 [J]. 数量经济技术经济研究, 1995 (12): 20-27.

[182] 郑玉歆. 全要素生产率的再认识——用TFP分析经济增长质量存在的若干局限 [J]. 数量经济技术经济研究, 2007 (9): 3-11.

[183] 郑玉歆. 全要素生产率的测度及经济增长方式的"阶段性"规律——由东亚经济增长方式的争论谈起 [J]. 经济研究, 1999 (5): 57-62.

[184] 郑云. 中国农业全要素生产率变动、区域差异及其影响因素分析 [J]. 经济经纬, 2011 (2): 55-59.

[185] 钟甫宁, 朱晶. 结构调整在中国农业增长中的作用 [J]. 中国农村经济, 2000 (7): 4-7.

[186] 周端明. 技术进步、技术效率与中国农业生产率增长——基于DEA的实证分析 [J]. 数量经济技术经济研究, 2009 (12): 70-82.

[187] 段华平, 张悦, 赵建波, 等. 中国农田生态系统的碳足迹分析 [J]. 水土保持学报, 2011, 25 (5): 203-208.

[188] 朱希刚, 刘延风. 中国农业科技进步贡献率测算方法的意见 [J]. 农业技术经济, 1997 (1): 17-23.

[189] 宗振利, 廖直东. 中国省际三次产业资本存量再估算: 1978~2011 [J]. 贵州财经大学学报, 2014 (3): 8-16.

[190] 邹薇, 周浩. 经济趋同的计量分析与收入分布动态学研究 [J]. 世界经济, 2007, 30 (6): 81-96.

[191] 祖立义, 傅新红, 李冬梅. 我国种植业全要素生产率及影响因素研究 [J]. 农村经济, 2008 (5): 51-53.

[192] AIGNER D, LOVELL C A K, SCHMIDT P. Formulation and estimation of stochastic frontier production function models [J]. Journal of econometrics, 1977, 6 (1): 21-37.

[193] ALEXIADIS S. Convergence in agriculture: evidence from the European regions [J]. Agricultural Economics Review, 2010, 23 (11): 84-96.

[194] ANSELIN L, BERA A K. Spatial dependence in linear regression models with an introduction to spatial econometrics [J]. Statistics textbooks and monographs, 1998, 155: 237-290.

[195] ANSELIN L. A test for spatial autocorrelation in seemingly unrelated regressions [J]. Economics Letters, 1988a, 28 (4): 335-341.

[196] APPLETON S, BALIHUTA A. Education and agricultural productivity: evidence from Uganda [J]. Journal of International Development, 1996, 8 (3): 415-444.

[197] BAO H. Provincial total factor productivity in Vietnamese agriculture and its determinants [J]. Journal of Economics and Development, 2014, 16 (2): 5-20.

[198] BARÁTH L, FERTÖ I. Productivity and convergence in European agriculture [J]. Journal of Agricultural Economics, 2017, 68 (1): 228-248.

[199] BARRO R J, HALL R E. Convergence across states and regions [J]. Brookings Papers on Economic Activity, 1991, 22 (1): 107-182.

[200] BATTESE G E, COELLI T J. Frontier production functions, technical efficiency and panel data: with application to paddy farmers in India [J]. Journal of Productivity Analysis, 1992, 3 (1-2): 153-169.

[201] BATTESE G E, COELLI T J. A model for technical inefficiency effects in a stochastic frontier production function for panel data [J]. Empirical Economics, 1995, 20 (2): 325-332.

[202] BAUMOL W J. Productivity growth, convergence, and welfare: what the long-run data show [J]. American Economic Review, 1986, 76 (5): 1072-1085.

[203] BERNARD A B, JONES C I. Comparing apples to oranges: productivi-

ty convergence and measurement across industries and countries [J]. The American Economic Review, 1996: 1216 - 1238.

[204] BONNIEX F, RAINELLI P. Agricultural policy and environment in developed countries [J]. European Review of Agricultural Economics, 1988, 15 (2 - 3): 263 - 281.

[205] BUTZER R, MUNDLAK Y, Larson D F, et al. Measures of fixed capital in agriculture [J]. Policy Research Working Paper, 2012, 61 (2): 313 - 334.

[206] CARLINO G A, MILLS L. Are U. S. regional incomes converging? a time series analysis [J]. Journal of Monetary Economics, 1993, 32 (2): 335 - 346.

[207] CARLINO G A, MILLS L. Testing neoclassical convergence in regional incomes and earnings [J]. Regional Science and Urban Economics, 1996, 26 (6): 565 - 590.

[208] CAVES D W, CHRISTENSEN L R, DIEWERT W E. The economic theory of lndex numbers and the measurement of input, output, and productivity [J]. Econometrica: Journal of the Econometric Society, 1982: 1393 - 1414.

[209] CECHURA L, GRAU A, HOCKMANN H, et al. Catching up or falling behind in european agriculture: the case of milk production [J]. Journal of Agricultural Economics, 2017, 68 (1): 206 - 227.

[210] CHAMBERS R G, FǍURE R, & GROSSKOPF S. Productivity growth in APEC countries [J]. Pacific Economic Review, 1996, 1 (3), 181 - 190.

[211] CHEN P C, YU M M, CHANG C C. Total factor productivity growth in China's agricultural sector [J]. China Economic Review, 2008, 19 (4): 580 - 593.

[212] CHOI C Y. A variable addition panel test for stationarity and confirmatory analysis [R], Mimeo Department of Economics, University of New Hampshire.

[213] COELLI T J, RAO D S P. Total factor productivity growth in agriculture: a malmquist index analysis of 93 countries, 1980 - 2000 [J]. Agricultural Economics, 2005, 32 (s1): 115 - 134.

[214] CORNWELL C, SCHMIDT P, Sickles R C. Production frontiers with cross-sectional and time-series variation in efficiency levels [J]. Journal of Econometrics, 1990, 46 (1 - 2): 185 - 200.

[215] CUESTA R A. A production model with firm-specific temporal variation

in technical inefficiency: with application to Spanish dairy farms [J]. Journal of Productivity Analysis, 2000, 13 (2): 139 – 158.

[216] JORGENSON D W. Productivity and postwar US economic growth [J]. Journal of Economic Perspectives, 1988, 2 (4): 23 – 41.

[217] DAVIS H S. Productivity accounting [M]. Philadelphia: University of Pennsylvania Press, 1955.

[218] DENISON E F. The sources of economic growth in the United States and the alternatives before US [M]. New York: Committee for Economic Development, 1962.

[219] DOLLAR D. Outward – oriented developing economies really do grow more rapidly: evidence from 95 LDCs, 1976 – 1985 [J]. Economic Development & Cultural Change, 1992, 40 (3): 523 – 544.

[220] EASTERLY W, LEVINE R. It's not factor accumulation: stylized facts and growth models [J]. World Bank Economic Review, 2001, 15 (2): 177 – 219.

[221] ELHORST J P. Applied spatial econometrics: raising the bar [J]. Spatial Economic Analysis, 2010, 5 (1): 9 – 28.

[222] EVANS P, KARRAS G. Convergence revisited [J]. Journal of Monetary Economics, 1996, 37 (2): 249 – 265.

[223] FAN S G. Production and productivity growth in chinese agriculture: new measurement and evidence [J]. Food Policy, 1997, 22 (3): 213 – 228.

[224] FAN S G, PHILIP G. PARDEY . Research, productivity, and output growth in chinese agriculture [J]. Journal of Development Economics, 1997, 53 (1): 115 – 137.

[225] FAN S G . Effects of technological change and institutional reform on production growth in chinese agriculture [J]. American Journal of Agricultural Economics, 1991, 73 (2): 266 – 275.

[226] FAN S G. ZHANG X B. Production and productivity growth in chinese agriculture: new national and regional measures [J]. Economic Development and Cultural Change. 2002, 50 (4): 819 – 838.

[227] FÄRE R, GROSSKOPF S, NORRIS M, et al. Productivity growth, technical progress, and efficiency change in industrialized countries [J]. American

economic review, 1994, 84 (1): 66 – 83.

[228] FARRELL M J. The measurement of productive efficiency [J]. Journal of the Royal Statistical Society, 1957, 120 (3): 253 – 290.

[229] FLORAX R J G M, FOLMER H, REY S J. Specification searches in spatial econometrics: the relevance of Hendry's methodology [J]. Regional Science and Urban Economics, 2003, 33 (5): 557 – 579.

[230] FUENTES N, ROJAS M. Economic theory and subjective well-being: Mexico [J]. Social Indicators Research, 2001, 53 (3): 289 – 314.

[231] GRILICHES Z. Hybrid corn: an exploration in the economics of technological change [J]. Econometrica, Journal of the Econometric Society, 1957, 25 (4): 501 – 522.

[232] HADRI K. Testing for stationarity in heterogeneous panel data [J]. Econometrics Journal, 2000, 3 (2): 148 – 161.

[233] HAILUA, VEEMAN T S. Non-parametric productivity analysis with undesirable outputs: an application to the canadian pulp and paper industry [J]. American Journal of Agricultural Economics, 2001, 83: 605 – 616.

[234] HALL R E, JONES C I. Why do some countries produce so much more output per worker than others? [J]. The Quarterly Journal of Economics, 1999, 114 (1): 83 – 116.

[235] HAMILTON P A, MILLER T L. Differences in social and public risk perceptions and conflicting impacts on point/non-point trading rations [J]. American Journal of Agricultural Economics, 2001, 83 (4): 934 – 941.

[236] HAMPSON R E, SIMERAL J D, DEADWYLER S A. Distribution of spatial and nonspatial information in dorsal hippocampus. [J]. Nature, 1999, 402 (6762): 610 – 614.

[237] HAYAMI Y, RUTTAN V W. Agricultural development: an international perspective [M]. Johns Hopkins University Press, Baltimore, 1985.

[238] HAYNES K E, RATICK S, CUMMINGS – SAXTON J. Pollution prevention frontiers: a data envelopment simulation [J]. Environmental Program Evaluation: A Primer, 1998: 270 – 290.

[239] HUA Z, BIAN Y, LIANG L. Eco-efficiency analysis of paper mills

along the Huai River: an extended DEA approach [J]. Omega, 2007, 35: 578 – 587.

[240] HUANG Y, KALIRAJAN K P. Potential of China's grain production: evidence from the household data [J]. Agricultural Economics, 1997, 17 (2 – 3): 191 – 199.

[241] IM K S, PESARAN M H, SHIN Y. Testing for unit roots in heterogeneous panels [J]. Journal of Econometrics, 2003, 115 (1): 53 – 74.

[242] ISLAM N. Growth empirics: a panel data approach [J]. Quarterly Journal of Economics, 1995, 110 (4): 1127 – 1170.

[243] ISLAM N. What have we learn from the convergence debate? a review of the convergence literature [J]. Journal of Economic Surveys, 2003 (6): 309 – 362.

[244] JOHNSON J M F, FRANZLUEBBERS A J, WEYERS S L, et al. Agricultural opportunities to mitigate greenhouse gas emissions [J]. Environmental Pollution, 2007, 150 (1): 107 – 124.

[245] JORGENSON D W, GRILICHES Z. The explanation of productivity change [J]. The Review of Economic Studies, 1967, 34 (3), 249 – 283.

[246] KALIRAJAN K P, OBWONA M B, ZHAO S. A decomposition of total factor productivity growth: the case of chinese agricultural growth before and after reforms [J]. American Journal of Agricultural Economics, 1996, 78 (2): 331 – 338.

[247] KENDRICK J W. Productivity trends in the United States [M]. New York: Princeton University Press, 1961.

[248] KHAN M S. Macroeconomic adjustment in developing countries: a policy perspective [J]. The World Bank Research Observer, 1987, 2 (1): 23 – 42.

[249] KÖGEL T. Youth dependency and total factor productivity [J]. Journal of Development Economics, 2005, 76 (1): 147 – 173.

[250] KOO J. Technology spillovers, agglomeration, and regional economic development [J]. Journal of Planning Literature, 2005, 20 (2): 99 – 115.

[251] KOOP G. Carbon dioxide emissions and economic growth: a structural approach [J]. Journal of Applied Statistics, 1998, 25 (4): 489 – 515.

[252] KORHONEN P J, LUPTACIK M. Eco-efficiency analysis of power plants: an extension of data envelopment analysis [J]. European Journal of Opera-

tional Research, 2004, 154 (2): 437 – 446.

[253] KRUGMAN P. The return of depression economics [J]. Foreign Affairs, 1999, 78 (1): 56 – 74.

[254] KUMBHAKAR S C. Production frontiers, panel data, and time-varying technical inefficiency [J]. Journal of Econometrics, 1990, 46 (1 – 2): 201 – 211.

[255] LAL R. Carbon emission from farm operations [J]. Environment International, 2004, 30 (7): 981 – 990.

[256] LAMBERT D K, PARKER E. Productivity in chinese provincial agriculture [J]. Journal of Agricultural Economics, 2010, 49 (3): 378 – 392.

[257] LEE J D, PARK J B, KIM T Y. Estimation of the shadow prices of pollutants with production/environment inefficiency taken into account: a nonparametric directional distance function approach [J]. Journal of Environmental Management, 2002, 64 (4): 365 – 375.

[258] LESAGE J P, PACE R K. Introduction to spatial econometrics [M]. New York: CRC Press, 2009: 513 – 514.

[259] LEWANDROWSKI J, TOBEY J, COOK Z. The interface between agricultural assistance and the environment: chemical fertilizer consumption and area expansion [J]. Land Economics, 1997: 404 – 427.

[260] LIN J Y. rural reforms and agricultural growth in china [J]. American Economic Review, 1992, 82 (1): 34 – 51.

[261] LIU Y, RICHARD SHUMWAY C, ROSENMAN R, et al. Productivity growth and convergence in US agriculture: new cointegration panel data results [J]. Applied Economics, 2011, 43 (1): 91 – 102.

[262] LUCAS R. On the mechanics of economic development [J]. Journal of Monetary Economics, 1988, 22: 3 – 42.

[263] LU X, PAN J, CHEN Y . Sustaining economic growth in china under energy and climate security constraints [J]. China & World Economy, 2006, 14 (6): 85 – 97.

[264] MACERLEAN S. WU Z. Regional agricultural labor productivity convergence in China [J]. Food Policy, 2003, 28 (6): 237 – 252.

[265] MAO W, KOO W. Productivity growth, technological progress, and

efficiency change in chinese agriculture after rural economic reform: a DEA approach [J]. China Economic Review, 1997, 8 (8): 157 – 174.

[266] MCCUNN A, HUFFMAN W. Convergence in US productivity growth for agriculture: implications of interstate research spillovers for funding agricultural research [J]. American Journal of Agricultural Economics, 2000, 82 (2): 370 – 388.

[267] MCMILLAN J, WHALLEY J, ZHU L. The impact of China's economic reforms on agricultural productivity growth [J]. Journal of Political Economy, 1989, 97 (4): 781 – 807.

[268] MEEUSEN W, BROECK J V D. Efficiency estimation from cobb-douglas production functions with composed error [J]. International Economic Review, 1977, 18 (2): 435 – 444.

[269] MESSNER S F, ANSELIN L, BALLER R D, HAWKINS D F, DEANE G, TOLNAY S E. The spatial patterning of county homicide rates: an application of exploratory spatial data analysis [J]. Journal of Quantitative Criminology, 1999, 15 (4): 423 – 450.

[270] MUR J, ANGULO A. Model selection strategies in a spatial setting: some additional results [J]. Regional Science and Urban Economics, 2009, 39 (2): 200 – 213.

[271] NORSE D. Low carbon agriculture: objectives and policy pathways [J]. Environmental Development, 2012, 1 (1): 25 – 39.

[272] PENEDER M. Structural change and aggregate growth [J]. Structural Change and Economic Dynamics, 2002, 14: 427 – 448.

[273] PLACKETT R L. An introduction to the theory of statistics [M]. Edinburg: Oliver and Boyd, 1971.

[274] PRESCOTT E C. Needed: a theory of total factor productivity [J]. Staff Report, 1997, 39 (3): 525 – 551.

[275] QUAH D T. Twin peaks: growth and convergence in models of distribution dynamics [J]. The Economic Journal, 1996, 106 (437): 1045 – 1055.

[276] QUAH D. Galton's fallacy and tests of the convergence hypothesis [J]. Scandinavian Journal of Economics, 1993, 95 (5): 427 – 443.

[277] RAHMAN S. Regional productivity differences and prospect for conver-

gence in bangladesh agriculture [J]. The Journal of Development Areas, 2008, 41 (3): 221 –236.

[278] RAMANATHAN R . An analysis of energy consumption and carbon dioxide emissions in countries of the middle east and north africa [J]. Energy, 2005, 30 (15): 2831 –2842.

[279] RESTUCCIA D, YANG D T, ZHU X. Agriculture and aggregate productivity: a quantitative cross-country analysis [J]. Journal of Monetary Economics, 2008, 55 (2): 234 – 250.

[280] REY S J. Spatial empirics for economic growth and convergence [J]. Geographical Analysis, 2001, 33 (3): 195 –214.

[281] REZITIS A N. Agricultural productivity convergence across Europe and Unites of America [J]. Applied Economics Letters, 2005, 12 (7): 443 –446.

[282] REZITIS A N. Agricultural productivity convergence: Europe and Unites States [J]. Applied Economics Letters, 2010, 42 (8): 1029 –1044.

[283] ROMER P M. Increasing returns and long-run growth [J]. Journal of Political Economy, 1986, 94 (5): 1002 –1037.

[284] RUTTAN V W. Productivity growth in world agriculture: sources and constraints [J]. Journal of Economic Perspectives, 2002, 16 (4): 161 –184.

[285] SAIKIA D. Total factor productivity in agriculture: a review of measurement issues in the Indian context [J]. Romanian Journal of Regional Science, 2014, 8 (2): 45 –61.

[286] SCHAHCZENSKI J. Agriculture, climate change and carbon sequestration [EB/OL]. 2009 –10 –25 [2012 –03 –03]. http: //www. attran. cat. org.

[287] SCHEEL H. Undesirable outputs in efficiency valuations [J]. European Journal of Operational Research, 2001, 132: 400 –10.

[288] SCHULTZ T W. The value of the ability to deal with disequilibria [J]. Journal of Economic Literature, 1975, 13 (3): 827 –846.

[289] SEIFORD L M, ZHU J. Modeling undesirable factors in efficiency evaluation [J]. European Journal of Operational Research, 2002, 142: 16 –20.

[290] SEN A K. Peasants and dualism with or without surplus labor [J]. Journal of Political Economy, 1966, 74 (5): 425 –450.

[291] SILVERMAN B W. Density estimation for statistics and data analysis [M]. Boca Raton: CRC Press, 1986.

[292] SIMAR L, WILSON P W. Sensitivity analysis of efficiency scores: how to bootstrap in nonparametric frontier models [J]. Management Science, 1998, 44 (1): 49 –61.

[293] SIMAR L, WILSON P W. Statistical inference in nonparametric frontier models: the state of the art [J]. Journal of Productivity Analysis, 2000, 13 (1): 49 – 78.

[294] SOLOW R M. A contribution to the theory of economic growth [J]. Quarterly Journal of Economics, 1956, 70 (1): 65 –94.

[295] SOLOW R M. Technical change and the aggregate production function [J]. The Review of Economics and Statistics, 1957, 39 (3): 312 – 320.

[296] STIGLER G J. Trends in output [J]. Trends in Output & Employment, 1947: 6 – 31.

[297] STIGLITZ J E. Some theoretical aspects of agricultural policies [J]. The World Bank Research Observer, 1987, 2 (1): 43 –60.

[298] SWAN T. Economic growth and capital accumulation [J]. Economic Record, 1956, 32 (2): 334 – 361.

[299] TANG C Y. An economic reform and perfomance: China and India in comparative perspective [M]. New York: Garland Publishing, 1980.

[300] TASMAN A. Agriculture and GHG mitigation policy: options in addition to the CPRS [M]. Report for Victorian Department of Primary Industries and Industry and Investment NSW, ACIL Tasman Pty Ltd, 2009.

[301] THIRTLE C, PIESSE J, LUSIGI A. Multi-factor agricultural productivity, efficiency and convergence in Botswana: 1981 – 1996 [J]. Journal of Development Economics, 2003, 71 (2): 605 –624.

[302] TINBERGEN J. Zur theorie der langfristigen wirtschaftsentwicklung [J]. Weltwirtschaftliches Archiv, 1942, 55 (1): 511 –549.

[303] TOBLER W R. A computer movie simulating urban growth in the detroit region [J]. Economic Geography, 1970, 46 (supl): 234 – 240.

[304] VLEESHOUWERS L M, VERHAGEN A. Carbon emission and seques-

tration by agricultural land use: a model study for Europe [J]. Global Change Biology, 2002, 8 (6): 519 – 530.

[305] WANG H J, HO C W. Estimating fixed-effect panel stochastic frontier models by model transformation [J]. Journal of Econometrics, 2010, 157 (2): 286 – 296.

[306] WEN G J. Total factor productivity change in China's farming sector: 1952 – 1989 [J]. Economic Development and Cultural Change, 1993, 42 (1): 1 – 41.

[307] WEST T O, MARLAND G. A synthesis of carbon sequestration, carbon emissions, and net carbon flux in agriculture: comparing tillage practices in the United States [J]. Agriculture, Ecosystems & Environment, 2002, 91 (1 – 3): 217 – 232.

[308] WIENS T B. Technological change, in "the chinese agricultural economy", eds by Barker R, Sinha R and Beth R [M]. Boulder, Colorado: Westview Press, 1982.

[309] WONG L F. Agricultural productivity in the socialist countries [M]. Boulder, Colorado: Westviews Press, 1986.

[310] WOOMER P L, TIESZEN L L, TAPPAN G, et al. Land use change and terrestrial carbon stocks in Senegal [J]. Journal of Arid Environments, 2004, 59 (3): 625 – 642.

[311] WU S, WALKER D, DEVADOSS S. Productivity growth and its component in chinese agriculture after reforms [J]. Review of Development Economics, 2001, 5 (3): 375 – 391.

[312] XIN X, QIN F. Decomposition of agricultural labor productivity growth and its regional disparity in China [J]. China Agricultural Economic Review, 2011, 3 (1): 92 – 100.

[313] XU Y F. Agricultural productivity in China [J]. China Economic Review, 1999, 10 (2): 108 – 121.

[314] YOUNG A. Gold into base metals: productivity growth in the People's Republic of China during the reform period [J]. Journal of Political Economy, 2003, 111 (6): 1220 – 1261.

后　记

党的十八大以来，党中央和国务院高度重视绿色发展。习近平总书记多次强调，绿水青山就是金山银山。如何落实中央决策部署，牢固树立新发展理念，以农业供给侧结构性改革为主线，以绿色发展为导向，以体制改革和机制创新为动力，走出一条产出高效、产品安全、资源节约、环境友好的农业现代化道路，是亟待解决的重大问题。农业现代化是农业发展的最前沿表现，在不同时期发展方式也不同。随着"石化农业"的效应越发明显，面对资源日渐匮乏和生态环境脆弱的现实国情，传统农业粗放型的发展模式已难以为继。在多重约束条件下，如何转换思维，构建"低能耗、高产出"的农业发展新模式，实现经济的可持续发展，是一个极具诱惑力和重大现实意义的研究课题。本书在资源环境约束下，厘清中国农业发展的动力机制和影响因素，试图探索适合中国国情的发展路径，为中国农业低碳化发展寻找新的方向。这仅是一个尝试，探索永远在路上。

本书于2014年开始谋划，2015年拟定框架并开始写作。写作之时，恰逢国家大力推动农业绿色化发展，深感在低碳约束下发展中国现代化农业的重要性，自当尽心尽力，为中国低碳农业发展的研究添砖加瓦，为农业绿色发展建言献策。本书写作过程中，得到了相关领域资深专家的建议和意见，特别感谢何秀荣教授、蒋乃华教授、钟甫宁教授、郑志浩教授、司伟教授、王秀清教授、张舰教授、张立中教授、武拉平教授、陈劲松研究员、吴敬学研究员、李军教授、苏保忠教授和李谷成教授等。尤其感谢中国农业大学博士生导师冯开文教授，他挤占了个人休息时间为本书作序推荐，为本书的顺利出版默默辛劳。冯老师在专业领域低调朴素严谨的治学态度、对农业经济问题研究的执着坚持，博学精深的学术水准及宽厚谦和的处世胸怀都深深影响了我，是我终身学习的榜样！此外，本书在审读、编校和出版过程中，经济科学出版社给予我大力支持，在此一并表示感谢，特别感谢责任编辑凌健老师，她为本书的顺利出版默默辛劳，这种认真负责、严谨踏实的工作态度值得我学习。

低碳农业建设是转变农业发展方式的一个新课题，需要解决的问题很多，本书理论研究的深度和广度还不够，仍有不少问题有待进一步探索、论证和解决。如低碳约束和空间交互作用对中国农业全要素生产率增长有什么影响；中国农业全要素生产率差异的微观农户家庭禀赋是什么；一揽子农业政策的效应以及农户家庭经营规模对农业全要素生产率影响如何；等等。这些都需要进一步研究，也正是本书的局限所在。只为抛砖引玉，以启来者。